LE MODÈLE ITALIEN

FERNAND BRAUDEL

LE MODÈLE ITALIEN

Flammarion

ISBN 2-08-081612-8
Imprimé en France
Le Modèle italien a été publié pour la première fois en 1989 aux éditions Arthaud.

De 1450 à 1650, pendant deux siècles particulièrement mouvementés, l'Italie aux diverses couleurs, éclatantes toutes, a rayonné au-delà de ses limites propres, et sa lumière s'est répandue à travers le monde. Cette lumière, cette diffusion de biens culturels issus de chez elle, se présente comme la marque d'un destin exceptionnel, comme un témoignage qui, par son ampleur, pèse à son vrai poids une histoire multiple dont le détail, vu sur place, en Italie même, ne se saisit pas aisément, tant il a été divers. Voir l'Italie, les Italie, de loin, c'est rassembler en un faisceau unique une histoire fragmentée entre trop de récits, entre trop d'États et d'États-villes. Finalement, c'est dresser un bilan inhabituel qui est une sorte d'opération de vérité, en tout cas une façon particulière de comprendre la grandeur italienne et ainsi de mieux lui rendre justice.

Témoin situé tout à fait hors du jeu national, et donc plus capable qu'un autre, peut-être, de voir les grandeurs de l'Italie d'un esprit aussi libre que possible, je ne me dépouillerai pas pour autant, dans les pages qui suivent, de ces sympathies franches que les historiens français, depuis Michelet et même bien avant lui, ont tous éprouvées à l'égard de l'Italie. L'objectivité et l'impartialité vers lesquelles je tends de toutes mes forces sont des vertus que doit viser tout historien, sans avoir jamais la prétention de les posséder à l'avance. En tout cas, racontant à mon tour, d'un peu loin et avec le désir de n'en voir qu'un aspect, ce très long chapitre de l'histoire d'Italie, je m'arrêterai seulement à ce qui me paraît essentiel, sans hésiter chaque fois à aller jusqu'au bout de ma pensée. Sans doute est-ce ce que l'on attend de moi.

Mais toute question essentielle en appelant une autre, et celle-ci une autre encore, je serai entraîné à reprendre toutes les interrogations que posent ces deux siècles d'histoire italienne.

INTRODUCTION

L'ITALIE DANS SES GRANDEURS

Il y aura eu, au cours des siècles, trois grandeurs évidentes, irrécusables de l'Italie : au temps lointain de Rome ; du début du XIIe siècle au milieu du XIVe, la première, la *vraie* Renaissance selon Armando Sapori ; enfin la seconde Renaissance, au sens courant et élargi du mot, qui s'est épanouie du milieu du XVe siècle jusqu'au début, ou mieux, au milieu du XVIIe. Mais peut-être n'y a-t-il eu là, du XIIe au XVIIe siècle, qu'un seul et même mouvement ?

Plus tard, aux XIXe et XXe siècles, se situe, importante mais discrète, comme perdue dans le brouhaha factice de la grande histoire, l'immense dépense humaine que fut l'émigration italienne au-delà des mers, sans profit trop brillant pour la Péninsule. Cette émigration, depuis les années finales du XIXe siècle, a aidé, en en renouvelant la substance, au démarrage humain des Amériques, la portugaise, l'espagnole, l'anglo-saxonne. Cela n'a pas été, à l'échelle du monde, un maigre service. Simple début ? La question reste posée. Je suis de ceux qui sont frappés par la vigueur *actuelle* de l'Italie, par sa poussée de vie montante, aussi bien dans sa littérature que dans son art et son merveilleux cinéma. Mais il est encore trop tôt pour en juger à long terme. Et n'oublions pas, de toute façon, que la *grandeur* est une mesure très particulière qui ne convient ni à l'Italie, ni à la France d'aujourd'hui. L'Europe unie pourrait peut-être y prétendre, car seuls la fondent en droit un rayonnement, une primauté à l'égard d'autrui. Il s'agit là d'une évidente et nécessaire relativité.

Nul doute cependant qu'une étude des grandeurs italiennes, de 1450 à 1650, ne soit à éclairer par une comparaison sérieuse avec ces autres expériences réalisées au cours d'une histoire multiséculaire, si différentes et éloignées dans le temps qu'elles soient l'une de l'autre. Au vrai, ce qui se jugerait ainsi, à propos de l'Italie, ce serait la *grandeur en soi*, cette valeur multiple, diverse, plus mystérieuse et compliquée qu'il n'y paraît à première vue, bien que nous en ayons tant d'exemples modernes : la grandeur de l'Espagne au XVIe siècle ; celle de la Hollande au XVIIe siècle ; celles de l'Angleterre et de la France au XVIIIe siècle, et la suite que chacun connaît... En ces grandeurs, la force donne rendez-vous à l'esprit, la puissance à la culture, en des mélanges qui jamais ne sont les mêmes, ni dans leurs causes, ni dans leurs effets, et qui cependant restent comparables entre eux. La vigueur d'une société, d'une économie, d'une civilisation, d'un État s'y résument et s'y épuisent en même temps. En effet, que courent suffisamment les délais, le mot inévitable de la fin est toujours la « décadence », mot lui aussi compliqué, aussi compliqué que commode. Il semble tout sceller d'un coup, et pourtant ! La roue de l'histoire ne cesse ensuite de tourner. Qui oserait dire, avec Gobineau : « Toutes les sociétés humaines ont leur déclin et leur chute, toutes, dis-je. [1] » C'est vrai, mais des Renaissances restent possibles.

La dialectique du dehors et du dedans

Laissons ces trop vastes perspectives. Il suffira de les avoir évoquées pour situer l'étude particulière qui est la nôtre, de 1450 à 1650, dans un plus juste éclairage. D'entrée de jeu, et c'est important, nous aurons noté que cette grandeur n'a pas été un épisode unique.

Alors, comme au temps de la Rome antique, il s'est agi d'un rayonnement de puissance, d'une saisie active de la Méditerranée, du *Mare Internum*, par des navigations, des trafics réguliers, un capitalisme déjà agile et conquérant, par des comptoirs solidement enracinés. Il y a même eu un Empire génois « à la phénicienne [2] », il y a même eu un

Empire vénitien — celui-ci appelé à se prolonger (car Chypre ne sera perdue qu'en 1571, Candie qu'en 1669), celui-là déraciné plus tôt, Caffa, cet autre Constantinople, comme l'on osait dire, étant perdu en 1475, Chio en 1566. Il y a même eu, à l'égard de Byzance et de l'Islam et, plus nettement encore, à l'égard de l'Occident, une suprématie de longue durée au bénéfice des villes et des marchands d'Italie.

Il y a eu aussi, à partir de l'Italie, des émigrations continuelles. Mais, sauf exceptions (je pense aux soldats italiens mis tant de fois à contribution, qui étaient présents à Mülhberg sous les bannières du duc d'Albe, en 1547, et à Lépante, sous les ordres de Don Juan d'Autriche, en 1571, qui ont constitué le cœur de l'armée pugnace d'Alexandre Farnèse aux Pays-Bas et qui combattront encore si souvent, au XVIIe siècle, au service du roi d'Espagne, celui-ci toujours prêt, on le sait, pour en tirer hommes, vivres et crédits, à pressurer sans vergogne la Sicile, Naples et le Milanais), sauf exceptions, ce ne furent pourtant pas, en règle générale, des émigrations massives. Plutôt des poignées d'hommes, presque tous personnages de qualité : des ingénieurs, des ouvriers spécialisés qui emportaient avec eux le secret de techniques savantes, des marchands, eux surtout, des hommes d'Église et, déjà, des « technocrates » de la politique — de Concini à Mazarin et à Alberoni —, des humanistes (professeurs ou non), enfin des artistes, musiciens, architectes, peintres, sculpteurs, orfèvres, des troupes de théâtre, des metteurs en scène, des maîtres à danser, des astrologues... Ces émigrations perlées, de luxe à vrai dire, seraient à elles seules, s'il en était besoin, la preuve d'une prééminence de longue durée.

Bref, s'offre à nous un rayonnement complexe, sous le signe à la fois de l'aventure, de la culture aux multiples facettes et de l'argent aux innombrables ruses. L'Italie de ces deux siècles-là, au temps de la première modernité, c'est à la fois un peu la France d'hier et un peu les États-Unis d'aujourd'hui.

Gloire matérielle : c'est ainsi, longtemps efficace, la puissance de Florence, ou celles de Venise, de Milan, de Gênes, cette dernière peut-être la plus curieuse de toutes. Ne commence-t-on pas aujourd'hui à connaître, du moins entre historiens spécialistes, la maîtrise financière tardive, mais fantastique, des Génois à partir de la seconde moitié du XVIe siècle ? Il y a eu, *grosso modo*, de 1550 à 1650, aussi brillant que le « siècle des Fugger », un « siècle des banquiers génois ». Ceux-ci ont longtemps réussi à imposer leurs lois à la richesse de l'Europe et donc, par-delà l'Europe, à la richesse du monde.

Gloire de l'argent, gloire de l'esprit, celle-ci nous séduit plus que celle-là. Dans l'exemplarité de sa vie, l'Italie donne, des siècles durant, le spectacle de ses réussites intellectuelles, de ses acrobaties, de ses nouveautés, de ses révolutions culturelles sans fin contradictoires : liberté, puis ordre, progrès puis rupture, lumière puis crépuscule. Sur la vaste scène, l'éclairage ne cesse de varier, la lumière change de couleur : Renaissance, maniérisme, baroque, au total une des plus brillantes séries de spectacles d'intelligence depuis que le monde est monde.

La flamme inventive aura passé, en vérité, d'une ville à l'autre. Chacune a eu son heure, tout débutant par la primauté « équilibrante » de Florence. Ensuite, le mouvement s'épanouit un instant dans la Rome de Jules II et de Léon X. Bien plus tard, sonnera l'heure de Venise et de Bologne. Enfin, tout revient massivement à Rome qui, comme un cœur exigeant et despotique, attire à elle la vie sanguine de l'Italie et l'attention du monde entier : il s'agit de refaire, après le concile de Trente, la civilisation traditionnelle sous le signe du catholicisme triomphant, de la rendre à nouveau compétitive, dominante, de changer son allure, ses modes d'expression. Et, d'un seul coup, cette civilisation recouvre presque toute l'Europe, la catholique et, de biais, la protestante. Étrange preuve d'unité d'un univers divisé, peut-être faussement divisé contre lui-même. En termes de civilisation, l'Italie que nous mettrons en cause va ainsi de la Renaissance esquissée au baroque triomphant. Il s'agit là, pour le moins, d'un double ou d'un triple rayonnement, peut-être d'une seule et même supériorité.

Tout cela, quels que soient les images ou les mots auxquels, faute de mieux, recourt notre raisonnement (diffusion, rayonnement, modèle, enseignement, Lumières), dessine un seul problème. C'est assez évident, mais, à l'analyse, le problème se complique aussitôt. Trop de repères, et trop fragiles ; pas assez de conclusions claires, sûres, péremptoires. Chaque fait, chaque événement a été étudié avec minutie par des générations d'historiens enthousiastes, mais chacun d'eux n'éclaire qu'un fragment de la scène, de l'immense système où s'insère et s'épanouit le destin exceptionnel de l'Italie.

Ce destin est, en fait, prisonnier d'une sorte de *structure* extérieure, lente à se transformer, bien qu'à la longue elle se transforme puissamment. Il faut, sans fin, passer du détail à l'ensemble. Plus exactement, remettre en cause la dialectique du dehors et du dedans, chercher une seule vérité unifiante. En effet, cette scène extérieure qu'atteint au loin la vie italienne n'a aucun sens si on ne la met en parallèle, à chaque instant, avec ce qui se passe à l'intérieur de la maison, au cœur du système. Les éclairages à la marge sont les meilleurs, nous dit-on, comme tout test explicatif d'un ensemble saisi ainsi à sa *limite*. C'est possible, même probable, mais deux géométries, deux réalités — le centre et la périphérie — nous sollicitent et restent à confronter. Leurs oppositions, leurs accords, plus encore leurs décalages, sont la raison même du débat que nous voudrions conduire. Mais, à travers l'énorme masse d'histoire qui s'offre à cette double pesée, que de difficultés et que de dilemmes ! Les rivages et les pays d'Islam et de Byzance n'ont pas réservé à l'Italie que des aventures simples. Quant à l'Occident privilégié où elle joue sa partie essentielle, il est multiple, brisé en morceaux, en fragments divers, travaillé par la poussée des États territoriaux. C'est un monde contrasté et vigoureux, avec des originalités puissantes, occasion à chaque instant, pour des historiens nationalistes, de défendre aujourd'hui encore les droits de leurs parties respectives contre la primauté proclamée de l'Italie. Louis Courajod (1841-1896), magnifique historien de l'art, plaçait en France l'origine même de la Renaissance, rien moins [3] ! Cette guerre de plume, une guerre historiographique, commence heureusement à désarmer.

DÉPASSER L'ANECDOTIQUE

Cette masse d'études et de connaissances est finalement gênante. Trop de détails accumulés se présentent, qu'il importe de dépasser, de pondérer, de ramener à leur signification, quand ils en ont une. Trop de détails, c'est-à-dire de faits divers, d'événements, voire notables, de biographies, voire exemplaires. Car d'ordinaire, ce sont ces faits-là, en vrac, que livre une érudition active mais encore fragmentaire. Chaque détail restitue à sa guise, mais un instant seulement, un espace, un temps qu'il faudrait dominer avec précision.

Que l'on recherche les premiers marchands italiens installés en Languedoc, par exemple, et nous voilà au début même des croisades. Si vous notez la présence de Pétrarque en Avignon, lors de son premier séjour en 1326 — Pétrarque qui parle avec Cicéron et Virgile comme s'ils étaient ses interlocuteurs en chair et en os —, c'est signaler les débuts d'une influence dont sortira, sinon transformé, du moins renforcé, l'humanisme français. Comptez les Italiens que Charles VIII ramène avec lui de sa course rapide jusqu'à Naples, et vous voilà en 1495. Mais, parmi eux, les tailleurs de marbre de Carrare ou les revendeurs génois sont probablement plus actifs que les vrais artistes, architectes ou sculpteurs. Peut-être grossit-on trop d'ailleurs les merveilles du « voyage d'Italie » ? Autres détails, quand Jacopo dei Barbari, ce fils de Venise, rencontre Albert Dürer, nous sommes sans doute vers 1490 ; le voilà nommé peintre impérial par Maximilien d'Autriche, le 8 avril 1500 ; ensuite, il sert le duc de Saxe, l'Électeur de Brandebourg, passe à Francfort-sur-l'Oder, part enfin pour les Pays-Bas auprès de Marguerite d'Autriche, en 1510 [4] : est-ce pour que se parachève, à nos yeux, le tracé décisif de cet axe de la Renaissance qui, d'Italie, rejoint l'autre pôle de l'Europe, les Pays-Bas où grandit Charles de Gand, le futur Charles Quint ? Quand Léonard de Vinci s'installe, à la demande de François Ier, au château de Cloux, avec dans ses bagages la *Joconde,* le *Saint Jean-Baptiste* et la *Sainte Anne,* nous sommes en 1516, au seuil de la France italianisée...

Tout cela clair, bien connu, repérable. Mais il ne sera

guère aisé de situer dans le temps et l'espace l'influence forte de Machiavel et de ses *Discorsi* [5]. Au-delà des années 1540 qui voient, après sa mort (1527), l'essor et la diffusion de son œuvre, il ne cessera d'être lu, relu et réinterprété, au gré des lecteurs et des utilisateurs. Au vrai ce que livre aux uns et aux autres l'inquiétant Florentin, c'est un outil, un moyen d'agir, de tirer son épingle du jeu, une certaine « virtù », cette force qui mène au pouvoir, quel qu'il soit. L'Espagnol Ginés de Sepúlveda définissait la *virtù* comme « la force ou la faculté permettant d'atteindre n'importe quel but que l'on s'est proposé » *(Vis enim seu facultas insita ad finem qualemcumque propositum perveniendi, virtus solet appellari)* [6]. Nous appellerions « raison d'État » cette façon d'agir comme si rien d'autre n'existait hors l'intérêt du Prince. Mais ce n'est pas Machiavel qui invente l'expression appelée à un tel succès ; c'est, plus tard, un autre Italien, Giovanni della Casa, dans une harangue à Charles Quint, en 1547 [7]. En tout cas, seule l'Italie, avec ses formes politiques évoluées, diverses, les accidents et les leçons interprétées de son histoire, pouvait s'élever à cette sophistication politique, au seuil de la première modernité du monde. Et c'est sûrement cette maturité qui explique la fortune régulière de tant d'Italiens notoires, sur le plan politique. Autrement, comment admettre qu'ils aient, à l'étranger, gravi tant de fois les échelons du pouvoir ? Alors il convient de s'arrêter, ne fût-ce qu'un instant, à la carrière brève de Concini, le maréchal d'Ancre, ce Mazarin qui n'a pas réussi — et nous nous trouvons le 24 avril 1617, au jour de son assassinat. De même, les dates de la réussite éblouissante et comme invraisemblable, voire scandaleuse, de Mazarin, sont des repères à ne pas négliger. Quand il disparaît, en 1661, sonne aussi le glas des colonies marchandes italiennes. C'est la fin de la « Toscane française [8] ». Mais bientôt commencera ailleurs, aussi étonnante, la carrière d'Alberoni (1664-1752), enfant d'un simple jardinier de Parme qui gouverna l'Espagne de Philippe V et de l'inquiète et inquiétante Élisabeth Farnèse. Preuve, s'il en était besoin, que la péninsule Ibérique, en ce début du XVIIIe siècle, reste malgré tout ouverte aux influences et aux aventures venues d'Italie.

Il faudrait encore, assurément, repérer, cartographier la

diffusion de la langue italienne elle-même, cet élément insistant de toute culture européenne. Mais qui aura la patience de mettre bout à bout des milliers de notes minuscules, d'images rapides, significatives tout de même ? Le plus naturellement du monde, en tel jour du printemps de 1536, François Ier s'entretient en italien avec les ambassadeurs de Venise ; il leur dit sa satisfaction de les voir, ses inquiétudes et ses rancœurs sans fin renouvelées à l'égard de « César ». Il faut bien qu'Henri III comprenne l'italien, lui aussi, puisque, féru de dissertations littéraires, ne voulant plus qu'à sa table, en cette fin d'année 1576 qu'il croit paisible, on lui rebatte les oreilles avec des discussions politiques, il donne volontiers la parole au médecin italien de la reine mère, Filippo Cavriana, homme de grand savoir, lequel « dit sa partie » dans sa propre langue [9]. Il faut bien aussi, et c'est plus symptomatique encore, qu'à Vienne, à Londres ou à Paris, le public comprenne quelque chose à cette *commedia dell'arte* que les troupes italiennes jouent et improvisent devant lui. C'est seulement à partir de 1668 qu'on commencera à mêler *quelques* scènes en français au spectacle italien. À la fin du siècle, il y a encore mélange des deux langues [10]. Sans doute, les rôles sont-ils toujours les mêmes, stéréotypés, et les gestes aident à comprendre les paroles, encore faut-il les saisir de temps à autre. Dernier détail que nous citerons vite : Mme de Sévigné, le 16 juillet 1672, en route vers Grignan, se distrait à l'étape d'Auxerre en lisant l'*Énéide* dans la traduction italienne versifiée d'Annibal Caro... [11]

Si l'on se livrait (ce serait bien utile) à une chasse systématique au marchand italien en pays étranger, il faudrait, pour la mener à bien, mobiliser tous les érudits et tous les historiens du monde. Car on ne cesse, au hasard de n'importe quelle lecture ou recherche d'archives, de découvrir cet étrange, ce tenace, cet intelligent personnage, détesté souvent, suspect toujours et indispensable. Les plus belles choses du monde ne sont-elles pas dans sa boutique ? Ne dispose-t-il pas de moyens mystérieux ? Une simple feuille de papier, une plume, et il expédie de l'argent au loin et, miracle, il en permet le retour entre ses mains ou dans les mains de qui s'adresse à ses services contre honnête récompense [12]. Oui, l'étonnant personnage et que ses techniques privilégient bien au-delà du XVIe siècle. Même après 1650, son règne n'est pas fini, sa supériorité reste intacte, par exemple dans l'Europe de l'Est et l'Europe centrale : ainsi en Pologne, on le retrouve alors, actif, débrouillard, fréquentant les foires, vendant sans fin des étoffes de Lucques, de Florence et de Milan, ou même de Venise [13] — preuve que l'industrie tourne encore dans ces villes célèbres et que le commerce italien arrive à vivre dans ce secteur en retard de l'Europe du Centre et de l'Est. Notez que ce rayonnement marchand est aussi celui de l'art et que les architectes, artistes et écrivains italiens pullulent dans l'Europe orientale des XVIIe et XVIIIe siècles. Metastasio (1698-1782), appelé à la cour de Vienne en 1730, en sera le poète officiel jusqu'à sa mort. Pour l'Italie, le cadran nord-nord-est de sa rose des vents demeure longtemps une ouverture valable sur le dehors. Et cependant, à ces heures tardives, l'histoire générale pense que l'Italie a cessé de vivre, pour le moins de s'occuper du vaste monde !

Ces milliers de détails, ces phénomènes de « résonance » dont, à l'aller et au retour, les ondes se mêlent, interfèrent, se bousculent, comment parvenir à en dresser un tableau cohérent ? Et surtout comment, à partir d'eux, risquer un diagnostic ? Dégager une histoire significative de cette succession d'images brèves, parfois simples jeux de miroirs ?

PROCÉDER PAR COUPES SUCCESSIVES POUR EXPLIQUER L'ENSEMBLE

Le mieux sera sans doute, pour tenter d'apercevoir la portée, la nature, la puissance et la durée du rayonnement italien, de procéder par coupes répétées dans le temps, à des dates plus ou moins éloignées les unes des autres entre 1450 et 1650. Ces cartes successives de l'Italie extérieure, confrontées, esquisseront une histoire de l'Italie hors d'Italie, dans un espace beaucoup plus vaste que la Péninsule. La grandeur de l'Italie a été une dimension du monde, il importe de le dire, même de le répéter.

Ensuite, il faudra analyser, décomposer ces grandeurs successives. Ont-elles obéi à un destin intérieur ? Sont-elles une séquence logique ? On verra que puissance et culture ne se mélangent pas toujours à parties égales, ne s'accompagnent pas avec régularité, que le rayonnement de l'Italie n'est pas, de bout en bout, sous le signe de la diffusion simple des seuls biens précieux. Et cette vérité porte témoignage, tout à la fois, sur le sort particulier de l'Italie en ces siècles de la première modernité, et sur d'autres cas où se reconnaissent des grandeurs de même signe que la sienne.

I

DES VUES D'ENSEMBLE SUCCESSIVES

Contrairement à ce que pensent les spécialistes des sciences sociales, il n'y a pas de coupes *synchroniques* simples comme bonjour, prêtes à surgir à la première nécessité de l'argumentation. Une image instantanée, hors du temps, dépourvue d'une certaine épaisseur chronologique, cesserait d'être vivante, donc utilisable. Si nous nous plaçons, comme nous allons le faire, vers 1450, 1500, 1550, 1600, 1650, ce n'est pas avec l'espoir de composer chaque fois le tableau précis de la « situation » immédiatement décelable en ces dates précises. Ce sera plutôt pour occuper des observatoires commodes, d'où regarder vers l'amont et vers l'aval, selon l'écoulement du temps, les paysages et réalités qui se découvrent à nos yeux.

Comment jauger ou comprendre la vie qui s'écoule sans disposer de la complicité du temps en train de s'accomplir ?

COMMENT VOIR LE MONDE VERS 1450, SI L'ON EST ITALIEN

Nous situer vers 1450 relève évidemment d'une décision approximative. À chercher plus de précision (précision illusoire au demeurant), il faudrait choisir ou la chute de Constantinople (29 mai 1453), ou cette paix de Lodi (9 avril 1454) qui ouvre pour l'Italie une longue période de paix inquiète et soupçonneuse, mais de paix tout de même, appelée à durer *en gros* jusqu'à la descente française, en septembre 1494. Cette paix de Lodi a concrétisé l'équilibre italien, dont l'équilibre européen, plus tard, ne sera qu'une reprise et une extension.

Inutile de dire que l'observateur italien qu'imagine le titre de ce paragraphe n'est, au plus, qu'une commodité didactique, anachronique au demeurant. Les Italiens du XVᵉ siècle se sentent différents des autres peuples de la chrétienté, mais ils se partagent entre une série d'États minuscules, d'Italie particulières, de patries vivantes, exclusives, à l'occasion violentes, comme le furent, hier encore, les nations d'Europe, grandes seulement pour les myopes qui les contemplaient de trop près. Car l'Italie divisée, en cette modernité éloignée et proche cependant du temps présent, c'est aussi l'image de l'histoire récente qu'Européens nous venons de vivre — et vivons encore. Dire l'Italie, à plus forte raison l'homme d'Italie, ces singuliers sont pleins de dangers. Remarque banale, mais si facile à oublier qu'il convenait de la formuler au moins une fois.

Trois civilisations subjuguées

Vers 1450, l'univers que dominent les leçons, les économies, les intelligences d'Italie, c'est l'Europe au sens large, plus la Méditerranée, cette dernière, hors de la chrétienté, réduite le plus souvent à ses seules franges littorales, sans arrière-pays. Mais la mer entière, dans ses vastes espaces liquides, se place sous la dépendance de l'étroite péninsule qui la coupe en deux pour la mieux dominer, comme si la géographie complaisante était au service direct de sa grandeur.

Au total, une énorme zone de résonance, de dispersion, d'influence, la preuve spatiale d'une domination, disons même d'une « asymétrie » privilégiée, tout cela, à vrai dire, acquis bien avant 1450, au cours d'un long passé de labeur, d'efforts renouvelés, de patience, de succès décisifs. Il nous faut en dire quelques mots car le *présent*, en 1450, ne peut s'expliquer d'une autre manière. Comment l'Italie, ou mieux quelques villes italiennes, quelques hommes en somme, sont-ils, un beau jour, et pour longtemps, parvenus à faire la loi à Byzance, à l'Islam, à l'Occident ? Ce dernier a été lent à se développer, mais les deux autres adversaires auront été longtemps des univers de gloire et de supériorité. Seule une « escalade » exceptionnelle avait eu raison d'eux. Nous n'avons pas à revenir sur le détail de ces luttes longtemps indécises. Nous ne les observerons qu'à partir du moment où la porte du succès s'est ouverte.

Byzance usée jusqu'à la corde

En direction de Byzance, le coup décisif a été porté en 1204, lors du détournement de la quatrième croisade, au cours de cette « orgie du capitalisme [14] » qui a mené à la prise de Constantinople et, plus encore, l'a suivie. La grande ville va devenir, jusqu'en 1261, la capitale d'un Empire latin. En 1261, la reprise de la « cité » par les Paléologues de Nicée n'a pas changé le sort de Byzance : en fait, jusqu'en 1453, son déclin s'est poursuivi lentement, dans la mesure où l'énorme ville reste longtemps encore sur le chemin des trésors d'Asie et de ce que l'on donne pour les obtenir en retour. Ainsi s'est maintenue sa prospérité. Mais cette prospérité les marchands italiens, vénitiens et génois surtout, l'ont captée à leur profit. En 1348, les douanes génoises de Péra ont un revenu de 200 000 sous d'or, alors que n'entrent dans les douanes impériales de Constantinople que 30 000 sous d'or seulement [15] !

Constantinople, pour les Italiens, c'est ce que sera Shanghai pour les Européens, aux XIXe et XXe siècles. Tout y est peu à peu saisi par les avidités étrangères. Les Génois s'installent au nord de la mer Noire, à Caffa, en Crimée, vers 1290 ; puis, beaucoup plus tard, en compagnie des Vénitiens, à La Tana, sur un des bras du delta du Don, à son débouché sur la mer d'Azov, et vers la même époque, à Trébizonde, sur le chemin de Tabriz et de la Perse. Pour ces débouchés lointains, Vénitiens et Génois souvent en vinrent aux mains, si grand était l'enjeu. Toutefois, après 1395, avec la poussée destructrice de Tamerlan, les portes ouvertes en mer Noire sur la lointaine Asie perdent à peu près toute valeur pour le commerce à longue distance. C'est là une des étapes, une des raisons de la décadence de Byzance que ce rejet vers le sud, vers la Syrie et l'Égypte, des grands trafics asiatiques, notamment du poivre et des épices. La mer Noire n'offrira plus désormais que ses propres productions : blé, bois, esclaves caucasiens, poissons séchés, caviar...

Tout cela non négligeable. Et même suffisant pour que les Génois à Caffa, les Vénitiens à La Tana, se cramponnent à leurs lointains points d'appui. Avec quel soin les deux républiques protègent, surveillent ces colonies perdues au bout du monde ! À Venise, les autorités de l'Arsenal expédient les madriers, les crampons de fer, les clous, les flèches, les arbalètes, les arcs nécessaires à la défense de La Tana [16]. En effet, la minuscule ville, au ras de ses marécages, est sans fin en alerte face au déploiement répété des forces tartares, de peuples en mouvement perpétuel, avec leurs troupes de chevaux, leurs moutons et leurs bœufs, leurs chariots couverts et découverts. Les habitants de La Tana surveillent l'ennemi du haut des remparts, des journées entières, fascinés par le spectacle tumultueux d'hommes, de femmes, d'enfants, d'animaux, de voitures. « La sera, écrit un témoin, eravamo stracchi di guardar [17] » (le soir, nous n'en pouvions plus de regarder). Les historiens s'extasient, non sans raison, à propos de la construction de la forteresse de São Jorge da Mina, sur le golfe de Guinée, réalisée en 1475 par les Portugais, et dont toutes les pierres transportées en Afrique avaient été taillées et numérotées à Lisbonne. Mais n'est-ce pas un peu ce qui avait été fait déjà pour La Tana, plus tôt, à partir de Venise et de son Arsenal méticuleux ?

Donc, à partir de 1395, Constantinople, exploitée par l'étranger, n'est plus sur le chemin multiple des richesses lointaines. Tout s'y détériore plus vite que par le passé. La ville se dépeuple, ses habitants s'appauvrissent, les édifices s'effondrent. Et la monnaie ne cesse de se déprécier, les pièces d'or d'Italie font prime sur l'hyperpère, cependant, selon l'étymologie, « la monnaie plus que pure » de Byzance. D'ailleurs Génois et Vénitiens fabriquent de la fausse monnaie — hyperpères de Péra, de Crète, de Nègrepont —, s'emparent des revenus publics, surveillent les marchés du blé et de l'or. L'empereur pourrait-il fabriquer une bonne monnaie alors que les mines d'or de Macédoine lui échappent ? Des quartiers à demi déserts, une population « mal vêtue, triste et pauvre », telles sont les impressions d'un voyageur parcourant, en 1438, les rues de Constantinople [18]. Plus de commerce et plus d'industrie. L'acclimatation du mûrier et du ver à soie en Italie et la précieuse industrie textile qui en est résultée ont mis fin à l'ancien et fructueux privilège de la soie qui avait fait la fortune de Byzance. Image pour image, la décadence de Byzance n'est-elle pas visible assez tôt dans les modes vestimentaires d'une jeunesse encore dorée, « portant des chapeaux à la mode des Latins et des vêtements persans ou turcs [19] » ?

L'Empire byzantin, frappé de loin et de près, se recroqueville sur lui-même. À peine reste-t-il au *basileus* deux villes, Constantinople dans ses énormes remparts, trop vastes pour elle, et Thessalonique où l'on n'entend plus parler alors des fastueuses foires de Saint-Dimitri, devant la porte d'Or de la ville [20]. C'est une ville morte, ou peu s'en faut, que les Vénitiens s'octroient sans vergogne, en 1423, mais pour la perdre sept ans plus tard, en 1430, au bénéfice des Turcs. Byzance n'est plus à cette date qu'une ville seulement, le cœur resté miraculeusement vivant d'un énorme corps, mort depuis longtemps.

Que les Italiens ne soient pas sensibles à cette détresse qui les favorise, mais les condamne aussi à brève échéance, c'est un fait assez étrange. Mais l'histoire est pleine de faits étranges. Ce qui compte pour le marchand, ce n'est pas le « futurible », c'est le présent, ce que l'on tient dans ses mains, les affaires, les marchés, le contrôle des routes où tout aboutit, quel que soit le délabrement politique ou économique de la mer Noire, de la péninsule des Balkans, de l'Asie Mineure ou de l'archipel. Génois et Vénitiens, frères ennemis mais jamais les uns sans les autres, dominent encore en mer Noire et ils sont installés dans les îles de l'Égée : Venise tient Nègrepont (l'île d'Eubée) où des « colons » vénitiens sont exportateurs de blé ; elle tient aussi l'île de Candie ; elle tiendra bientôt Chypre, à partir de 1479, à moitié d'accord avec les hommes d'affaires de Gênes. Gênes possède l'île de Chio, la plus curieuse des colonies occidentales dans les pays du Levant.

Finalement, cette détérioration séculaire, fabuleuse, de l'Empire byzantin a permis aux Turcs, maîtres de l'Asie Mineure, de franchir les Dardanelles (1356). Installés à Andrinople, ils poussent leurs avantages à travers les Balkans, s'emparent un siècle plus tard de Constantinople, le 29 mai 1453. Trop d'historiens ont minimisé l'événement : il a tout de même fondé, pour des siècles, l'énorme puissance des Ottomans, et l'Italie en fera l'expérience bientôt à ses dépens. Toutefois fallait-il s'en inquiéter aussitôt ?

À cette époque, navires et galères ne valaient que par le nombre et la qualité des soldats embarqués (frondeurs ou archers) et par l'habileté des équipages. Devant Gallipoli, le 29 mai 1416, Piero Loredano et la flotte vénitienne avaient remporté une victoire foudroyante sur les navires turcs. De là à sous-estimer l'adversaire, il n'y avait qu'un pas. Certes, les conditions de la guerre maritime allaient bientôt changer, avec l'installation de l'artillerie à bord des navires. Et Constantinople, ville modelée par la mer, allait ouvrir aux Turcs l'accès aux grandeurs maritimes. Venise s'en apercevra au cours de la première guerre contre les Turcs (1463-1479) qui tournera à son désavantage.

En 1453, on n'en était pas encore là. Venise, informée par ses « services secrets », avait connu à l'avance la menace turque contre Constantinople. Dès février, elle avait pris des mesures, complétées par la suite, pour protéger la capitale byzantine « dont on peut dire qu'elle appartient à notre État », lit-on dans les délibérations du Sénat [21]. Pourtant, les navires et galères de Venise ne dépassèrent pas les uns Modon, les autres Nègrepont. La rapidité de la victoire turque aura rendu toute intervention illusoire. Il ne restait qu'à s'entendre : un « orateur » vénitien, Bartolomeo Marcello, dépêché à Constantinople, obtenait la libération de cent dix-sept Vénitiens (dont quarante-sept nobles), tous marchands, certains compromis dans la défense héroïque de la ville. Il récupéra leurs marchandises, le tout pour 7 000 ducats [22]. On pouvait donc vivre, il valait la peine d'essayer de vivre avec le monstrueux vainqueur. D'ailleurs comment exister sans lui, sans ses matières premières à bas prix et ses vastes marchés ? Dès avril 1454, la Seigneurie s'entendait avec le sultan. L'instruction donnée à son ambassadeur était péremptoire : « Et dispositio nostra est habere bonam pacem et amicitiam cum domino Imperatore Turcorum » (Et notre intention est d'avoir bonne paix et amitié avec le seigneur empereur des Turcs) [23].

L'Islam tenu par ses littoraux, à l'occasion traversé de part en part

En apparence, les croisades se sont terminées par l'échec de l'Occident, et donc de l'Italie. Prisonnier en Égypte (1245), Saint Louis meurt devant Tunis en 1270. Constantinople redevient grecque (1261) et, avec Saint-Jean-d'Acre (1291), la chrétienté perd sa dernière place notable sur le continent asiatique. Mais la mer, dans toute son étendue et notamment dans ses espaces orientaux, demeure aux marins et aux marchands de la chrétienté. Et cette victoire efface tout.

À l'expérience, sur le plan économique, rien ne sera changé aux anciens privilèges, avant tout ceux de l'Italie navigante et marchande. Et, à son gré, l'Italien fréquentera, vers la fin du XIVᵉ siècle, les ports et marchés de Syrie et d'Égypte où le grand commerce du Levant a retrouvé ses issues essentielles, en direction de la mer Intérieure et des marchés d'Occident : Tripoli de Syrie, Alep, Beyrouth, Damas, Alexandrie, plus tard Le Caire. Soit sur la frange maritime, soit jusqu'aux grands centres caravaniers de l'intérieur proche, l'Italien et les autres marchands de chrétienté, s'ils ne font pas la loi, imposent du moins leur présence, prennent à leur compte les marchandises des mains des marchands orientaux, dont le monopole finit à quelque distance, ou au bord même de la mer. Ainsi sont saisis les drogues, les produits tinctoriaux, le poivre, les autres épices, le coton en fil ou le coton tissé, la soie, le riz, les fèves... Comme la curiosité et l'intérêt ont été très tôt éveillés au sujet de la source des plus précieuses de ces marchandises — le poivre et les épices —, l'expédition des frères Vivaldi, partie de Gênes, se jette au-delà de Gibraltar dans l'aventure atlantique, pour se perdre corps et biens, obscurément, sur les côtes africaines. Leur tentative, en 1291, se situe l'année où tombait Saint-Jean-d'Acre. Ont-ils cherché le chemin que trouvera Vasco de Gama, deux siècles plus tard ?

La présence italienne en Afrique du Nord présente des traits analogues. Toutes les villes portuaires sont atteintes : Tripoli de Barbarie, Tunis, Bône, Bougie, Alger, Oran, Ceuta... À l'intérieur des terres, des Italiens sont présents, à côté de Marseillais et de Catalans, ainsi dans un gros centre comme Tlemcen. En ces divers points existent des colonies marchandes actives. C'est un jeu d'acheter à Gênes des lettres de change payables sur Oran et sur Tunis [24]. Sans fin, l'Afrique du Nord livre ses produits bruts, cuirs, cire, blé, et ce que lui apporte le commerce saharien, les dattes, les esclaves noirs, les dents d'éléphant, les plumes d'autruche, l'or en poudre du Soudan. À Tunis, l'or des marchands vénitiens est enlevé pour plus de sûreté par les galères de la Seigneurie [25] qui le transportent jusqu'à Corfou, occupé depuis 1385, place essentielle par laquelle Venise tient l'entrée de l'Adriatique et surveille la vaste mer à la jointure, ou peu s'en faut, de ses deux immenses bassins, l'oriental et l'occidental.

Ainsi l'Islam, maître de ses terres, est ouvert à l'étranger par la mer insidieuse où flottent seuls, ou presque seuls, les navires de chrétienté. Et, afin que ce qui se passe pour l'Orient et l'Extrême-Orient se reproduise à peu près à propos de l'Afrique du Nord et du Sahara, en 1447 un Génois, Antonio Malfante, pousse jusqu'au Touat en direction de l'or du Soudan [26]. À cette époque, les caravelles portugaises courent déjà sur le littoral atlantique, vers le golfe de Guinée. Alors, qui gagnera, de la mer ou de la terre, du Portugais ou du Génois ?

Cela dit, ou plutôt esquissé, n'oublions pas que bien des voyages en profondeur, à travers sables, montagnes et déserts, nous sont restés franchement inconnus. Un hasard seul a signalé Malfante. L'Islam a certainement été traversé assez souvent dans toute son épaisseur par des Occidentaux. Pour prendre un seul exemple, sans remonter jusqu'à Marco Polo, Niccolò Conti, né à Chioggia dans le Dogato vénitien, a longuement visité l'Inde et l'Insulinde, entre 1415 et 1439 [27]. Ainsi Vasco de Gama n'a pas « découvert » l'Inde, au sens précis du mot, mais un chemin entièrement maritime pour l'atteindre. D'ailleurs il y a trouvé, selon Sanudo, des Vénitiens régulièrement installés. Petite anecdote : alors que, le 21 mai 1498, la flotte de Vasco de Gama est ancrée dans la baie de Calicut, viennent à la rencontre de ses émissaires deux Maures de Tunis, qui parlent catalan et génois. « Qui diable vous a amenés ici ! » s'exclament-ils. Et la réponse des Portugais est belle : « Vimos buscar cristãos e especiaria » (Nous sommes venus chercher des chrétiens et des épices) [28].

Il serait excessif, aberrant de penser que ces cheminements et ces exploitations des marchands italiens aient contribué à affaiblir l'Islam, dès avant l'époque de Vasco de Gama. Ces marchands ont respecté, en fait, le rôle d'intermédiaire qui est celui de l'Islam entre Orient et Occident. D'ailleurs, c'est seulement en 1516 et en 1517 que le Turc s'est installé en Syrie et en Égypte, sans, pour autant, interdire ces lieux de passage au commerce chrétien. C'est seulement en 1518 (Alger), en 1551 (Tripoli), en 1574 (Tunis) que le Turc s'installe dans le Maghreb, pour répondre plus encore aux brutalités et aux succès de la « croisade » espagnole qu'à l'improbablement pernicieuse activité des marchands italiens [29]. En fait, l'Afrique du Nord italienne, si l'on peut dire, était dès avant l'irruption turque en difficulté. Son déclin avait suivi sans tarder la poussée espagnole de Pedro Navarro, entre 1509 et 1511.

L'Occident, chance inépuisable de l'Italie

Ce serait juger vite si l'on affirmait qu'un Occident inférieur a été dominé, sans plus, par une Italie imitable, certes, mais régulièrement supérieure. Ne voyons pas l'Occident trop médiocre, ou plus rustique qu'il ne le fut. D'ailleurs, s'il a été la grande chance de l'Italie, c'est dans la mesure où il représentait une économie, une civilisation montantes et ouvertes, sur quoi il a été possible d'asseoir une supériorité profitable.

L'Italie et l'Europe, au temps de la Renaissance, ce n'est pas, comme dans un tableau de Georges de La Tour, une lumière concentrée sur un seul personnage — la Péninsule —, l'autre, l'Europe, demeurant dans l'ombre. Tout se partage. Ainsi, chaque fois que l'Italie démarre avec une conjoncture favorable, le reste de l'Europe suit et parfois précède. Même dans le domaine si sensible de l'art où tout semble dit à l'avance et joué dans un seul sens, la réciprocité des perspectives est la règle. C'est au même instant qu'en Italie et aux Pays-Bas les portraits peints deviennent l'exigence d'une mode identique. Il y a une évidente « bipolarité » de l'Occident, pris dans son ensemble : au Sud l'Italie, au Nord les Flandres. Il arrivera bien sûr un moment où l'Italie sera considérée comme « la maîtresse de l'art complet [30] ». Mais ce moment sera, somme toute, tardif. Nous n'en sommes pas encore là en cette année 1434 où Arnolfini, marchand lucquois, fait faire à Bruges son portrait et celui de son épouse par Jan Van Eyck. Et quand le jeu des influences commencera vraiment avec la seconde moitié du XVe siècle, il se fera toujours dans les deux sens. La peinture flamande, son réalisme puissant, sensible surtout dans le portrait et le paysage, a infléchi plus qu'on ne le pense les peintres du Midi. Suffisamment pour que, plus tard, Michel-Ange parle avec mauvaise humeur de cette peinture des Flandres dont il aurait dit qu'elle n'est que « chiffons, masures, verdures de champs, ombres d'arbres, et ponts et rivières qu'ils nomment paysages, avec maintes figures par-ci et par-là... sans raison ni art, sans symétrie, ni proportions... [31] ».

Bipolarité, dialogue, est-ce encore assez dire pour traduire la variété de l'Europe, ses talents dissemblables, les surprises qu'elle ménage et qui explosent tout au long de son histoire ? Le Portugal découvre la caravelle et la navigation hauturière — soit la clef du monde. La Flandre, avec Jan Van Eyck (1400-1441), met au point la peinture à l'huile et, en même temps que l'Italie sinon plus tôt, invente la perspective linéaire. L'Allemagne redécouvre la poudre à canon, découvre le haut fourneau et l'imprimerie : les premiers imprimeurs d'Italie seront des Allemands. Les cantons Suisses réinventent, contre Charles le Téméraire, l'infanterie, la piétaille, reine des batailles. L'Espagne conquérante fabrique le *tercio*, ce régiment d'infanterie qui lui donnera la suprématie des armes (et donc l'Italie) jusqu'en 1643 au moins — date de la bataille de Rocroi. La France des Capétiens, au XIIIe siècle, a tellement grandi avec l'importance croissante des foires de Champagne, avec la diffusion d'un art gothique qui, comme le roman, a été un « art français » à l'origine, avec le triomphe de l'université de Paris et le succès de sa monarchie, qu'un historien italien, Giuseppe Toffanin, voit la pensée européenne centrée alors sur la France et sa capitale. Le XIIIe siècle, pour lui, mais c'est « il secolo senza Roma », formule qui sert de titre à l'un de ses beaux ouvrages. L'Europe n'est donc pas l'élève sage, préoccupé uniquement d'apprendre, aux pieds d'un maître vénéré. L'histoire de l'Italie, ce sera finalement l'histoire entière de l'Occident, prise dans la globalité de ses rapports, de ses héritages, de ses acquis, soit une participation à une richesse commune où chacun donne, où chacun reçoit. Sans cette richesse commune, dit justement Alexander Rüstow, sociologue passionné d'histoire, « sans ce développement commun de la culture urbaine du Moyen Âge, fragmenté en multiples unités nationales — parmi lesquelles la France ou la Bourgogne [entendez les Pays-Bas], non l'Italie, ont [longtemps] le rôle principal —, la Renaissance n'aurait pas été possible [32] ».

La Renaissance serait donc un fruit, une construction collective de l'Occident. Mais l'Italie, confondue au XIVe siècle encore dans la masse des personnages d'une Europe déjà diversifiée, s'en dégage, prend ses distances, affirme ses supériorités. Car, sans ces supériorités, on ne conçoit pas non plus la Renaissance ; cette émergence italienne a donc bien été le problème décisif.

L'Occident encerclé

Il ne s'agit pas seulement d'une émergence spirituelle, de prouesses culturelles. À la base de la prééminence italienne se découvrent très tôt des supériorités économiques. Les négliger serait se condamner à ne pas comprendre un processus décisif. Quand fleurissent les foires de Champagne, acceptons que le « siècle sans Rome » soit vraiment en place. Il n'empêche que les foires sont, de bout en bout, dominées par les marchands, les changeurs, les transporteurs d'Italie.

De même, avant la longue série des crises politiques, économiques et sociales de la guerre de Cent Ans qui disloque l'Occident, l'économie italienne aura bel et bien réussi à investir, à encercler l'Europe. À partir de 1297, Gênes en effet a établi une liaison maritime directe et *régulière* entre la Méditerranée et la mer du Nord. Du cap Finistère, en Espagne, jusqu'à l'entrée de la Manche, le voyage se fait en droiture. Donc pas d'escales françaises [33]. Vers 1317, Venise remporte le même succès novateur. Bientôt, tous les navires méditerranéens d'assez gros tonnage atteindront les ports anglais et Bruges. Voilà accompli un des grands exploits du commerce de grand souffle (*di largo respiro*), qui organise la rencontre directe, grâce au marchand italien, de marchandises idéalement complémentaires, les draps des Pays-Bas et les produits riches du Proche- et de l'Extrême-Orient, poivre, épices, sucre, parfums, étoffes de soie, mordants pour la teinture des tissus et produits tinctoriaux. Ainsi s'amorce une longue circulation périphérique, de Bruges à la Syrie et à l'Égypte. Vers l'Ouest, les grandes escales sont Aigues-Mortes, Barcelone, plus encore Valence, Séville, Lisbonne, d'où les navires gagnent d'un trait l'Angleterre,

Southampton, puis Londres, enfin Bruges où la navigation hanséatique de la Baltique et de la mer du Nord rejoint le commerce issu de Méditerranée [34].

En même temps, par les grands cols des Alpes, le Brenner et le Saint-Gothard, une circulation de voituriers et d'arriéreurs s'affaire, relie les Pays-Bas à l'Italie, anime à l'Est, en marge de la France, un faisceau de villes déjà prestigieuses : Cologne, Nuremberg, Bâle, bientôt Augsbourg dont les entrepreneurs de mines vont faire la capitale de l'argent, du métal blanc. Bref, une circulation supérieure à toute autre enveloppe les marges de l'Europe ; en néglige cependant le cœur, la masse profonde, momentanément peu accessible ; profite aux régions qu'elle met ainsi en contact : les villes d'Italie, les villes de Flandres et d'Angleterre, les villes « libres » d'Allemagne et leur ultime prolongement vers le Sud, le *Fondaco dei Tedeschi*, énorme magasin, ville en miniature, près du pont de Rialto, à Venise.

Avant même cette crise multiple que nous désignons sous le nom commode et imparfait de guerre de Cent Ans, l'Europe s'est trouvée prise dans un système déséquilibré, « trafiqué » à l'avantage évident de l'Italie. Celle-ci manœuvrera ainsi à sa guise les foires de Genève qu'elle a aidé à lancer au début du XVe siècle et où se solde, à son profit, le déficit régulier des paiements européens qu'entraînent les échanges commerciaux. Elle a, d'entrée de jeu, fait l'effort suffisant, massif à vrai dire, pour y assurer son contrôle. Et du même coup, d'ailleurs, les foires genevoises ont pris leur essor [35].

À VENISE, LES GALERE DA MERCATO

Ce tour d'horizon extérieur à large distance appelle une conclusion, avant que ne soient abordés les importants problèmes du dedans. Mais peut-être une image significative peut-elle nous dispenser cette fois d'un long commentaire. Il s'agit du « film » des voyages des *galere da mercato* vénitiennes, dressé par cartes successives, de 1332 à 1534, par Alberto Tenenti et Corrado Vivanti (1961) [36].

Bien sûr, Venise n'est pas seule maîtresse des espaces que

domine l'Italie marchande, mais elle est au centre de cette prospérité créée au détriment d'autrui et, à ce titre, exemplaire.. Dès le XIVe siècle, la Seigneurie a mis des navires, construits à ses frais, à la disposition de ses patriciens qui détiennent chez elle à la fois les clefs du négoce et les leviers du gouvernement. Ces galères, au début d'une centaine de tonnes et qui atteindront par la suite deux cents à deux cent cinquante tonnes (galères, mais les rames leur servent seulement à entrer dans les ports et à en sortir — elles voyagent à la voile), sont mises à l'encan chaque année et louées au plus offrant, les adjudicataires s'arrangeant avec les autres marchands pour composer les cargaisons. Le taux du fret, le calendrier des voyages sont fixés par la vigilance des autorités en place.

Mais ce n'est pas le détail de ces opérations qui doit nous retenir présentement. Ni même le procédé par lequel Venise cherche avec obstination à privilégier ses liaisons, à mettre ses transports à l'abri de toute concurrence. Il y a eu là une sorte de *dumping* de longue durée, l'État subventionnant les particuliers. La date essentielle pour la mise en place du système est peut-être cette année de 1346 (l'année de Crécy) où, pour la première fois, nous constatons l'existence des galères *dites* de Flandre, qui sont, nous l'avons déjà signalé, la liaison majeure de l'économie italienne en direction des draps des Pays-Bas, de la laine, du plomb et de l'étain d'Angleterre [37].

En 1450, toutes les liaisons sont simultanément en place : galères de Romanie qui vont jusqu'à La Tana et à Trébizonde ; galères de Syrie ; galères d'Alexandrie ; galères d'Aigues-Mortes et, depuis 1436, galères de Barbarie (à partir de 1442, elles ont joint l'Égypte au cabotage qu'elles pratiquent de port en port, au long des côtes du Maghreb). Tous ces convois (de deux à cinq galères) se commandent : les marchandises apportées par les uns sont reprises par les autres, à dates à peu près fixes, dans les magasins de la *Dogana da Mar*. Les transports de Venise sont ainsi un système vivant, lié dans ses parties. Naturellement les *galere da mercato* n'excluent pas les navires des particuliers, dont les plus importants sont les gros navires ronds, les naves énormes des *mude* de Syrie qui vont charger les volumineuses balles de coton. L'aller et retour des *mude* (en gros, six mois de voyage) représente le circuit le plus rapide qui soit pour la rotation des capitaux marchands, l'opération se réduisant à envoyer de l'argent et à revendre le coton. Les moins fortunés ou les moins risqueurs des marchands ont une préférence pour ce commerce agile qui n'immobilise pas trop longtemps leurs avoirs [38].

Cela dit, en 1450, les seuls itinéraires des navires d'État, les voyages officiels en somme, esquissent l'image assez exacte d'une pieuvre dont bras et tentacules saisissent l'espace entier que touche l'Italie en dehors de la Péninsule. Venise, et à son instar les autres villes d'Italie, jettent ainsi vers les ports lointains leurs marchandises, leur argent, pour que refluent vers elles des richesses encore supérieures. Rien mieux que cette carte de voyages vénitiens ne révèle ce travail coordonné, cette domination calculée de l'espace, cette supériorité dans le domaine décisif des transports, dont l'Italie s'est nourrie et dont elle a vécu longtemps.

En Italie, la poussée nouvelle des États-villes

Et maintenant retournons vers le cœur de l'ensemble. Au centre de ce système organisé à son avantage, l'Italie n'est pas un espace parfaitement tranquille. Bien au contraire.

C'est l'époque où, à travers l'Europe, une croissance générale plus ou moins hâtive se dessine. Dans l'Europe non italienne surgissent, mais tardivement, avec la seconde moitié du siècle, des États territoriaux modernes, la France de Louis XI (1461-1483), l'Espagne des rois catholiques (Isabelle, 1474-1504 ; Ferdinand, 1479-1516), l'Angleterre d'Henri VII (1485-1509). Quoi qu'il y paraisse ne croyons pas que ces naissances soient le fait, sans plus, de personnages vraiment exceptionnels. C'est une poussée générale qui, en privilégiant l'économie monétaire, précipite les rapports, multiplie les échanges, rend fragiles les formations politiques trop restreintes et fabrique, pour des succès comme marqués à l'avance, d'« universelles aragnes ».

D'ailleurs, l'histoire de l'Europe depuis longtemps est une

course : ville contre État, disons lièvre contre tortue. Or le lièvre, la ville plus leste, a gagné tout d'abord, et c'était logique. Mais le XVe siècle, en Occident, voit la remontée et l'arrivée au but des lentes tortues. L'État territorial triomphe, remarquons-le, à l'Occident même de l'Europe, face à l'Atlantique, un océan qui n'a pas encore assuré sa propre fortune : le voyage de Christophe Colomb date seulement de 1492. Précisément, l'État territorial s'est mis en place en dehors des régions où le lièvre, c'est-à-dire les villes, avait déjà gagné sa partie. Devant lui, peu ou pas de vraies villes, ou des villes pas très puissantes, ou alors isolées. Ce fut la chance des monarchies modernes que cette absence de tout obstacle urbain sérieux devant elles, devant leurs « appareils de fonctionnaires » qui poussent au développement « horizontal » des grandes formations politiques. Comment l'Allemagne, *lato sensu*, comment l'Italie, elle surtout, auraient-elles réalisé leur unité ? Elles sont hérissées de villes. Ailleurs, devant l'État moderne, la ville isolée capitulera : Barcelone en 1460, Grenade en 1492, et déjà Constantinople en 1453, car l'Empire turc a grandi pour les mêmes raisons que les monarchies des bords de l'Atlantique, en une zone d'économie attardée. De même la Moscovie et plus encore la Pologne.

L'Italie, cependant, se trouve engagée elle aussi dans une crise politique aiguë. Avant que les tortues d'Occident n'aient repris vraiment leur course en avant, l'Italie, à partir de 1400, soit avec un bon demi-siècle d'avance sur elles, aura profondément transformé ses structures politiques. Ses États territoriaux — le Piémont-Savoie, l'État pontifical, le royaume de Naples saisi par Alphonse le Magnanime, en 1442, et joint à la Sicile —, ses États territoriaux se sont consolidés, sans bouger de façon spectaculaire : ils correspondent, en fait, à l'Italie archaïque, féodale et seigneuriale, « sous-développée ». Au contraire, une grande transformation touche les villes les plus actives, les plus riches. Celles-ci s'emparent des villes secondes, les soumettent à leur loi au cours de guerres, faciles les unes, voire à la bonne franquette, inexpiables les autres. Venise soumet Padoue, Vicence, Vérone, Brescia, Bergame, Udine, se grossit de leurs territoires ; Gênes détruit Savone ; Milan devient le

Milanais ; Florence abat Pise, en 1406, avec une joie sauvage. Voyez sur l'événement le récit froid, voire méprisant, de Gino di Nero Capponi, l'un des artisans de cette victoire contre l'ennemie de toujours dont il sera d'ailleurs le premier capitaine florentin [39].

Ainsi se constituent une nouvelle carte, un nouveau tissu politique où les villes, devenues vraiment des États-villes, se trouvent jointives dans l'Italie des superactivités économiques. Elles ne laissent pas entre elles s'insinuer les États territoriaux qui, en Allemagne par exemple, cernent les cités murées, les étouffent, en tout cas les surveillent. Même transformées en principautés, les cités italiennes n'en restent pas moins des villes, des formations d'un type spécial : le Milanais, c'est encore Milan ; la Toscane, même au-delà de 1434, c'est encore Florence. Donc, villes et déjà États, elles tirent de ce caractère hybride leur force (leur dynamisme économique) et leur faiblesse, maintenant que s'annonce le règne menaçant des États épais, aux armées nombreuses, du moins relativement nombreuses.

L'Italie de 1450 au bord de la révolution industrielle ?

Nous n'avons ni à raconter en détail, ni à étudier cette crise préalable des États-villes d'Italie, ni les luttes fratricides, ni les transformations en chaîne qui les accompagnent. Il est certain, en tout cas, que ce premier XVe siècle n'est pas sous le signe d'un recul économique sensationnel. Nous sommes loin peut-être des splendeurs atteintes vers le milieu du XIVe siècle. Mais le problème est de voir si l'Italie, telle qu'elle est devenue, reste la première dans le concert imparfait de l'Europe — ce qui ne fait pas de doute, même aux yeux de l'économiste. Et si cette Italie, prise en bloc, va de l'avant, ce qui semble très probable. En fait ces querelles, ces transformations, comme dans les réactions chimiques, ne sont possibles qu'avec une dépense de chaleur et d'énergie. Et c'est le cas en l'occurrence, même si les preuves péremptoires ne sont pas toutes à notre disposition. Il s'est agi, à l'évidence, d'une remise en place de la maison, du renforcement des « pôles » de croissance que sont ces villes, énormes pour l'époque : Florence, Gênes, Venise, Milan. Leurs guerres certes ne relèvent pas toujours du théâtre ou de la simple insulte verbale, mais les armes à feu n'existent pas encore. Une ville se prend ou par un long blocus qui affame ses défenseurs, ou par ruse, ou par trahison : il suffit qu'une de ses portes soit surprise ou livrée. Les *condottieri* sont des entrepreneurs en guerres savantes, rarement meurtrières. Quelques chevaux qui se sauvent ou poursuivent un adversaire rapide, des campagnes que l'on brûle ou menace de brûler... Gian Galeazzo Visconti se plaignait (mais est-il sincère ?) que la « plume de Coluccio Salutati [l'humaniste, chancelier de Florence et polémiste ardent de la seconde moitié du XIVe siècle] lui avait fait plus de mal que trente escadrons de cavalerie florentine » [40]. De « drôles de guerre », en somme, et l'on s'en réjouit rétrospectivement.

D'ailleurs, que cette Italie soit en pleine montée ou remontée de vie, en train de prendre l'avance nécessaire à sa grandeur, l'enquête des historiens l'établit sans la moindre équivoque. Pour Renato Zangheri, entre 1400 et 1450, l'Italie a même frôlé la révolution industrielle [41], en tout cas elle s'est acheminée vers elle. Une révolution agricole s'est accomplie, en effet, particulièrement en Lombardie, avec le développement de fourrages artificiels, de prairies irriguées, de nouvelles cultures (riz, mûrier), avec les progrès décisifs de l'élevage. À Milan et ailleurs, notamment à Florence, se regroupent d'énormes masses artisanales (énormes pour l'époque, s'entend). Milan et la Lombardie donnent l'impression, entre 1300 et 1500, d'un destin à part, échappant aux régressions contemporaines de l'Europe, « l'impression d'une intense activité constructrice et novatrice [42] ». D'autre part, en ces époques où surgissent et s'éploient l'aventure portugaise et les exploits d'Henri le Navigateur, un intense trafic de navires italiens multiplie ses services réguliers. C'est là une des révélations majeures des archives Datini, dont on connaît la fantastique richesse [43]. Entre 1394 et 1407, par exemple, la nave de Polo Italiano a fait quinze fois le voyage de Gênes à Bruges, et cinq voyages en Méditerranée, l'un d'eux la conduisant à Chio d'où elle devait repartir à Bruges — exemple entre dix autres. Ces transports se multiplient et se régularisent, ouvrent l'éventail des frets — les marchandises payant selon leur valeur, ce qui permet l'enlèvement sur de longues distances des plus volumineuses et des moins chères, relativement : le blé, le sel, le bois, la laine, les cuirs... C'est la « révolution des transports » signalée par Federigo Melis [44]. L'Italie peuple alors les mers d'énormes corps flottants. Les caraques génoises approchent de 1 200 à 1 500 tonnes, ce qui est sans doute le plafond pour la construction navale des voiliers de bois : au XVIIIe siècle, les *Indiamen* anglais, qui vont jusqu'en Chine, ne dépasseront guère ces tonnages qui, au XVe siècle, paraissaient colossaux. À la Saint-Martin de l'année 1495, deux de ces naves génoises, hautes comme des maisons, sont à Baies, près de Naples, au moment où les Français évacuent en hâte la grande ville. Selon Commynes, elles auraient pu à elles seules, en jetant leurs équipages à terre, renverser la situation, « car assez suffisait les deux naux pour recouvrer la ville de Naples pour l'heure [45] ». Tant pis pour les Français, elles ne s'y risquèrent pas.

Pourtant, la révolution industrielle n'a pas eu lieu dans cette Italie précoce du XVe siècle. Ce qui lui a manqué, serait-ce seulement une suffisance d'hommes, ou, comme d'aucuns l'ont pensé, un « marché national » ? Encore eût-il fallu que l'unité péninsulaire se fît et alors au bénéfice de Milan, que Filippo Maria Visconti (1392-1447), par exemple, ait été victorieux lors de sa grande poussée vers l'Italie centrale. Ainsi, rétrospectivement, nous en arriverions à condamner, au nom de l'économie, la riposte républicaine et libérale de Florence, cette réaction sympathique aux yeux des historiens. Soit, mais l'Italie, son unité faite et capable même, supposerons-nous, de résister au gigantisme politique de ses voisins, eût-elle été en mesure de développer les structures nouvelles d'une révolution industrielle, plusieurs siècles avant l'anglaise ?

Il est difficile de répondre d'un mot à de telles questions, cependant primordiales car elles posent le problème de la nature même de la révolution industrielle. Je crois que celle-ci impliquait un *ensemble* de conditions que l'Italie n'a pas eu à sa disposition. Mais qu'on ait pu évoquer une telle perspective, c'est la preuve de la force *précoce* de l'Italie et de la profondeur de la crise qu'elle a vécue durant la première moitié du XVe siècle. Chez elle s'efface partout une histoire communale et seigneuriale, développée tout de même sous le signe d'une certaine liberté, d'une certaine forme de vie à court rayon, d'une civilisation qui descendait jusqu'au libre jeu des *Arti*. Parler d'une culture ancienne, populaire, c'est peut-être trop dire. Mais ce qui suivra a été entièrement aristocratique, princier, arraché d'un cadre ancien. La civilisation jaillit vers le haut de la société, comme un plongeur refait surface.

Au loin seuls comptent les marchands

L'Italie du premier Quattrocento rayonne, comme de juste, vers l'Occident, mais vers l'Occident seul. Du côté de Byzance et du côté de l'Islam, les portes des civilisations étrangères lui sont fermées. Incompréhension réciproque, dit-on, et c'est vrai. Toutefois l'Italie, à partir du XIe siècle pour ne pas remonter plus haut, s'est présentée, soit à Byzance, soit dans les villes d'Islam, devant des civilisations plus riches que la sienne. L'Italie est ici l'élève qui emprunte et écoute... À Salerne, la fameuse école reprendra à son compte l'enseignement de la médecine arabe. Et la critique littéraire a trop parlé, pour qu'il vaille la peine d'y revenir, des emprunts de Dante et de ses contemporains aux auteurs arabes que leur supériorité scientifique et philosophique imposait comme des modèles. Il n'a donc jamais été question, pour l'Italie, de faire la leçon à plus riche et plus brillant qu'elle. Elle recevait au contraire avec respect, à Venise et même à Florence, dès la fin du XVe siècle, des maîtres grecs. D'ailleurs, quand Constantinople tombe, en 1453, la fuite des intellectuels grecs en Italie, si insupportables que se soient révélés ensuite certains de ces rescapés, représente un énorme transfert de connaissances. C'est Énée apportant à nouveau en Italie « les dieux de Troie ». Le cardinal Bessarion (1403-1472) est le plus célèbre de ces déracinés. À Venise, « sa bibliothèque est devenue la célèbre bibliothèque de Saint-Marc » et, sans lui, « les Aldes n'auraient pas pu établir leurs grandes éditions princeps [46] ». Un second humanisme a été alors lancé, ou relancé, et le grec en fut le véhicule. Les ouvriers en furent nombreux, ainsi, réfugié lui aussi après la chute de Constantinople, mais ayant gagné Florence, non Venise — ce Johannes Argyropoulo qui enseignera la philosophie naturelle d'Aristote au *Studium Generale* : son nom est cité dans les carnets de Léonard de Vinci. Celui-ci a-t-il suivi les leçons du maître grec ?

Recevoir c'est une chose ; donner, une autre. L'Italie n'aura eu de rayonnement prolongé qu'à travers l'Occident, en direction d'une civilisation parente de la sienne, ouverte devant elle. Cependant il semble bien que, même de ce côté décisif, la supériorité italienne ait été longtemps purement matérielle, marchande, financière. Les Italiens éparpillés à travers l'Occident sont des marchands, des prêteurs d'argent plus souvent encore que des marchands. Où que se fassent nos sondages, à Barcelone, à Valence, à Séville, à Lisbonne, à Londres, à Bruges, à Bordeaux, à La Rochelle, à Paris, à Rouen, à Avignon, à Montpellier, à Marseille, on retrouve des marchands italiens groupés en colonies. L'immense information de la correspondance reçue et envoyée par Francesco di Marco Datini, le marchand de Prato de qui sont conservées les fabuleuses archives, montre autant les voyages des lettres de change que ceux des marchandises [47]. Tout un système de crédit, savant déjà, véritable « superstructure » de la vie économique, est en place. Une sorte de circulation aérienne, pourrait-on même dire, joint sans relâche Bruges à Gênes, Florence à Montpellier, à Paris, à Londres, Barcelone à Venise... La vie concrète des affaires occupe le devant de la scène. Les grands spectacles, ce sont sûrement, à Bruges où se ferme le circuit essentiel, les arrivées ou des *galere da mercato* vénitiennes (*les galere di Fiandra*) ou des caraques génoises ou des naves catalanes, celles-ci se plaçant en dernière ligne. Chaque arrivée ouvrait à Bruges une foire véritable. Un peu comme feront plus tard, aux XVIIe et XVIIIe siècles, à des moments choisis par elles, les grandes compagnies des Indes ouvrant leurs magasins pour les ventes publiques de marchandises.

Donc, parmi ces Italiens à l'étranger, des marchands, encore des marchands. À côté d'eux, déjà, des soldats, des marins, des aventuriers, des intellectuels, voire des artistes.

Mais ces derniers n'arrivent pas en rangs serrés et ne sont certainement pas reçus comme des maîtres prestigieux, indiscutables. En Avignon, où ils se signalent très tôt, ils s'infiltrent un à un. Les orfèvres italiens y sont d'abord des représentants commerciaux, des marchands plutôt que des artistes ou que des artisans vendant leur propre production [48]. À partir de 1328, dans les « boutiques » de peintres français, des Italiens commencent à occuper des emplois, mais subalternes. Il n'est pas question, où qu'ils soient, de créateurs d'un art inédit, encore moins d'une vision nouvelle du monde. Nous n'en sommes pas là. Même plus tard, quand le grand sculpteur Francesco Laurana, Dalmate d'origine mais Italien de formation, qui a travaillé en Sicile et à Naples, s'installe longuement à la cour du roi René et en Provence, de 1461 à 1466 et de 1475 à 1502 : il exécute à Marseille l'autel de Saint-Lazare à la Major et le retable de Saint-Didier ; le tombeau de Giovanni Cossa à l'église Sainte-Marthe de Tarascon et, probablement, le tombeau de Charles IV d'Anjou, destiné à la cathédrale du Mans [49]. Mais, malgré la maturité de son art, il n'aura pas fait vraiment école en France. L'art italien, à cette époque, n'a encore ni prestige, ni influence remarquable outre-monts.

Un humaniste cependant exceptionnel, comme Pétrarque, n'a fait qu'appuyer en France un mouvement analogue et antérieur, qui commence à couler de lui-même. Pour que l'Italie devienne le centre d'un large rayonnement culturel, il faudra que ses marchands s'affinent encore au cours des âges à venir. Que l'Italie elle-même se différencie davantage du reste de l'Occident. Que, bien avant ceux des autres pays d'Europe, ses nobles viennent s'installer dans les villes, y construisent leurs maisons et leurs palais. Que les cités d'Italie s'élargissent, fassent peau neuve, se couvrent de chantiers. Que la Renaissance épanouie, indiscutable, s'y installe. Que les fêtes publiques y deviennent sans égales. Que la bourgeoisie voie grandir son rôle. Que beaucoup de temps passe encore.

Mais, dans l'intervalle, les pays européens auront affirmé leur personnalité. L'accueil franc qu'ils feront un jour à la culture italienne se trouvera dans chaque cas — et chaque fois différemment — fortement barré par des cultures nationales solidement en place et qui ne céderont pas aisément le terrain à l'intruse. L'Italie n'a pas gagné sans combattre. Et cette compétition, en vérité, a contribué à sa grandeur.

Pour l'humanisme italien, pas d'escalade, semble-t-il, avant le milieu du XVe siècle

Le mot *humanisme*, créé par Georg Voigt, en 1859, a depuis lors fourni une belle carrière. Si l'on y prêtait un peu la main, il arriverait à devenir un slogan de la philosophie politique *actuelle* : ne parle-t-on pas de « nouvel humanisme », de « troisième humanisme » ? Toute mise en cause de la nature de l'homme relève de lui, et l'eau se précipite vers le moulin.

Le mot, dans les pages qui suivent, n'a évidemment pas ce sens nouveau, encombrant, ni tout à fait non plus son sens, hier usuel, de culture à l'antique, dérivé d'*humanitas*, d'*humanae litterae*. Ce que les historiens d'aujourd'hui désignent de préférence sous cette banderole voyante, ce n'est plus seulement le retour de la pensée occidentale à une certaine Antiquité classique, qui reste un trait essentiel cependant, mais un ensemble culturel plus compliqué, quelque peu « mythique », comme celui que signale le mot, vague lui aussi, de Renaissance. « L'humanisme commence, écrivait en 1935 un historien, quand la civilisation médiévale meurt et, avec elle, les conceptions économiques et sociales qui lui étaient propres [50]. » Mais cette mort, on le sait, a été fort longue à s'accomplir.

De plus, *Renaissance*, le mot lancé par Michelet et par Burckhardt, se confond souvent avec le concept d'humanisme. Sauf que l'humanisme apparaît plus tôt, comme l'ouvrier précoce, le responsable, le moteur, le metteur en scène de cette transformation d'ensemble (cette destruction et cette reconstruction) que désigne, si l'on veut, le mot très général de Renaissance. L'humanisme joue les sergents fourriers, il prépare le cantonnement. Il est la Renaissance avant que celle-ci n'existe encore. Et beaucoup d'historiens s'y résignent sans trop rechigner, qui voient volontiers dans l'humanisme une très vieille réalité, incluse depuis toujours dans l'hybride pensée médiévale où le souvenir de la Rome classique s'incorpore de force, malgré les confusions qu'elle suscite par sa coexistence avec le christianisme. Bref, l'humanisme est de loin antérieur à Francesco Petrarca qui, le premier, aura montré l'éventail complet de ses significations. Augustin Renaudet n'a-t-il pas intitulé un de ses livres *Dante humaniste* (1952) ?

Depuis longtemps en place, l'humanisme prend une force nouvelle, devient omniprésent en Occident, comme la science au tournant décisif du XVIe au XVIIe siècle. Partout surgissent des hommes passionnés, instruits dans « les trois langues » (latin, grec, hébreux), sûrs d'eux-mêmes, arrivistes en diable. Parfois ils forcent les portes des universités, imposent leur enseignement. Plus souvent, la porte leur en est fermée et les *humanae litterae* doivent pousser, par force, à l'écart de ces mondes universitaires privilégiés et rébarbatifs [51]. Les humanistes pénètrent plus facilement dans les chancelleries, se logent dans les bénéfices médiocres de l'Église, font fortune à la cour des princes (mais que de dangers !), fondent des cénacles, des académies, et pourchassent les esprits rétrogrades (Dieu sait s'ils abondent). Entre eux, ils se querellent sans vergogne, superbes, insupportables, indispensables, du moins le croient-ils. À travers l'Europe entière, l'humanisme est une pandémie contagieuse, bien que, à la différence de la peste qui s'arroge la clientèle entière des vivants, l'humanisme n'ait touché, en fait, qu'un réseau de groupes étroits. Parler latin, c'est forcément s'isoler de la foule.

Ce qui a propulsé, lancé l'humanisme, c'est sans doute une crise à peu près générale. L'effondrement, au XVe siècle, de l'empire et de la papauté, ces piliers de la chrétienté, des guerres en chaîne, des régressions insistantes, des épidémies acharnées — tout cela a disséminé, créé, recréé un « mal du siècle », favorisé une révolution culturelle latente. L'humanisme, c'est en outre une façon de détruire ce qui, sur le point de s'écrouler, reste un obstacle ou une gêne. C'est une « idéologie » et qui se cherche, difficile, impossible à définir, car elle ne cesse de varier. Sans doute est-ce là le premier effort qu'ait voulu l'Occident pour une idéologie de long souffle ? À moins, comme le pense J.A. Maravall, que la scolastique n'ait été la première à jouer ce rôle.

Idéologie, autant dire un système confus d'idées, de croyances, d'affirmations, de partis pris, liés les uns aux autres par une logique plus d'une fois imparfaite, mais liés. Et il n'y a d'idéologie qu'enveloppante : son caractère est de saisir l'individu, de le soumettre à une contrainte, d'ailleurs acceptée avec joie. C'est, en somme, une civilisation de remplacement, destinée à réparer les déchirures, à combler les gouffres de la civilisation en place, déficiente ou délabrée. Logiquement, elle exige l'enthousiasme, la conviction, la certitude du bon droit, l'appât du succès. Qu'elle mélange tout est logique aussi : le plâtre qui bouche les lézardes du mur en rejoint les morceaux.

L'humanisme, ainsi, ce n'est pas simplement le retour à l'antique, pas plus que l'art de la Renaissance n'est la résurrection de Vitruve. L'antique est un alibi, un rêve qu'il faut vivre pour échapper au monde présent, lequel ne peut pas être celui de Cicéron ou de Sénèque. L'humanisme prétend assurer « progrès et retour en arrière », ce qui est contradictoire, et confondre « dans une même intuition nature, vertu, beauté, raison, antiquité et religion chrétienne [52] ». Un plan naïf, mais révolutionnaire. La philologie n'est peut-être qu'une petite chose, mais l'esprit libre et la critique rationnelle qu'elle requiert, quel grand pas en avant !

Or, ce *tertium regnum* de l'humanisme, cette « troisième force », s'impose partout en Europe et un réseau d'échanges épistolaires en fait peu à peu une « république européenne » des lettres, un monde à part, un système nerveux étendu bientôt à l'ensemble de la chrétienté, sensible, ultrasensible aux événements qui surgissent.

Dans ce monde-là, vers 1400, Paris n'est pas en retard sur Florence ou sur Rome ; Strasbourg ou Bâle sur Padoue... Un spécialiste peut même écrire, parlant de Paris : « Le retard [de l'humanisme européen] par rapport à l'Italie que l'on tenait hier pour un fait acquis, apparaît maintenant tantôt minime, tantôt inexistant. Dans certains cas, même, on peut se demander si les humanistes français n'ont pas montré la voie aux Italiens [53]. » De même pour l'Allemagne, profondément touchée par la réunion, dans deux de ses villes, des conciles de Constance (1414-1418) et de Bâle (1431-1449), l'humanisme a certes été relancé par ces réunions internationales, par la présence d'hommes comme Nicolas de Cusa ou Enea Silvio Piccolomini (le futur Pie II), mais à cette époque, les premières graines de l'esprit nouveau avaient déjà germé chez elle.

De la sorte, il y a eu longtemps, en ce qui concerne l'humanisme et les cultures qui lui font face, un équilibre occidental, entendez des échanges sur un certain pied d'égalité. Le déséquilibre qui permettra la montée de l'humanisme italien se précise au plus tôt avec la seconde moitié du XVe siècle. L'Europe a été ravagée en son centre, la France. L'Italie, en revanche, a vécu à l'abri et cela compte : les chaînes de générations d'humanistes, qui ne s'y rompent pas, favorisent un progrès, une accumulation des connaissances, « de Pétrarque *via* Salutati à Bruni », et l'humanisme italien, sur sa lancée, atteint ensuite naturellement ses sommets avec Politien, Ermelao Barbaro, Marsile Ficin, Pic de La Mirandole. C'est l'époque du développement des études des langues hébraïque et grecque ; l'époque aussi de l'imprimerie : le premier imprimeur en Italie, un Allemand, est signalé en 1467. Ces préalables expliquent-ils l'escalade italienne ? Sur la scène exemplaire de Paris, l'Italie *semble* ranimer la flamme de l'humanisme. Un Romain, Gregorio Tiferna, enseigne à l'Université, de 1456 à 1458. Parmi ses auditeurs, deux élèves de choix : Robert Gaguin et Guillaume Fichet. Une vingtaine d'années plus tard surgissent Filippo Beroaldo l'Ancien, puis ses successeurs, comme de juste querelleurs, Fausto Andrelini, Girolamo Balbo, Cornelio Vitelli. Les grands maîtres seront plus tard, entre autres, un Grec italianisé, Jean Lascaris, et Girolamo Aleandro. La leçon inaugurale de ce dernier (1508), lue à toute vitesse, dura deux heures et demie sans nuire à la réputation de l'auteur — celle-ci était si grande [54] ! À cette époque, l'humanisme français semble restauré, remis sur pied. « Guillaume Budé est un Politien français ; Lefèvre d'Étaples, un Pic de La Mirandole français... [55]. » Comment dire mieux ?

Mais les mots « restauré, » « remis sur pied » (que je n'ai pas inventés), sont-ils ceux qui conviennent ? Le problème peut être repris dans tous ses détails — résolu une fois pour toutes, j'en doute. Selon l'exemple français qui nous retient et vaut en partie pour les autres, il faudrait, dans les malheurs traversés par la France, qu'il y ait eu régression, panne évidente. Pas avant 1418, nous affirme un livre brillant d'Ezio Ornato (1969), et la remarque mettrait tout le monde d'accord. Or il ajoute : « Mais après 1418 ? Pour prouver l'existence d'un déclin après cette date, il ne suffit pas de souligner la disparition soudaine des humanistes les plus connus, victimes de la guerre civile ; il faudrait aussi pouvoir démontrer qu'en France, les milieux qui devaient transmettre la nouvelle culture — universités et chancelleries notamment — furent alors hors d'état de former une génération de lettrés capables de prendre la relève. Nous espérons pouvoir contribuer bientôt à la démonstration du contraire [56]. » Alors qui croire ? Dans ce débat où notre curiosité se tourne avant tout vers l'Italie, la conciliation semble avoir le bon sens pour elle. Tout humanisme est double, en somme, national tout d'abord, européen ensuite. Pic de La Mirandole séjourne en France de 1485 à 1488, Lefèvre d'Étaples va à Florence, Padoue, Rome et Venise en 1488-1489 et y retourne vers 1500. Alors y aurait-il impossibilité à concilier la bonne santé d'un humanisme français et la santé excellente d'un humanisme italien qui lui fait face et entretient avec lui des relations naturelles ? Cela reviendrait à accepter une même *conjoncture* pour l'humanisme en Italie, en France et probablement ailleurs.

Une même conjoncture, oui, sans doute. Et aussi une même structure, je veux dire une même réalité de base : les historiens non spécialistes en ces domaines avanceraient un jugement plus simple, et même péremptoire. L'humanisme est un fait urbain, à mettre en liaison avec la montée des bourgeoisies. Il y a donc, *a priori*, une prééminence naturelle de l'Italie : en Europe, où y aurait-il autant de villes somptueuses, autant de bourgeoisies bien en place ? Pour la qualité, le débat reste toujours ouvert ; pour la quantité, l'énorme supériorité de l'Italie est évidente. S'il y a une « masse critique », pour parler comme Pierre Chaunu, c'est bien là, et pas ailleurs.

Ces faits établis, on acceptera qu'Alberto Tenenti ne veuille parler d'humanisme *au sens large* qu'à partir de 1440 [57]; non pas parce que, à son avis, il n'y aurait pas d'humanisme avant que l'Italie n'ait affirmé son rayonnement, mais parce que l'humanisme a pris, ou repris alors seulement ses dimensions européennes, qu'il achève de trouver ses assises, qu'il s'apprête, sans le savoir à l'avance, à affronter les grandes luttes religieuses qui vont peu à peu se dessiner dès la fin du siècle, ou mieux avec le siècle suivant. L'humanisme — telle la science d'aujourd'hui — va se trouver devant des responsabilités inattendues, dans le même mouvement, dans le même temps où s'accompliront les guerres d'Italie. Révolutionnaire en esprit, il débouche sur la révolution effective que nous appelons la Réforme — un raz de marée à vrai dire.

1450-1650 : DEUX SIÈCLES ET TROIS ITALIE

Trois Italie successives, aux climats et aux éclairages absolument différents, se distinguent à l'œil nu, de 1450 à 1650. Elles correspondent aux mesures traditionnelles, la guerre et la paix en sont les arbitres majeurs, mais la guerre et la paix traduisent souvent, comme nous le verrons, les lentes pulsations de la conjoncture économique dont il sera souvent question dans nos explications (hausse, 1460-1483 ; baisse, 1483-1509 ; hausse, 1509-1529 ; baisse, 1529-1539 ; hausse, 1539-1559 ; baisse, 1559-1575 ; hausse, 1575-1595 ; baisse, 1595-1621 ; hausse, 1621-1650) — ces oscillations étant repérées à deux ou trois années près.

Ces trois Italie successives sont :

— Une Italie pacifique, qui a créé elle-même sa paix après les accords compliqués et difficiles de Lodi (9 avril 1454), qui saura en jouir et la préserver vaille que vaille de 1454 à 1494, ô miracle, presque pendant un demi-siècle, au milieu d'une Europe pleine du fracas des armes.

— Une Italie ravagée de 1494 à 1559 par une guerre venue du dehors, imposée par autrui, et à laquelle il faut bien s'habituer si l'on veut vivre, une guerre coupée de pauses, mais qui rebondit, s'aggrave avec aisance. Elle provoque, appelle un flot d'immigrants indésirables : Français bons vivants et bons camarades, *dit-on* ; Espagnols qui arrivent en espadrilles et si orgueilleux, une fois fortune faite ; Suisses qui s'acharnent sur le Milanais trop riche ; Allemands qui regagnent avec des filles à soldats et leur maigre butin la route du Brenner, poussant devant eux un cheval, une vache, une charrette attelée... C'est ce que nous appelons les guerres d'Italie, qui furent des guerres *pour* l'Italie, pour la conquête et la domination de la Péninsule.

— Enfin, une Italie inattendue, au-delà d'une autre paix, d'un simple événement, le traité du Cateau-Cambrésis (1er-3 avril 1559) qui aurait pu être un accord en l'air de plus, comme tant d'autres. Or, cette fois, l'Italie va être précipitée dans une paix de longue, *très longue* durée, comme condamnée à rester hors des belligérances par une sorte de mise en prison pacifique. Car cette paix sourde, qui englue toute la vie italienne, vient du dehors, imposée par de multiples coïncidences, par la lassitude, l'indifférence des étrangers : ils se sont trop battus à travers villes et campagnes de la Péninsule pour s'y risquer à nouveau, et ils ont mieux à faire ailleurs. De la guerre de Trente Ans, sauvage, dévastatrice, la Péninsule recevra à peine « quelques éclaboussures ».

Ainsi, trois Italie, la première libre de ses actes ; la deuxième sous le signe de la présence d'autrui ; la troisième pacifique et qui serait à nouveau libre de vivre à sa guise, et pour longtemps, si l'Espagnol n'y tenait garnison, ne s'arrogeait les premiers rôles. Mais n'est-il pas là pour la forme, parce qu'il offre un alibi, un prétexte, une garantie, une bonne conscience aux sociétés en place qui, elles, tiennent vraiment l'Italie ? Federico Chabod l'a montré (1958) en étudiant les *Usi e abusi nell'amministrazione dello Stato di Milano a mezzo il Cinquecento.* Dès que la mince couche de vernis espagnol s'écaille, la haute société italienne apparaît : elle tient les leviers de commande. Vérité à Milan et ailleurs, et bien au-delà du milieu du XVIe siècle ! Bourgeoisies ou plutôt patriciats, seigneurs ou plutôt féodaux s'accommodent de l'Espagnol, nulle part aimé, sauf à Lucques — sans doute parce qu'il n'y est pas installé en maître.

Mais peut-être nous faisons-nous, au sujet des dominants et des dominés, au XVIe siècle, des idées qui s'inspirent trop des occupations étrangères du temps présent (« résistants » et « collaborateurs »). Je doute ainsi que, présents en Piémont de 1538 à 1559, les Français (mieux à pied d'œuvre pourtant que les Espagnols) l'aient vraiment dominé. Et d'ailleurs, Venise laisse aux villes de sa terre ferme leurs institutions et même leurs précautions douanières d'antan, celles-ci sur quelques points hostiles à la Seigneurie elle-même, comme dans le cas de Padoue. Dominer sans dominer, en somme, c'est un problème que l'histoire a souvent proposé, sans jamais le résoudre à plein.

N'expliquons pas trop, non plus, la présence espagnole par la nécessité de lutter contre le Turc, des côtes orientales de Naples à la Sicile entière. Il est vrai que le Turc a menacé sérieusement la Péninsule à partir de 1480 (prise et sac d'Otrante, premier acte en fait des guerres dites d'Italie), durant un siècle coupé cependant de longues pauses. Mais non pas au-delà de 1574. Et n'oublions pas que l'Espagne expédie à l'ordinaire de faibles garnisons dans ses possessions italiennes, trois ou quatre mille hommes, par exemple, dans le vaste royaume de Naples. Alors, si le soldat italien, si la cavalerie italienne qui surveille les marines n'y prêtaient la main, cette domination s'effondrerait comme un château de cartes.

Il y a donc complicité, parfois bénévolence de la société soumise à l'égard de l'« oppresseur ». On peste contre lui, on l'injurie, on dit pis que pendre de lui. Témoin cet écrit anonyme que cite Corrado Barbagallo :

Io quando sento dire — Egli è spagnolo —
Faccio la conseguenza, id est *un tristo,*
Un sodomita, un furbo, un mariolo,
Un luterano, che non crede in Christo [58].

(Moi quand j'entends dire : c'est un Espagnol
Je tire la conclusion : alors c'est un triste sire,
Un sodomite, un fourbe, un filou,
Un luthérien, qui ne croit pas au Christ.)

Mais ce n'est là que pur défoulement littéraire. En fait, rien ne s'organise contre le maître arrogant.

Si le lecteur s'intéressait au détail militaire de l'occupation espagnole, il serait dix fois pour une surpris, déconcerté. Ne serait-ce qu'à lire les mémoires de ce soldat espagnol, Miguel de Castro, un enfant, déjà fanfaron d'ailleurs, bon observateur cependant et admirable conteur [59]. L'accueil émouvant qui est fait par de pauvres paysans à ce *bisoño*, cette « bleusaille », lorsqu'il arrive à Praiano, petit village de montagne en arrière d'Amalfi, les habits en lambeaux et sa chemise blanche apparaissant dans les déchirures — ce récit est trop direct pour ne pas être exact. De même, je ne me lasse pas de lire le compte rendu du déplacement de sa compagnie, après Noël, à la fin de l'année 1608, à travers les pays calabrais, de Nicastro à Tropea, face à la mer que battent la tempête et l'orage. Dans la nuit tombée avant l'heure, les bêtes glissent dans les ravins avec leurs charges, les hommes, transis de froid et transpercés par la pluie, ont de l'eau jusqu'aux genoux. Qu'aurait pu faire cette poignée d'hommes dans un univers aussi fantastique, inhumain, si elle avait dû y combattre !

1454-1494 : TOUT EST CLAIR, MAIS S'EXPLIQUE FORT MAL

La première Italie que nous avons distinguée, durant la seconde moitié du XVe siècle, est libre, pacifique, heureuse pourrions-nous dire. La guerre a pratiquement disparu de chez elle, au lendemain de la laborieuse paix de Lodi (9 avril 1454) — une paix étrange et qui compte, puisqu'elle dure.

De cette paix, les sociétés en place tirent avantage. Sans doute des pays remuent-ils, ici ou là, ainsi en Calabre ; mais l'ordre social n'est nulle part en danger. Riches et puissants peuvent jouir de leurs privilèges et leur civilisation luxueuse, tranquille, sans remords, s'étaler en plein soleil. Et tout irait pour le mieux et les historiens ne se poseraient aucune question supplémentaire si la recherche n'avait mis en lumière, partout en Occident, un « automne » maussade du Moyen Âge finissant, bel et bien un repli économique d'assez long souffle puisqu'il a détérioré bien plus que la fin même du siècle, une quarantaine d'années, de 1470 environ à 1509. Or, l'Italie est soumise, elle aussi, à ces intempéries-là.

Alors comment sortir de ces contradictions évidentes : un éclat culturel semble, *a priori*, un signe de bonne santé collective ; une régression économique, *a priori*, exclut de pareilles prouesses. Or, les prouesses sont là, indéniablement en place. Comment surmonter cette impossibilité apparente ?

Par un effort d'imagination, sans doute, et par une discussion systématique des éléments du problème, repris un à un. Mais finalement nous n'en dirons pas plus que R. S. Lopez et H. A. Miskimin dans leur article classique : « The economic depression of the Renaissance [60] ». La documentation mise à jour est suffisante pour poser, non pour résoudre, les grands problèmes. L'écueil, c'est de faire trop confiance à la théorie et à l'arsenal de l'historien de l'économie. Serions-nous, comme l'apprenti sorcier, pris à notre piège ? C'est tout de même possible. À nos yeux, le seul argument de poids, c'est la régression des prix de 1470-1473 à 1500-1509. Ces dates sont très approximatives mais valables en gros, et il est hors de doute que le siècle s'achève mal et que la chose a pu compter dans la morosité des dernières années de Laurent le Magnifique (mort en 1492). Si l'attention se porte sur la *conjoncture*, il ne faut pas oublier cependant que le recul cyclique mis en cause a été précédé et qu'il a été suivi de montées ; donc, il y a eu des compensations. L'important serait de savoir si, vers 1470 et vers 1509, l'histoire de Florence, essentielle pour nous, a connu des tournants visibles, virant du beau vers le mauvais temps, puis en sens inverse. Mais, de toute façon, il y a eu régression.

Dans de telles conditions, qu'a pu signifier, particulièrement à Florence, située au cœur de notre problème, une régression de ce type-là ? Peu importe pour notre raisonnement que cette conjoncture n'ait pas été calculée pour Florence même (où les documents existent, Earl J. Hamilton *dixit*, mais n'ont pas été utilisés). Il n'y a pas à douter que la conjoncture européenne soit déjà unitaire. Ce qui se passe à Venise, à Sienne ou à Valence préjuge *grosso modo* de ce qui se passe ailleurs.

L'essentiel serait finalement de savoir quelles réalités, quels décalages sociaux une telle conjoncture a pu mettre et a mis en cause. Qui se trouve touché ? Qui reste à l'abri de la marée descendante ? En principe, l'argent accumulé des riches devrait mal s'investir, les très bonnes affaires devenir rares. Cela dit, les riches vont-ils gaspiller leur argent plus volontiers au bénéfice du luxe, de l'ostentation, de l'art ? L'ordre de la société incite à un tel gaspillage, à un tel dérivatif. Quand le plaisir et le profit des affaires diminuent, le riche marchand tend-il à jouer au seigneur ? En l'occurrence, une comparaison est peut-être suggestive. La fin du XVIe siècle (au-delà de 1595) et le début du XVIIe, en Europe, ne seront-ils pas à nouveau sous le signe conjugué de la régression des prix, du gaspillage financier et de l'éclat culturel ? Ainsi se présentent à nous l'Espagne du siècle d'Or, l'Angleterre brillante des Stuarts, les Pays-Bas des archiducs et de Rubens, la Hollande en fleurs, la France du style Henri IV, trop souvent appelé style Louis XIII.

Mais peut-être en dernière analyse sommes-nous acculés à un faux problème ? Les historiens sont victimes du succès même de leur problématique et de leurs outils. Grâce à eux, le passé des hommes a été piégé dans le cadre flexible, ondulant de la conjoncture, essentiellement la conjoncture des prix et des salaires. Or, ce cadre n'est peut-être pas tout à fait valable. La recherche économique nous apprend ainsi que le revenu national, c'est-à-dire la totalisation des revenus particuliers, croît ou décroît (il est vrai selon l'exemple tardif de notre XIXe siècle européen) sans respecter les oscillations conjoncturelles des prix. Justement, la liaison entre l'économie et la culture se fait autant, si ce n'est plus, par l'intermédiaire de la croissance que par celui de la conjoncture. Et la croissance a ses rythmes à elle. Qu'elle puisse porter sur son mouvement propre telle ou telle floraison culturelle, c'est *a priori* possible. La conjoncture ne serait qu'un mouvement second. Le malheur, en ces siècles mal mesurés et difficilement mesurables, c'est que la croissance ne se saisit que de façon qualitative. Quelques « signes » peuvent-ils nous suffire, ou nous rassurer ? Avec une lanterne mal allumée, impossible d'aller bien loin, même avec les prudences et les hardiesses de médiévistes habitués à résoudre des problèmes dont la réponse se dérobe avec insistance, sur le plan de la documentation.

Les arguments incomplets, évidemment, ne manquent pas. Voyez par vous-mêmes : partout les villes se développent, se peuplent, Florence surtout, mais aussi Milan, mais aussi Venise. Dans la cité des Doges, les ponts de bois, sur les canaux, sont remplacés par des ponts de pierre ; la place Saint-Marc est un chantier continuel. D'après la *Cronachetta* de Sanudo, écrite vers 1499, le spectacle de la grande ville reste éclatant, son port actif ; sa *Dogana da Mar*, avec ses immenses magasins, regorge de marchandises ; la vie est à bas prix ; les marchés surabondent en denrées. Et pourquoi ces splendeurs ? « Questo è per esser tutti danarosi » (C'est que tout le monde a de l'argent) [61]. Venise d'ailleurs n'a-t-elle pas soutenu, de 1463 à 1479, toute seule, une longue guerre contre le Turc et qui n'a pas été pour rire ? Durant la courte guerre de Ferrare (1482-1484), elle a tenu tête à l'Italie entière. « Tu presumi la monarchia voler far d'Italia bella » (Tu as l'ambition de faire de la belle Italie ton royaume), disent ses ennemis. Elle ne réussira en fait à se saisir que de la riche mais étroite Polésine et de Rovigo. Étrange Venise qui vit adossée à l'Italie sans être séparée d'elle, qui lutte contre le monstrueux Empire turc mais doit s'entendre avec lui ! Elle ne peut vivre sans lui, ni l'Empire ottoman sans elle, car c'est par l'intermédiaire de Venise que lui arrivent d'Occident les modèles d'artillerie et de navires, les ouvriers qualifiés, le métal blanc dont vit l'empire. Venise et l'empire, c'est un couple « d'ennemis complémentaires » dont l'histoire se plaît à ménager l'absurde et durable mariage.

Mais seule nous intéresse, pour l'instant, l'économie, la santé de Venise et, au-delà, de l'Italie. Gino Luzzatto a raison d'écrire : « Au moins à l'intérieur de la cité, Venise, dans la seconde moitié du XVe siècle, a joui d'une prospérité qui certes n'est pas inférieure à celle qu'elle a connue au faîte de sa fortune [63]. » Et le jugement vaut, peut-être, pour la Péninsule entière.

S'il en est ainsi, c'est que la Méditerranée est toujours ouverte en priorité aux activités italiennes. La Syrie jusqu'en 1516, l'Égypte jusqu'en 1517 restent indépendantes du Turc, gouvernées par les Mamelouks et le Soudan et, en gros, dociles à l'Occident. Même la mer Noire reste accessible, au-delà de 1475, peut-être jusque vers 1550. En outre, l'Allemagne, qu'anime tôt la reprise de ses mines d'argent, est liée de fort près aux marchés italiens. La France, volontiers protectionniste, laisse ouvertes les portes de ses foires de Lyon, qui voient le triomphe des Florentins et des Lucquois. L'Espagne, le Portugal, l'Angleterre, les Pays-Bas, plus qu'accessibles, sont liés à la fortune lointaine de la Péninsule. Séville et Lisbonne sont des bases du capitalisme italien (génois et florentin), dans l'attente des événements sensationnels qui, nous le savons, vont bientôt se produire.

Bref, l'Italie, en cet automne du Moyen Âge, n'est pas seule à créer son équilibre, cette paix qui profite à sa vie *apparemment* heureuse. Autour d'elle, les grands pays de l'Occident européen fabriquent des guerres *intérieures*, non exportées, voire non exportables, caractéristiques peut-être de la grande récession qui empoigne l'Occident : ainsi la guerre anglaise des Deux-Roses (1455-1485) ; la lutte de Louis XI et du Téméraire (1467-1477) ; les débats intérieurs de la péninsule Ibérique (Castille contre Portugal, puis contre Grenade). En Italie, au contraire, la paix est savamment conservée, au prix de tractations diplomatiques et d'arbitrages.

Dans cette Italie qui apprend la coexistence pacifique, Florence est l'instrument des rééquilibres nécessaires. Entre les adversaires aux aguets, la position géographique de la ville du lys fait d'elle, sans le titre, une sorte de capitale de la Péninsule. Tout y conflue, tout en part. Au-dessus de ses divers compartiments, une Italie s'esquisse, malgré résistances, inerties, couleurs locales indélébiles. Et les artistes en surnombre de Florence se voient partout sollicités : Rossellino construit à Rome le Palazzo Venezia ; Giuliano de Maiano, à Naples, la porte Capuana ; le Filarete, l'Ospedale Maggiore à Milan et ainsi de suite... Florence rééquilibre l'Italie, bat la mesure. Elle est à l'Italie ce que l'Italie sera à l'Europe.

Le haut de la société

En ce centre de l'Italie, il s'en faut que tout soit clair à nos yeux, malgré la masse énorme des connaissances accumulées. Or, c'est à partir de Florence que bien des choses doivent être saisies et mises à leur juste place. Toute civilisation s'appuie sur une société, en exprime les besoins, les désirs, en traduit aussi les hiérarchies. De la jeunesse à l'âge mûr de Pétrarque et de Boccace, et durant le siècle qui va suivre, quelle est, culturellement parlant, la partie de la société florentine qui compte, qui organise, qui oriente le mouvement ? Nous le saurions que bien des problèmes s'éclaireraient, y compris cette conjoncture d'automne maussade par quoi s'achève à nos yeux, ici comme ailleurs, le Moyen Âge occidental.

Le beau livre catégorique de Frederick Antal (1947) pose le problème et propose une réponse [64]. Pour lui, la dialectique autoritaire artiste-client se résout au bénéfice de ce dernier. C'est le client qui commande, choisit, impose ses goûts — le client, c'est-à-dire le haut d'une société étroite : une noblesse résiduelle, mais qui souvent donne le ton, enviée et, le cas échéant, ostentatoire ; une haute bourgeoisie, à l'échelle du temps fabuleusement riche, celle des sept arts majeurs, enfoncés dans cet inextricable « polypier » de sociétés mercantiles qui est, au vrai, le cœur marchand de la gigantesque entreprise urbaine ; une moyenne bourgeoisie, enfin, qui ferme la marche, celle des quatorze arts moyens et mineurs. Le reste de la population, le *popolo,* est hors jeu. « Traditionnellement, tout le monde se mêlant de tout à Florence », ce petit peuple bavarde, étale ses querelles, affiche ses préférences. Mais autant en emporte le vent, car il n'entre pas dans les cadres d'une civilisation qu'il peut voir et juger à la rigueur — du dehors — lorsqu'il s'agit, au cœur de sa ville, de l'achèvement de la coupole de Santa Maria del Fiore, ou du Baptistère, mais qu'il ne voit pas, ou mieux n'entend pas lorsqu'il s'agit des cheminements qui, par exemple, mettent en cause Platon et la Caballe, ou même les normes, antiques ou non, qui président à la construction de la chapelle des Pazzi, par Brunelleschi.

C'est même précisément à cette époque, celle de Masaccio et de Donatello, peut-être même déjà au temps de Giotto (mais on sait que Giotto, de son vivant, a été entouré d'une admiration générale), c'est à cette époque qu'il y a eu cette cassure profonde de la société florentine en deux, entre le très petit groupe qui participe à la culture raffinée et la masse, rejetée dans les rangs obscurs des spectateurs à qui l'on ne demande pas trop leur avis. Sans doute ont-ils des yeux pour voir, des oreilles pour entendre (ne serait-ce que les prêches de l'Église ou que les farces et brocards des *poeti di piazza*), mais jusqu'où portent, et qui se préoccupe de savoir jusqu'où portent les vers facétieux et antihumanistes d'un Burchiello, par exemple, que nous avons tant de peine à comprendre tant ils sont contournés et compliqués dans leur vivacité ? Ce petit peuple que nous recherchons, à peine l'apercevrons-nous au cours des fêtes populaires. Aussi éveillé, aussi prompt à la riposte qu'il est illettré, le voilà sensible sans doute à des parties de *La Divine Comédie* qu'on lui récite, à des historiettes tirées des vieux romans de chevalerie, ou frappé par une chanson piquante, un *lamento* sentimental, ou les bouffonneries de Gonnella... Mais nous ne l'atteignons pas, et c'est dommage. Cette culture d'en bas ne fait guère surface, nous pouvons tout au plus essayer de l'imaginer. Tel livre qui repère, dans l'Italie du XVIe siècle, les fleuves noirs de la sorcellerie [65], les suppose dans les milieux populaires de Florence, dès le siècle précédent et même plus tôt encore, les villes ne cessant de recruter leur main-d'œuvre dans les campagnes où la magie conserve ses droits. Ces fleuves débordent probablement l'univers des humbles, qui n'a pas le monopole de cette contre-civilisation venue du fond des âges. Mais la magie a existé toujours et partout, elle existe aujourd'hui encore dans nos sociétés industrialisées. L'important serait de connaître son impact réel dans telle société donnée, et c'est précisément ce qu'en l'occurrence nous ignorons.

En tout cas, dans la civilisation hautement intellectualisée de l'humanisme, il y a eu des exclus, des gens condamnés au silence. Un historien disait récemment qu'« une des raisons du succès de Savonarole était peut-être la rancune des Florentins moyens contre la culture trop exclusive, trop aristocratique des humanistes du cercle médicéen [66] ». C'est possible, probable même.

À Florence, art et pensée s'orientent donc, se décident au haut des hiérarchies sociales. Si la riche bourgeoisie était seule à dire son mot, tout deviendrait rationnel, tandis que la petite et moyenne bourgeoisie se complaît dans l'univers de la sentimentalité. En 1401, « pour la décoration des portes du Baptistère, le sensible et gothique Ghiberti est préféré au scientifique et classique Brunelleschi[67] ». Mais, avec le triomphe du Médicis, le public qui compte dans la vie artistique et intellectuelle se réduit encore. Après 1434, tout le discours architectural, pictural et littéraire de la cité est la transcription des goûts d'un groupe très étroit — déjà une cour princière. Cosme de Médicis cesserait ses générosités, ou renoncerait brusquement à son projet (1436) de reconstruire le couvent de San Marco pour les dominicains de l'Observance, que Fra Angelico s'arrêterait de peindre ses fresques sur les murs des cellules.

Et voilà qui nous ramène, si je ne me trompe, au dilemme de Roberto S. Lopez. Si nous parlons économie — ou conjoncture ou croissance —, si nous parlons culture et, pourquoi pas ? conjoncture ou croissance intellectuelles, tout doit être ramené, à un moment ou à un autre, à un jeu de la société sur elle-même. Si, dans une période de crise, les riches restent riches, tandis que les pauvres deviennent plus pauvres, si la main-d'œuvre tombe à un prix relativement bas, alors notre problème peut se trouver sinon résolu, du moins sur la voie d'une solution. Seule la colossale différence entre la fortune des riches et la misère des pauvres explique les énormes constructions de la Renaissance.

Plus que la conjoncture de Florence (dont elle n'est pas indépendante, bien entendu), c'est la conjoncture personnelle des Médicis qui importe. Peu nous chaut que ceux-ci aient moins d'hommes à leur service, et moins de capitaux à leur disposition que les Peruzzi au siècle précédent. Pour une fois, ce qui compte, ce n'est pas *jadis* et aujourd'hui, mais *hier* et aujourd'hui. Et nous voilà, finalement, plus optimistes que Roberto S. Lopez. Il y a sans doute eu dépression, au moins si les prix et les ordres de grandeur ne mentent pas trop. Mais nous ne savons pas au juste comment elle se répercute dans la réalité florentine. Ce qui, plus que toute autre considération, me rendrait optimiste, c'est qu'avec les années 50 ou 70 du XVe siècle, une invasion de navires nordiques est visible dans toute la Méditerranée. C'est, à mon sens (je m'en suis expliqué longuement dans la deuxième édition de mon ouvrage sur la *Méditerranée*), un signe favorable pour l'économie *italienne* [68]. En tout cas, si la navigation en Méditerranée ne va pas mal, la santé de l'Italie n'est probablement pas trop inquiétante, à la veille des guerres d'Italie.

1494-1559 : LE VRAI POIDS DES GUERRES D'ITALIE

Pour les guerres *dites* d'Italie, il faut partir encore aujourd'hui du jugement toujours valable d'Eduard Fueter [69] (1919) : un cyclone établi sur la Péninsule détermine la météorologie politique de l'Europe entière, jusqu'au-delà du milieu du XVIe siècle. La cause en est, de toute évidence, le morcellement, la faiblesse politique de la Péninsule. Faute d'avoir réalisé son unité, l'Italie s'offre comme une zone d'accès facile. Les gros États s'apprêtent à y dévorer les médiocres, ils courent tous vers l'Italie riche : les Français, les Espagnols, les impériaux. Sous leurs bannières s'avancent les mercenaires des cantons Suisses, du Wurtemberg, de la Gascogne, des Alpes du Dauphiné et des régions montagneuses d'Espagne. La guerre, d'une certaine façon, c'est une revanche des pauvres contre les riches. Déjà, au temps du Colleoni (1400-1475), les *condottieri* recrutaient leurs hommes dans les zones misérables des montagnes italiennes.

Mais, au-delà de 1494, la guerre cesse d'être le jeu savant et un peu théâtral de jadis. L'artillerie, que la Péninsule n'ignore pas, y fait sa véritable entrée avec l'armée de Charles VIII. L'Europe a réappris à l'Italie la guerre sauvage : le sac de Brescia par les Français (1511), le sac de Rome par les troupes mêlées du connétable de Bourbon (1527), le sac de Pavie enlevé en 1528 par les Français qui se vengent de la défaite de février 1525, le sac de Gênes (1532) par les Espagnols (seules y seront épargnées les lettres de change saisies chez les marchands) — ces horreurs proclament, à elles seules, l'inhumanité des temps nouveaux. Cela dit, faut-il croire à des horreurs permanentes ? Il y a eu, répétons-le, des pauses. Il y a eu des déplacements de troupes relativement anodins : les unes pillent, mais telles autres connaissent des jours de jeûne. Osons dire surtout que les guerres d'Italie n'ont pas entamé profondément la santé économique de la Péninsule. Celle-ci a souffert, toutefois ses souffrances s'espacent sur un temps fort long (1494-1559). Selon les époques, il y a eu des régions mortifiées, mais d'autres à l'abri. Enfin les armées aux prises sont peu nombreuses, dix mille hommes, et parfois moins, d'un côté comme de l'autre, et la vie ne s'est pas arrêtée pour autant.

En tout cas, les chantiers de Rome, sous Jules II (1503-1513) et Léon X (1513-1521), continuent leurs activités. Tout concourt à la fortune de la Ville éternelle : en premier lieu, l'exemple éloquent des ruines antiques ; puis la patience, la continuité efficace de la politique pontificale : les revenus de l'État doublent entre 1492 et 1525 ; les villes, Pérouse, Bologne, sont ramenées à l'ordre ; bientôt les finances pontificales font appel au crédit. En outre les pèlerins, armées innocentes, envahissent, enrichissent la ville : ils sont plus de deux cent mille à se masser sur la place Saint-Pierre, lors du jubilé de 1500. Et, naturellement, tout ce qui compte parmi les artistes, écrivains et humanistes, se précipite vers Rome, surtout après l'avènement de Léon X (1513), le pape Médicis, indulgent, pacifiste et mécène, dont le « siècle », pour paraphraser Voltaire, a duré un instant, mais avec quel éclat ! Son pontificat s'inaugure presque avec le concile de Latran (1512-1517), le grand spectacle, le grand espoir du siècle, bien que, finalement, rien n'en soit sorti. Léon X a eu aussi la chance d'hériter les projets et les entreprises de son prédécesseur. Il les a repris à son compte : le nouveau Saint-Pierre, en chantier depuis 1500 ; les *Stanze* du Vatican où Raphaël a donné le premier coup de pinceau, en 1508 ; le plafond de la Sixtine, commencé par Michel-Ange en 1512. Vu l'ampleur de ces précédents, d'aucuns disent, non sans raison, le siècle de Jules II.

Rome domine donc, en ce début du XVIe siècle, mais non pas Rome seule. À l'abri, miracle de la nature et des hommes, Venise lutte et prospère, s'embellit, profite à l'occasion du malheur des autres. Le Toscan Jacopo Tatti, dit le Sansovino, dessinera pour elle (1559) le bel escalier du palais des Doges, la *Scala d'oro*, réservée aux nobles, et sculptera les deux statues colossales qui donnent son nom à la *Scala dei Giganti* ; Titien se trouve alors engagé dans sa carrière prestigieuse. Quelques cours princières, fondation de soldats heureux, sont particulièrement vivantes : les Gonzague à Mantoue, amateurs de beaux chevaux, d'oiseaux de chasse, de chiens de race et de tableaux, qui construisent le palais du Tè (1525-1535), œuvre de Giulio Romano comme le reste de la ville proche ; les Montefeltri à Urbino ; les Este à Ferrare... C'est pour la cour d'Urbino que Balthazar Castiglione écrit *Il Cortigiano,* ce manuel du bien-vivre destiné au cavalier parfait ; c'est à Ferrare que vit l'Arioste...

Une conjoncture favorable

À partir de 1509 — l'année d'Agnadel —, la conjoncture revenait au beau et s'y maintenait jusqu'en 1529, jusqu'à cette paix des Dames ou de Cambrai qui a marqué la fin de la première grande compétition entre les Valois et les Habsbourg et clos, du coup, la première et décisive phase des guerres d'Italie. Il y a eu logiquement, pendant ces années-là, un essor sous-jacent des affaires, une circulation plus vive — la situation même, en fait, que connaîtra à l'autre bout du siècle la France des guerres de Religion (1562-1598). À partir de 1575, en effet, la vie économique en hausse se précipitera à travers le monde et donnera de l'élan à cette guerre fratricide. Un soutien du même ordre se devine au temps d'Agnadel, de Ravenne, de la Bicoque, de Pavie, du sac de Rome, de l'expédition de Lautrec.

Certes, et deux fois plutôt qu'une, il est sage de se méfier de ces coïncidences trop précises, agréables à l'historien aux yeux de qui l'économie explique, à point nommé, la politique et le culturel par-dessus le marché. Dans notre cas, le reflux de la conjoncture, qui intervient en 1529, viendrait précisément expliquer à la fois un reflux de la politique et, notons-le, l'arrêt plus ou moins complet de l'activité en Méditerranée des petits navires à tout faire, venus d'un Atlantique encore très pauvre. Les Anglais étaient ainsi dans la mer intérieure, avec leurs navires, depuis le début du siècle et même plus tôt. Souvent ils allaient jusqu'à Chypre où ils eurent longtemps un consul, y chargeaient le malvoisie ou blanc ou rouge et les *uve passe*. Or, les Anglais ne connaissent plus de voyages prospères après 1534. Ils disparaîtront bientôt de Méditerranée, alors que la présence de ces petits transporteurs, leur intrusion dans la mer intérieure a toujours été un signe de conjoncture favorable : ils viennent, en somme, quand il y a de l'embauche. La reprise franche ne se fera, à l'heure une fois de plus de la conjoncture, qu'avec les années 1575. Cet « indicateur » a quelques chances de ne pas nous tromper [70].

Mais d'autres indices sont plus sûrs et plus nuancés. De nombreuses correspondances marchandes, dix fois pour une, montrent par l'éventail et le nombre des affaires traitées, les liaisons qu'elles utilisent, que la vie économique a maintenu tous ses réseaux en faveur de l'Italie. La crise existe mais elle ne touche pas à la prééminence italienne. Sur ce point, rien n'est encore changé, si l'on en juge par telles correspondances des Capponi d'Anvers, des Guicciardini de Pise, des Martelli de Valladolid et de Lyon, et beaucoup d'autres sans doute. La conjoncture nous confirme dans cette impression d'ensemble. En fait, l'économie italienne aura résisté à la crise et au repli de 1529-1539 ; elle a su mettre à profit la *faible* amélioration qui suit, de 1539 à 1559. Les difficultés ne surgissent sérieusement pour elle qu'au-delà de 1559, avec le repli général qui va courir jusqu'en 1575. La paix revenue en 1559 n'y changera rien. Nous ajoutons ainsi, bien entendu avec les prudences qui sont de règle en ce domaine, un bon demi-siècle de prospérité relative à l'économie marchande de la Péninsule.

Federigo Melis est plus catégorique encore que nous [71]. Il est vrai qu'il écrit après avoir pris connaissance des riches documents des *Carte Strozziane*, conservées à l'Archivio di Stato de Florence, alors qu'il est ébloui par l'extraordinaire personnalité de Filippo Strozzi, fils de Filippo il Vecchio (qui avait confié à Benedetto da Maiano la construction du palais Strozzi), c'est-à-dire par un grand brasseur d'affaires de classe internationale, qui périt en 1538 dans les remous mortels de la politique florentine dont il s'était longtemps écarté. Parmi ces papiers se trouvent ceux d'une « compagnie » florentine établie à Cadix et à Séville, de 1533 à 1537, et dirigée sur place par Francesco Lapi, lui aussi Florentin.

C'est l'occasion pour nous de jeter un coup d'œil dans l'extraordinaire texture de cette Florence marchande, invraisemblable amas de sociétés accrochées les unes aux autres selon des chaînes multiples, horizontales ou verticales, leur but essentiel étant d'éviter, d'une part, les difficultés propres aux économies nationales où elles provignent, d'autre part, les conséquences des tremblements de terre politiques qui, à Florence, risquent de jeter à bas trop souvent l'édifice entier de l'affaire. Aux *maggiori*, aux chefs des firmes, ces responsables les plus haut placés, de prendre leurs précautions, de fabriquer à l'avance les alibis et les prête-noms dont on peut brusquement avoir besoin.

Partout, à cette époque, les Florentins sont solidement incrustés et le proverbe du Quattrocento reste valable : « Passeri e Fiorentini sono per tutto il mondo » (Partout de par le monde il y a des moineaux et des Florentins). Et ils y sont pour commander, diriger, s'enrichir ; ils utilisent même à cet effet les lentes et profitables liaisons de l'Espagne avec le Nouveau Monde ibérique. Federigo Melis juge donc licite d'affirmer que « Florence, à la fin du XVe siècle et pendant la première moitié du XVIe, assume encore une primauté mondiale, une primauté qui n'est plus de marché, mais d'entreprise [72] ». Affirmation nuancée, car les choses ne sont pas simples. Florence n'est pas (a-t-elle jamais été ?) le centre des marchés mondiaux, la croisée des routes nourricières par où circulent les lourdes et les précieuses marchandises. C'est de haut qu'elle s'impose par son industrie, par les fils de la finance, par l'argent investi avec intelligence, par la supériorité de ses *aziende*, vases communicants, chaque fois que besoin en est, et séparés quand c'est leur avantage, se soutenant les uns les autres ou, en cas de danger, rompant la chaîne pour sauver ce qui peut l'être. Une supériorité technique, en somme, sur laquelle, au moment de conclure, il nous faudra revenir.

Une dernière remarque, prise au même auteur : Florence ne jouera ce rôle dominant que tant que les foires de Lyon seront le pilier inébranlé des affaires économiques d'Europe, soit (selon Richard Gascon) jusqu'au milieu du XVIe siècle [73]. Ensuite, les Génois prennent le relais, et cette fois encore au plus haut niveau que permet l'économie du temps. Bref, la richesse du monde n'a que tardivement gagné, pour y trouver son centre régulateur, la mer du Nord, cette petite Méditerranée entre les terres basses et sablonneuses de l'Europe septentrionale.

L'Atlantique saisi par les marchands italiens

Un océan Atlantique dominé d'entrée de jeu, dès les grandes découvertes, par les Italiens, il y a dans cette affirmation un évident paradoxe. Et pourtant les preuves sont là. Hier, les historiens simplifiaient par trop le débat. À les en croire, le succès de Colomb en 1492, le triomphe de Vasco de Gama en 1498 — ce dernier événement comme électrique dans ses effets — auraient déplacé *aussitôt* les grandes voies du commerce international. Du coup, la Méditerranée se trouvait hors du centre des échanges ; du coup, la fortune de l'Atlantique aurait mis fin à la primauté de l'Italie.

En fait, il n'en a pas été ainsi. Le déplacement des grandes routes du monde n'a développé que lentement ses conséquences inéluctables. La « façade de l'Occident », méditerranéenne depuis des millénaires, ne devient pas atlantique du jour au lendemain. Il y a bien eu « rotation de 90° [74] », mais si lente que les contemporains n'en ont pas aussitôt compris le mouvement. Malgré la crise du poivre et des épices, fortement ressentie à Venise dès le début du XVIe siècle (et destinée à s'effacer vers 1540 ou 1550), ni la Méditerranée ni *a fortiori* l'Italie n'ont été frappées aussitôt en plein cœur. *A priori* n'aurait-il pas fallu songer à la lenteur de pareilles évolutions, à l'inertie des habitudes, au poids des connexions en place, à la subtilité grande déjà des jeux du capitalisme, installé en quelques points chauds du monde et, en premier lieu, dans les villes d'Italie ? Disposant de leurs capitaux, du crédit, de méthodes marchandes efficaces et éprouvées, d'avantages anciens, comment ces villes n'auraient-elles pas défendu leur part éventuelle dans les bonnes et difficiles affaires qu'ouvrirent les grandes découvertes ?

D'autant que celles-ci ne s'achèvent ni ne commencent avec Christophe Colomb ou Vasco de Gama. Longtemps à l'avance, les Italiens y ont joué leur rôle. « On répète à longueur de journée, écrivait encore vers 1515 Bandello, que les Espagnols et les Portugais ont découvert le Nouveau Monde, alors que c'est nous, Italiens, qui leur avons les premiers ouvert la voie [75]. » Il y a une grosse part de vérité dans cette protestation et nul n'ignore les noms de Christophe Colomb, Vespucci, Ca'da Mosto ou Verrazzano... Mais le vrai problème n'est pas là.

En fait, les grandes découvertes sont en route dès la fin du XIIIe siècle, dès cet éveil de l'Atlantique que signifie la liaison directe et régulière, par voie maritime, entre Méditerranée et mer du Nord. Cette navigation a scellé, sinon provoqué, le déclin des foires de Champagne, rendez-vous et triomphe des routes de terre. Or, les escales sur ces longues routes d'eau ont été comme des greffes d'une civilisation maritime et moderne, ce que des historiens ont signalé dès 1930 au moins [76]. Lisbonne, où la révolution « bourgeoise » de 1387 instaure l'avènement de la dynastie d'Aviz, en est un cas typique. Les leçons de l'Italie y ont affirmé la vocation maritime de la ville. Dès le XIVe siècle, le premier chroniqueur portugais, Fernão Lopez, signale à Lisbonne des colonies « de Génois, Lombards, Milanais... Corses [77] ». Ainsi les marchands italiens, avant que l'Europe n'ait franchement basculé vers l'immensité atlantique, s'étaient saisis de positions décisives : ils n'eurent qu'à les exploiter pour défendre leur part dans les nouveaux trafics. C'est là une des constatations majeures, à mon avis, de la recherche historique. Et les exemples à l'appui sont péremptoires.

À Lisbonne, quand s'achève le XVe siècle, les marchands italiens forment une colonie prospère dont nous connaissons tous les grands noms. On sait aussi que Christophe Colomb a gagné le Portugal au service des Centurione, Spinola et di Negro, tous marchands génois. Les plus riches de ces marchands ont été à l'origine de l'économie sucrière de Madère et ils participeront, tels les Vanni, les Gridetti, ou mieux encore les Marchione, à l'équipement de bateaux entiers, lors du voyage d'Alvarez Cabral (1501-1503). Certains de ces marchands se retrouveront par la suite de l'autre côté de l'Atlantique, au Brésil, où ils firent souche.

L'exemple de l'Andalousie est aussi convaincant. Très tôt, les marchands italiens avaient suivi la reconquête chrétienne, les Génois jouant, d'entrée de jeu, les premiers rôles, à la fois sur les terres de chrétienté et sur les rivages musulmans du Maroc. Les Florentins mirent aussi l'occasion à profit. Toutes les marchandises utiles ont été recherchées par les uns et par les autres : le sucre, les céréales, les cuirs, les laines, le cuivre, le mercure, le plomb, l'or enfin qui, par les chemins du Sahara, arrive du Soudan, du pays des Noirs, jusqu'au Maghreb et, de là, en Espagne. L'Espagne a été ainsi, au XIVe siècle, un pays de l'or. En 1340, de grosses pièces, les *doubles*, véritables lingots, pesaient chacune autant que « 100 doubles marroquies ». Sous Jean II (1406-1454), existent des pièces d'or monstrueuses, pesant jusqu'à 235 grammes. Pays d'or abondant comme l'Afrique du Nord, l'Espagne vend à bon compte le métal jaune contre six fois son poids de métal blanc, alors que la *ratio* métallique est ailleurs de 1 à 10 ou davantage. À Gênes, des navires apportent d'Espagne des pièces d'or. Peut-être 200 kilos, en 1377, chiffre énorme, tout étant relatif. Et le ravitaillement semble continu : ce marchand de Danzig qui meurt à Gênes, en 1440, laisse pour succession « 140 duplas auri hispanas aut barbaricas [78] » (140 doublons d'or d'Espagne ou de Barbarie). À la même époque, les galères florentines transportaient elles aussi de l'*auro tiberi*, c'est-à-dire *al-tibr*, l'or extrait des alluvions des fleuves soudanais. À Venise, la chasse au métal jaune a entraîné (1436) la création des voyages des *galere di Barbaria*, qui touchent à l'Afrique du Nord et à l'Espagne.

Mais le problème, pour nous, historiens, n'est pas de conclure à un *flow of gold* qui expliquerait tout, se muant en une belle *gold-flow thesis* [79]. C'est toujours de *deux* métaux précieux, le blanc et le jaune, de leur jeu réciproque et changeant qu'il doit être question. Aussi tard qu'en 1506, un patricien de Venise et grand marchand, Michiel de Leze, donne à son fils, qui s'embarque sur les galères de Barbarie, l'ordre de changer 3 000 *mocenighi* d'argent contre « tanti boni ori » en Barbarie, puis, le cas échéant, il fera fondre et frapper cet or à l'hôtel des monnaies de Valence [80].

Tout cela est curieux, intéressant. Or, le proche avenir est plus significatif encore. Comme l'a montré, il y a longtemps déjà, l'infatigable chercheur que fut André E. Sayous [81], durant les premières années du XVIe siècle, ce sont les Génois, installés à Séville, qui organisent le premier pont commercial régulier avec l'Amérique, impensable sans des crédits à long terme que, seuls, ils sont capables de consentir aux transporteurs et aux marchands. D'où le succès inouï de leurs affaires. Cette réussite fera longtemps sentir ses effets, assurant aux Génois dans la vie économique de la péninsule Ibérique une place particulière, à première vue surprenante. Tous les noms des grandes familles marchandes de Gênes nous sont livrés par les documents de l'*Archivo de Protocolos*, les archives notariales de Séville : Génois installés dans la ville du Guadalquivir, comme les Grimaldi, Cattanei, Calvi, Centurione, Spinola, Rivarolo, Lomellini, Garibaldo, Pallavicini, Adorno, Salvago, etc. ; ou faisant un voyage en Amérique dès les premières années du siècle : ainsi un Geronimo Grimaldi, un Raffaello Cattaneo, un Bartolomeo Grimaldi, et bien d'autres.

Mais il s'agit là d'un exemple au milieu d'autres, d'un processus répétitif. Ainsi les choses se sont passées à Bruges. Ainsi elles se passeront à Anvers dont la très grande fortune, liée en profondeur aux pays du Nord (aux draps anglais, aux marchands allemands, au commerce de la Baltique), ne prend son essor qu'avec la brusque et puissante fortune de Lisbonne. Tout un livre, aujourd'hui classique, a été écrit sur les colonies des marchands méridionaux à Anvers [82]. Un même processus se décèle aux origines et tout au long de la fortune singulière des foires de Lyon. La ville a tout pour elle, les faveurs de Louis XI, la proximité de Genève dont sera captée la richesse proche, la présence de deux et même de trois voies d'eau : le Rhône, la Saône et, facile à atteindre à Roanne, la Loire. À Lyon, une large route nord-sud coupe en deux l'étroite péninsule européenne, et les marchands qui s'y installent sont à même de traiter avec le roi de France dont la puissance s'affirme de jour en jour. Tout cela est fort exact. Et aussi que Lyon pour les marchands italiens est un excellent centre de redistribution des tissus de luxe, draps de Florence, soieries de Lucques, velours de Gênes... Mais, plus que Louis XI qui concède en 1464 à la ville le privilège de ses foires, ce sont les marchands italiens qui créent la puissance brusque et durable de Lyon. « Le véritable point de départ de l'essor de Lyon peut être fixé entre 1464 et 1466. C'est alors que les Médicis y transfèrent leur succursale de Genève. L'une des plus puissantes maisons manifestait ainsi par ce choix la valeur de Lyon et ses chances de devenir un grand centre d'affaires [83]. » Voilà qui confirme les intuitions de Federigo Melis : le capitalisme italien, florentin notamment, aura toujours agi par déplacement massif de ses forces.

Ainsi, au moment où les « Barbares » se glissent, cortèges menus, agressifs et redoutés, à travers le réseau des villes et des campagnes d'Italie, au moment où l'Europe commence sa première et sensationnelle conquête du monde, la chance de l'Italie est d'avoir saisi à l'avance d'importants leviers de commande. Elle saura conserver ceux qu'elle avait toujours tenus et en créer d'autres. L'Italie lointaine, mieux que l'Italie proche dont l'image à nos yeux se brouille d'ombres, révèle son destin en ce premier XVIe siècle. Rien n'est encore brisé. L'Italie de la Renaissance, bel et bien debout, continue de vivre.

LA RENAISSANCE TOUJOURS À DÉFINIR ET À REDÉFINIR

Le mot Renaissance, une fois de plus, est devant nous. Un mot prestigieux, commode, « mythique » aussi sans aucun doute ; il simplifie, il égare, il suscite la discussion. Ainsi d'entrée de jeu, aucun historien n'acceptera, aujourd'hui, que la Renaissance soit un jardin exclusif de l'histoire de l'art et de la pensée novatrice. L'art et la littérature ne sont qu'un langage pour la société qui le parle, l'écoute, l'approuve ou non, le modifie le cas échéant. La Renaissance est forcément à replacer dans le temps complet, dans l'espace complet, dans la signification complète de l'histoire.

D'ordinaire, la prudence conseille d'y distinguer nuances et étapes : pré-Renaissance, première Renaissance (Florence), seconde Renaissance (Rome). Tout cela conduisant au plus tôt à la mort de Raphaël (1520) et à la décomposition des règles strictes avec la Maniera de Michel-Ange. Ce sont là les arpentages habituels, raisonnables sûrement, trop raisonnables. Donc, j'aime la hardiesse d'Armando Sapori faisant débuter la « vraie » Renaissance dès le XIIe siècle. S'il y consentait, nous remonterions jusqu'à l'an mil et ce serait encore plus net. J'aime pareillement la boutade de Georges Lefebvre pour qui la Renaissance va, d'un seul trait, jusqu'aux « Lumières » multipliées du XVIIIe siècle. C'était l'opinion aussi de Huizinga : il faut attendre les Lumières pour que change à nouveau le destin culturel de l'Europe.

Sans doute ont-ils raison tous les trois, en ceci que la grande nécessité est de voir le déploiement de la Renaissance selon la très longue durée, ce qui revient à ne la séparer ni de ses racines médiévales (et certes, il y a eu un humanisme médiéval), ni de ses prolongements modernes. La Renaissance, en gros, c'est cette mutation lente qui n'en finit pas de s'accomplir et qui fait passer la civilisation occidentale des formes traditionnelles du Moyen Âge aux formes nouvelles, déjà *actuelles*, de la première modernité, celles-ci vivantes encore dans cette même civilisation d'Occident où nous vivons aujourd'hui et qui, sortie à peine de ses anciennes contradictions, en a fabriqué allègrement de nouvelles. Il s'est agi, au long de ces siècles, d'une très lente *destruction*, les économistes diraient aujourd'hui d'un « progrès non neutre », d'une rupture progressive des anciennes contraintes, d'une désacralisation continue, malgré certains coups d'arrêt, bref d'une promotion de l'humain : l'homme se voit désormais au centre du monde. Si cette vue est juste, tous les gestes « modernes » de la Renaissance, si neufs qu'ils semblent et aient semblé à l'époque, sont à replacer dans des perspectives longues ou, comme le dit André Chastel, dans des « pratiques déjà séculaires ».

En d'autres termes, recommandons aux historiens d'employer, malgré tout, le mot complexe de Renaissance, mais pour leur permettre de dégager commodément le champ chronologique nécessaire où ils puissent s'expliquer et nous expliquer comment et pourquoi la civilisation de l'étroite Europe a finalement muté, et du coup surpassé les autres, les soumettant pour longtemps à sa volonté. Cette histoire étalée devant nous est bien, au premier chef, celle de l'Italie, elle d'abord, mais en plus celle de l'Europe : les Pays-Bas, l'Allemagne, l'Angleterre, la France, la péninsule

Ibérique, y compris l'Espagne. On a soutenu hier que l'Espagne avait été « un pays sans Renaissance », autant dire sans modernité. C'est une remarque parfaitement inexacte.

Toutefois, cette vue *longue* de la Renaissance n'est pas, ne doit pas être exclusive de vues différentes et limitées dans le temps. On pourrait parfaitement soutenir, par exemple, que la vraie, la seule Renaissance (en changeant son appellation à la rigueur) est cette courte période, cet instant de l'histoire d'Occident qui, au milieu d'une série de siècles pessimistes, brille sous le signe éphémère et anormal du bonheur. Cette définition séduisante évoque les noms et les proclamations de toute une génération d'humanistes conscients de vivre dans la joie d'un âge d'or — Érasme à leur tête.

En revanche, lorsqu'on élargit sans mesure le champ chronologique de l'observation, tout l'espace européen est aussitôt mis en cause. Au même moment, le sont aussi ses oppositions et ses querelles : l'archaïque et le féodal ; le seigneurial, le princier et l'étatique ; l'économie à peine touchée par la monnaie et le capitalisme déjà roublard ; l'Atlantique et la mer intérieure et, enfin, le Nord et le Midi — ces gros personnages, l'un et l'autre collections de pays, de destins, d'attitudes. Bien entendu, courants, contre-courants, flux et remous se mêlent. La diffusion culturelle est, par nature, multivoque et l'Italie n'est pas toujours, si elle est souvent, ce château d'eau d'où tout s'écoulerait, y compris la beauté et la sagesse. En fait, sur le plan technique, ni la poudre à canon, ni le haut fourneau, ni l'imprimerie, ni la navigation hauturière, ces découvertes clés, ne viennent de l'étroite Péninsule. Ni la Réforme violente qui va bouleverser, briser le destin de l'Europe et séparer en deux masses, dès lors étrangères l'une à l'autre, cette montée d'eaux religieuses qui avait été, au XVe siècle, le privilège et la marque de la chrétienté entière.

Nous voilà mis en garde : toute l'histoire de l'Europe n'est pas venue du Sud italien, de ses douceurs, de ses joies de vivre et de penser. Mais laissons ces restrictions et, puisqu'il y a rayonnement indubitable de l'Italie, ne voyons plus maintenant que lui.

L'Europe à l'école de la Renaissance italienne, avant et après 1520-1530

Tout a été dit, et bien dit, sur les raisons pour lesquelles la civilisation italienne, une certaine Renaissance — la plus belle — a rayonné au-delà des Alpes. De même, tout a été dit sur la vivante et multiple histoire de la civilisation européenne du moment, sur les déformations qui l'animent, sur ses résistances, ses obstinations, ses accueils et ses refus. Le problème est de joindre l'un à l'autre les deux tableaux. Expliquer l'un, le plus étroit — l'Italie —, par l'autre, le plus vaste — l'Occident. Et réciproquement.

L'ennui, c'est qu'on n'a pas encore écrit, ni même tenté d'écrire, pas à pas, une histoire complète de la *diffusion* des biens culturels à partir de l'Italie, qui éclairerait dons et transferts d'une part, acceptations, adoptions, adaptations et refus de l'autre. Une telle étude réclamerait encore de très sérieuses enquêtes. Il nous faudrait une grammaire, un dictionnaire, une cartographie de ces biens diffusés et, au départ, ils devraient être analysés dans leurs éléments les plus fins. Il faudrait, par exemple, être au courant des produits des ateliers des fondeurs de bronze padouans et vénitiens, des exportations précoces de marbre de Carrare, soit par blocs bruts, soit par ouvrages élémentaires que livrent les carriers, d'ordinaire modestes équarisseurs de pierre qui, à l'occasion, échangent « le pic pour le ciseau ». Ce commerce du marbre a été lié à l'embauche d'artisans venus de toute l'Italie. Il aboutit à Gênes pour s'y organiser en un système commercial : Louis XII y placera son propre agent, Spinola di Serravalle, chargé des achats, des travaux et paiements sur place, ainsi que de l'acheminement par bateau. Pour le mausolée de François II de Bretagne, le marbre de Carrare, embarqué à Gênes, remonta le Rhône, fut conduit à Roanne pour descendre la Loire jusqu'à Nantes [84]. Évidemment, ces agents, marchands actifs, envoient aussi des artistes, recrutés sur place. En ce début du siècle, la Ligurie a été envahie par des artisans venus de Milan et du lac de Côme (l'école dite des Lacs). Une promesse d'embauche, une perspective de bénéfice, ils s'embarquent avec les cargaisons de marbre. Bref, une Italie modeste, à la grosse, a représenté souvent la première formule de l'art nouveau, à destination de la France ou d'ailleurs.

Ces quelques indications le disent assez bien : il faut être à la fois attentif aux biens diffusés et aux agents de toutes sortes, artistes, mais aussi marchands ou simples voyageurs, sans qui ces biens ne se déplaceraient évidemment pas. Qui sont ces agents ? Comment agissent-ils et où ? Questions souvent posées et auxquelles on a insuffisamment répondu. Une enquête collective viendrait seule à bout de ces difficultés nombreuses. En gros, elle confirmerait peut-être le schéma suivant : jusque vers 1520-1530, le rayonnement italien, dont les premiers signes décelables remontent à 1480-1490 — donc antérieurement à l'expédition de Charles VIII —, porte sur des détails. Ce sont des éléments légers de l'art nouveau qui s'exportent, par pièces détachées en somme, et qui s'insinuent vaille que vaille dans le style flamboyant, dont la carrière sera longue encore. L'art européen n'a pas changé de peau du jour au lendemain, sur un coup de baguette de l'Italie. Ce n'est qu'après 1520-1530, un peu plus tôt, un peu plus tard selon les lieux, que l'art renaissant se montre hors d'Italie avec son visage authentique, comme un ensemble cohérent, et connaît des réussites globales. Encore ne sont-elles pas très nombreuses.

Les éléments du décor renaissant arrivent en ordre dispersé

Les échanges menus, les petits services, les emprunts modestes ne commencent pas avec la fin du XVe siècle : l'italianisme a amorcé très tôt ses infiltrations. Ainsi, pour prendre en France un seul exemple illustre, Jean Fouquet a voyagé et travaillé en Italie de 1443 à 1447 ; il a rencontré à la Minerva Fra Angelico et lui a emprunté « ces thèmes décoratifs, pilastres, guirlandes, cuirasses et casques [...] dont les modèles lui avaient été fournis par son ami Michelozzo [85] ».

Les peintres ont été les premiers, en effet, à adopter les éléments du décor italien, tels que volutes, arabesques ou grotesques. Le livre italien qui s'exporte largement joue dans ce domaine l'introducteur précoce : il jette sur le marché mille détails, « sirènes à l'ancre, dauphins, génies qui se tiennent par les bras et dont s'enlacent les jambes terminées en volutes, candélabres, bucranes, hermès féminins tricéphales, priapées, lanternons à coupoles, chapeaux de triomphe [86] ». Mais l'architecture tardera à imiter les modèles italiens.

Au vrai, il faut attendre cette dizaine d'années qui enjambent les deux siècles, ou suivent en gros le voyage d'Italie, pour que « les ornements italiens conquièrent les murs de France », comme dit Louis Hautecœur [87] — des murs qui, eux, n'ont rien encore d'italien.

Au début, l'ornement Renaissance se glisse subrepticement dans l'architecture française. Ainsi, dans le château de Blois de Louis XII, commencé en 1498, tout absolument est gothique. Mais, sur la façade extérieure, on retrouvera des détails inattendus, des arabesques, des coquilles, des dauphins, des tridents de Neptune — qui viennent tout droit d'Italie. Au château de Gaillon, pour lequel le cardinal d'Amboise a fait venir de Gênes, après 1504, une fontaine, des médaillons, des bas-reliefs, des statues, le style italien glisse, avec plus d'insistance déjà, des frises de palmettes, des frontons à coquilles, des colonnes cannelées à chapiteaux composites. Et, bien sûr, ces exemples venus de haut font tout de suite école : le décor nouveau style se détecte dans les maisons que font bâtir à l'époque les financiers ou riches négociants, Semblancay, Robertet, Thomas Bohier (qui achètera Chenonceau en 1513). Des maisons riches, la mode passe aux plus modestes : à Blois, « des dauphins apparaissent 54, rue Foulerie, des pilastres à arabesques 5 et 7, rue du Puits-Châtel ». Partout les détails architecturaux, rinceaux, frises, allèges des fenêtres, consoles, escaliers, entablements et corniches, gâbles, balustres, se mettent au goût du jour, dans la mesure où l'art architectural ne s'en trouve pas vraiment bouleversé. Ne peut-on mettre des consoles là où l'art gothique plaçait des corbeaux ? Il faudra en revanche une vingtaine d'années pour acclimater les ordres antiques, dans les chapiteaux, pilastres et colonnes [88].

Que les premiers ornements renaissants soient venus en

France de l'Italie septentrionale, de l'exubérant art lombard, lui aussi très accueillant au gothique et qui dut souvent composer celui-ci avec l'art nouveau — la géographie des distances en semble responsable et les hasards de la politique qui vont lier Milan à la France. Ensuite seulement, Florence offrira ses modèles.

Que ces premiers éléments s'implantent surtout, par priorité, dans les villes et châteaux de la Loire et que, de là, ils se retransmettent à travers la France, c'est un fait à retenir, car il désigne bien quel est alors le cœur de la France, d'Orléans à Blois et à Tours.

Il faut être reconnaissant à Louis Hautecœur de son étude patiente et finalement si révélatrice. On ne s'étonnera pas, à la réflexion, du mode de diffusion de ces premiers italianismes du décor, précoces et pourtant assez clairsemés, comme si le grain avait été jeté à la volée. Il semble que la France ne soit pas seule à avoir été ainsi atteinte par une mode architecturale du détail.

En Hongrie, la Renaissance n'a pas laissé de témoins monumentaux, la conquête turque (1526-1541) ayant presque tout submergé. Pourtant, les fouilles du palais corvinien de Visegrad, près de Buda, ont appris que, vers 1484, la Hongrie avait connu des « pousses » d'art renaissant : une fontaine de marbre rouge, une balustrade de style Renaissance au-dessus d'arcades ogivales [89].

Il est logique qu'il en soit ainsi. Seul le motif décoratif est facilement superposable à un style étranger.

Or, l'Europe non italienne — et même une partie notable de l'Italie — se trouve à la fin du XVe siècle et au début du XVIe dans le mouvement d'un art tout traditionnel. Venise, en 1509, quand s'achève sur le Grand Canal le palais Vendramin — échantillon authentique de sa Renaissance avec l'église Santa Maria dei Miracoli (1481-1489) et le palais Dario (1487) —, reste encore gothique dans son ensemble. En 1515, au moment où François Ier succède à Louis XII, Paris ne possède encore que des monuments gothiques. Il faudra atteindre ou 1528, ou 1533, et encore, pour que la capitale française dispose de constructions sacrifiant aux nouveaux goûts artistiques. Et le gothique fleurit toujours de lui-même : la flèche nord de la cathédrale de Chartres s'achève de 1507 à 1512 ; à Salamanque, la Catedral Nueva, commencée en 1513, s'élève dans le style ogival (terminée seulement au XVIIIe siècle, elle sera finalement une addition de styles successifs) ; à Ségovie, la cathédrale, reconstruite à partir de 1522 sur les ruines de la précédente, détruite au temps des *Comuneros*, sera entièrement gothique ; seul, plus tard, son portail sera construit dans le style de l'Escorial. Gothique aussi l'hôtel de ville de Bâle, construit de 1508 à 1521. En Angleterre, « le gothique perpendiculaire continue longtemps » sa carrière. En Allemagne, seuls les princes, ou les princes de l'argent, imposent parfois, non sans peine, les nouveautés architecturales. Ainsi, à Augsbourg, c'est à Peter Flöttner, formé à l'école de Venise, qu'est confiée, en 1519, l'édification de la chapelle des Fugger, dans l'église Sainte-Anne, mais ses décors, conformes aux canons de la mode, se déploient sous une voûte de style flamboyant.

Ces nombreux documents hybrides sont-ils à classer du côté des progrès ou du côté des réticences ? Lucien Febvre aura caressé longtemps le projet d'étudier, ou de faire étudier à Rouen, la confluence des styles gothique et Renaissance. Elle témoignerait que le choix n'a pas été aisé, que le débat a mis longtemps à se dénouer. Il arrive même qu'il ne se dénoue pas, ou se dénoue de façon inattendue, les emprunts à la Renaissance italienne se fondant, se perdant dans un style local ancien qui s'accommode souvent assez bien de ces emprunts. C'est ainsi le cas en Bohême et nous y reviendrons.

La crise de 1529 a-t-elle joué son rôle ?

L'année 1529, dans le mouvement long des prix, est un sommet ; au sens exact du terme, une *crise*. Les prix étaient soumis à une hausse à long terme depuis 1509. Leur animation, nous l'avons dit, a soulevé sur son mouvement une partie du poids des guerres d'Italie, jusqu'à la paix des Dames (1529). La coïncidence des dates ici est pour le moins curieuse, mais selon la règle ordinaire, toute crise forte ramène les belligérants à la paix, j'allais dire à la raison. Ainsi en 1559, ainsi en 1598, en 1604, en 1609 (paix de Vervins, paix hispano-anglaise, trêve de Douze Ans).

La règle a pu jouer en 1529. Le rayonnement de l'Italie, une fois de plus, se situerait en période économique difficile. À nous d'*imaginer*, comme pour la Florence de Laurent le Magnifique, ce qui a pu se passer. Le repli économique est d'autant plus traumatisant qu'il s'agit d'un pays plus avancé, sous le signe déjà du capitalisme, comme l'Italie. Nous avons dit que, dans ses hautes structures, l'économie italienne a su maintenir toutes ses positions, intérieures et extérieures, jusqu'au milieu du XVIe siècle. Mais cela n'exclut pas des tensions, des pertes, des gênes et même des catastrophes aux différentes étapes de sa vie. La crise a probablement été moins dramatique dans ces pays d'Europe qui, largement assis sur une production agricole, sont de ce fait endormis, voire archaïques, sûrement assez stables : les cours princières, les revenus seigneuriaux y sont largement à l'abri. La diffusion de l'art et de la pensée d'Italie au-delà de la Péninsule, est-ce alors le fait de cette crise ressentie vivement à Florence comme à Rome, les deux villes étant par surcroît soumises, en 1527 et en 1530, aux épouvantables épreuves que l'on sait ?

D'ailleurs, le rayonnement italien vient, en grande partie, de la dispersion d'artistes, de professeurs, de maîtres à penser. Pour entreprendre le voyage, les motifs les plus divers sont possibles. Mais, si tout va mal à la maison, l'espoir de hauts salaires, de récompenses éclatantes n'en devient que plus tentant. Aujourd'hui, savants, ingénieurs, médecins, professeurs, peintres d'Europe ne se laissent-ils pas tenter par le voyage d'Amérique ? Après la grande crise de 1929, les navires qui traversaient l'Atlantique Sud emmenaient des ports d'Europe propriétaires, contremaîtres et outillage industriel vers les marchés d'Amérique du Sud, qui ne les trompèrent pas trop par la suite.

Certes, il y a *toujours* eu des dangers, des risques à s'expatrier. Les maîtres étrangers se montrent exigeants souvent, parfois mauvais payeurs. Les humanistes de la Péninsule s'aperçoivent, avec mécontentement et surprise, que latinistes et hellénistes, lorsqu'ils servent les princes d'Allemagne, bouchonnent les chevaux en sus de leurs autres besognes. Et puis il y a l'hostilité, plus ou moins avouée, des étrangers rivaux : la grécomanie française a été une forme d'hostilité voilée à l'égard de l'Italie. Après tout, les Italiens n'avaient-ils pas nourri, eux-mêmes, des sentiments ambigus à l'égard des Byzantins réfugiés au milieu d'eux ?

Voilà des réflexions défendables. Mais le mariage de l'économie et de l'histoire de l'art ne peut se conclure dans l'abstrait. Le concret, le détail précis est bien ce qui nous manque le plus, en l'occurrence. Des détails qui ne concerneraient pas seulement la biographie et l'œuvre de ces Italiens exportateurs de culture, mais aussi les milieux étrangers qui font appel à eux. Car leur voyage n'est pas seulement un départ, c'est aussi une arrivée, celle-ci commandée par celui-là, le commandant aussi. Il faut des raisons extérieures à ces aventures et à ces exils.

DES INSTITUTIONS D'ACCUEIL

En ces premières décennies du XVIe siècle, la civilisation aristocratique et ostentatoire de l'Italie se répand au loin. *A priori*, penserons-nous, les milieux aristocratiques, favorables déjà à l'humanisme, d'Augsbourg ou de Nuremberg, de Londres ou d'Anvers et d'ailleurs, ont dû faire bon accueil à un art et à une façon de vivre dont personne ne niait le raffinement. Ce fut le cas, plus d'une fois. Les villes, en raison de leur richesse comme de leur orgueil, ont été automatiquement des centres d'accueil.

Mais l'accueil par excellence a été celui des cours princières, le résultat étant, chaque fois, proportionnel en quelque sorte au volume même de la cour qui entoure le prince. « Les plus grands mécènes de la Renaissance furent les ambitieux et les guerriers [90] », autant dire des princes que tourmente le souci de leur gloire, le désir d'échapper, grâce à elle, au sort commun des mortels, de survivre dans la postérité, de participer à la célébrité des grands écrivains, des historiographes, des artistes les plus réputés. Il leur faut être sûrs qu'après eux, les trompettes de la renommée joueront encore en leur honneur. Le croire, c'est d'ailleurs prêter aux écrivains et aux artistes un pouvoir surnaturel que ceux-ci, assez facilement fanfarons, sont eux-mêmes sûrs de posséder. Le pouvoir dont se vantera le vieux Corneille, dans ses *Stances à la Marquise* :

Et dans mille ans [je ferai] croire
Ce qu'il me plaira de vous.
Vous ne passerez pour belle
Qu'autant que je l'aurai dit.

Mais, cent cinquante ans plus tôt, l'Arioste montrait plus d'assurance encore. C'est la complaisance des grands écrivains, assure-t-il, qui fabrique les grands hommes :

Énée ne fut pas aussi pieux, ni Achille aussi fort
Ni Hector aussi brave que le dit la renommée,
Et ils sont des milliers, des milliers et des milliers
Ceux qu'on pourrait leur comparer certes avec avantage.
Mais les palais et les châteaux, dons de leurs descendants,
Leur firent attribuer ces sublimes honneurs
Par les grands écrivains comblés de telles faveurs.

Auguste n'a pas été aussi vertueux et clément
Que le proclame la trompette de Virgile.
Mais pour avoir aimé la bonne poésie
De l'inique proscription il s'est fait pardonner.

La civilisation de la Renaissance ne pouvait que s'ancrer dans l'apparat des cours princières, poussées un peu partout au XVIe siècle, car elle est elle-même une civilisation de l'orgueil. Giovanni Rucellai écrivait déjà dans son journal, en 1457 : « On pense que notre temps, depuis 1400, a plus de raisons de contentement qu'aucun autre depuis que Florence a été fondée... [Aujourd'hui], Giotto et Cimabue ne seraient même plus bons comme apprentis [91]. » Rabelais dira : « Je voy les brigans, les bourreaulx, les avanturiers, les palefreniers de maintenant plus doctes que les docteurs et prescheurs de mon temps [92]. » Pour Érasme et Ulrich de Hütten, l'époque qu'ils vivent, c'est l'âge d'or. L'homme, créature de Dieu, arrive au sommet de sa dignité, dépasse sa condition humaine. Léonard de Vinci, dans son autoportrait, se représente sous les traits de Dieu le Père ; Albert Dürer sous l'aspect juvénile du Christ.

Et le temps n'est pas seulement à l'orgueil de l'esprit. Les sociétés à *ordres* de jadis, avec leurs gradins et leurs rangs, ne sont tenues dans la main des princes et des classes privilégiées, si peu nombreuses, qu'au prix d'un luxe renouvelé, offert sans cesse à la vue de tous, donc au prix d'une ostenstation de chaque instant, faite pour fasciner, éblouir, subjuguer. Tout cela aussi vieux que le monde et pas strictement italien : sur ce chemin, à Bruges où Jan Van Eyck est à son service dès 1425, Philippe le Bon a des années d'avance sur Laurent le Magnifique. Ces gloires de Bourgogne tant vantées sont des prémisses, les premières fumées. Tout va grandir encore. Mais surtout la Renaissance italienne va offrir à cette ostentation un style nouveau, une prestance classique et volontiers grandiose.

C'est l'époque où se multiplient les entrées triomphales des princes dans les villes qui les accueillent et les festoient. Quels beaux articles « à la une » pour une presse (elle n'existait pas encore) qui eût été pareille à la nôtre ! Songeons à la série de ces fêtes qui marquent chaque étape au long du voyage de Charles Quint à travers l'Italie, au lendemain de la prise de Tunis, en 1535. Le voilà solennellement reçu à Messine, à Naples, à Rome, à Sienne, à Florence... Et partout les mêmes spectacles se déploient, comme si les décors, improvisés à la hâte, se déplaçaient telles des toiles de théâtre et que se reconstituaient sans fin les mêmes cortèges splendides, les mêmes défilés de chars, empruntés, notons-le, aux festivités bruyantes du Carnaval. La Renaissance italienne est bien une fête continue, contagieuse, qui soulève à plusieurs octaves au-dessus le luxe de cette vie officielle qui est le lot normal des princes, condamnés *in aeternum* à éblouir les autres. Même leurs funérailles deviennent de grands spectacles. Encore modestes en France, lors du voyage de Charles Quint en 1540, les entrées triomphales s'étalent à plaisir sous le règne triste d'Henri II. Que dans le luxe de la rue, si important, que dans le luxe des demeures, aussi bien pour la façade que pour l'aménagement intérieur, ces princes d'Europe choisissent la mode d'Italie, constitue un test en faveur de la Péninsule et qui ne peut tromper. Elle éblouit ces maîtres d'hommes.

Il s'est trouvé des spécialistes de l'histoire de l'art pour déplorer, au moins en ce qui concerne la France, la demi-rupture avec une tradition robuste qu'a signifiée l'adoption de la leçon étrangère. Mais la nouveauté en soi est un élément décisif, constant du luxe. Ne pas se contenter du déjà vu, surprendre, c'est mieux saisir l'opinion. Et, en l'occurrence, les modes venues d'Italie avaient cet avantage supplémentaire de se présenter, par excellence, comme le style noble de la vie.

Si Louis XII et Maximilien, morts en 1515 et 1518, comptent peu dans ce jeu brillant, ce n'est pas faute de l'avoir désiré, c'est que celui-ci a toujours été à court d'argent, que celui-là a eu à peine le temps de régner en toute quiétude : tous deux annoncent, précèdent la grande période d'expansion de la culture italienne. Pour François Ier et Charles Quint, où que s'arrête leur vie vagabonde (car tous deux ne cessent de voyager, l'un à travers la France, l'autre à travers les terres et mers d'Europe), voyez comme ils recréent autour d'eux, avec obstination, un décor d'Italie. C'est dans l'Alhambra de Grenade où il passa en 1526, après son mariage avec Isabelle de Portugal, les jours les plus heureux, à jamais inoubliables de sa vie, que l'empereur a fait commencer la construction l'année suivante, en 1527, du premier palais Renaissance d'Espagne. François Ier a fait travailler ses architectes tout d'abord dans la vallée de la Loire, ce cœur un peu fermé du royaume : après Louis XII, il a ajouté une aile au château de Blois et commencé, selon le plan probable de Dominique de Cortone, la construction du château de Chambord, qui ne sera d'ailleurs pas terminé à sa mort (1547). À partir de 1528, c'est autour de Paris que le roi gaspilleur a concentré ses efforts, au château de Madrid, au château de Saint-Germain, à Fontainebleau qui, en ce qui concerne le style nouveau, ne vaudra que par sa décoration intérieure. Mais l'école de Fontainebleau, avec le Rosso, Andrea del Sarto, le Primatice et Serlio, c'est la vraie Renaissance qui se met en place en France, non plus celle des ornementistes « industriels » de la première heure, mais celle des « chefs d'école ». Un tournant de la vie artistique française vient d'être pris. Que la vie littéraire soit en retard sur elle, la *Défense et illustration de la langue française*, de Joachim du Bellay, le dit, puisqu'elle paraît en 1549 seulement, deux ans après la mort de François Ier. Mais sait-on qu'elle a été un démarcage, trop souvent, du *Dialogo delle lingue* de Sperone Speroni, paru en 1542, sept ans plus tôt ? Au nationalisme italien, ou plutôt toscan, fait écho le nationalisme de la Pléiade.

LES RÉACTIONS NATIONALES

Forcément, l'intrusion italienne devait provoquer et a provoqué des réactions. Ces artistes venus de la Péninsule ne sont tout de même pas nombreux. Là où ils installent leurs ateliers, ils côtoient des artistes du cru. Entre ceux-ci et ceux-là, il y a des échanges, souvent des compromis. Même si aucune idéologie n'aide encore dans leur émergence les diverses nations d'Europe, à peine ébauchées mais déjà vivantes, elles n'en manifestent pas moins leurs goûts, leur génie, leurs antipathies, plus encore, elles s'abandonnent à la force des habitudes acquises.

Ces réactions, il faut se hâter de les repérer avant la vague de style baroque, cet orage qui, apparemment, submergera tout. En Espagne (si l'on ne considère le plateresque que comme du « renaissant » contreplaqué), la réaction est précoce dès le lever du rideau : avec Philippe II et l'ingénieur Herrera, voilà l'architecture (celle de la cathédrale neuve de Valladolid ou de l'Escorial) dépouillée de ses décors parasites. En France, la Renaissance italienne et antique, au moins dans l'architecture, a été acceptée plus que dans aucun autre pays d'Europe. Or, dans cette mesure même, tout est repris en main par des artistes nationaux et réélaboré en un style national. Il y a bien des signes d'un classicisme avant la lettre, bien des cas aberrants : Jean Goujon, dans sa Fontaine des Innocents, s'inspire directement de l'art pur de la Grèce antique et le retrouve. En Allemagne, rien de tel. En dehors des cours princières, la Renaissance ne parvient guère à mordre sur l'art allemand, mais celui-ci, vivant au XVe siècle, s'étiole, disparaît. On a dit que la Renaissance avait été pour l'Allemagne un cadeau mortel. En fait, ce qui lui a manqué, ce sont plus que des villes vivantes — elles existent — des États vivants. Or, l'État, la cour deviennent de plus en plus, à cette époque, le cadre obligé de la vie politique et de l'éclat culturel.

Les choses se passent plus clairement en Bohême [93] où il y a une grande ville, Prague, des villes industrieuses comme Pilsen, une bourgeoisie active, une noblesse en possession de larges domaines et, surtout, une cour royale. La Renaissance y arrive tôt dans ses éléments précurseurs, apportés dès la fin du XVe siècle par les maçons du pays de Côme — les Comacini, nom générique en vérité par quoi l'on désigne, sans trop regarder à leurs origines exactes, les artisans venus aussi de Lugano, des vallées au sud des Alpes, de Lombardie et même des régions voisines de Gênes ou de l'Italie centrale. Mais ces immigrants au service du souverain, des grands seigneurs et des grandes villes ne sont guère en nombre appréciable avant 1540-1550. C'est ensuite seulement qu'ils peupleront la Karlgasse de la Vieille Ville de Prague, ou la Welchgasse de la Petite Ville. Ils forment alors de véritables colonies, avec leurs hôpitaux particuliers, leurs chapelles où les jésuites prennent l'habitude de prêcher pour eux en italien. Avant 1550, assez souvent, ces maçons d'Italie ne restaient sur leurs chantiers que pendant la saison des travaux ; après quoi, ils repassaient les Alpes. Dorénavant, ils s'installent à demeure, se marient sur place, obtiennent bientôt le droit de bourgeoisie. Peut-on dire qu'ils se tchéquisent ?

Leur apport à leur pays d'adoption est varié, car leur art, leurs conceptions se rattachent à plusieurs Italie (septentrionales surtout), à des modèles généralement anciens, banalisés par la pratique. Ils apportent avec eux leurs méthodes de travail (souvent hâtives, à la recherche de la solution expéditive, quitte à facturer la note au prix fort), l'emploi de matériaux nouveaux, pierres taillées, briques, tuiles — de préférence au bois qui dominait jusque-là en Bohême. Maçons, peintres, sculpteurs, stucateurs ont leurs recettes personnelles. Certaines de leurs solutions — pignons étagés, pignons à redans, lunettes, corniches, attiques, colonnes, arcs ou arcades, décoration des façades, recherche de la symétrie — sont assez bien reçues en Bohême. Mais celle-ci n'en reste pas moins fidèle au gothique finissant, aux maisons urbaines traditionnelles, et d'autre part, à la fin du siècle, elle reçoit aussi avec faveur les maçons et artisans d'Allemagne ou des Pays-Bas. Il y a par suite, au bonheur la chance, des compromis, des mélanges, des adaptations, un style hybride qui donne en somme à la Renaissance une couleur, une nationalité locales. Les palais princiers, les maisons urbaines qui se sont mises au goût du jour, les églises basiliques, les châteaux résidentiels du roi ou des seigneurs sont construits dans ce style qu'on appelle souvent « Renaissance bohémienne », entendez propre à la Bohême qui l'a ainsi recréé, au fil des jours et des années. Création brève, cependant : elle ne survivra guère aux étranges et merveilleuses lumières de la cour de Rodolphe II (1575-1611) où la science et l'art nouveau se marièrent de façon si curieuse.

Cependant, rien n'étant jamais simple, c'est dans l'Europe de l'Est qu'on retrouve l'écho le plus précoce et le plus pur de la Renaissance italienne. Mais il s'agit d'une courte période : celle où des artistes et architectes importés directement de la Péninsule, cette fois souvent d'authentiques Florentins, répondent à l'appel d'une élite de princes humanistes, tels Matthias Corvinus (1458-1490) en Hongrie, ou Sigismond le Grand, l'époux de Bona Sforza (1506-1548) en Pologne. C'est l'époque de la construction, ou de la reconstruction des châteaux de Buda et de Cracovie. Cependant, dès que l'art nouveau a débordé le cercle étroit des cours royales, dès qu'il a réellement conquis un public, sa dérive a été rapide. En Pologne en particulier, il aboutit à un extraordinaire amalgame, mélange de traditions gothiques restées vivantes, du modèle italien déjà implanté par l'élite et d'un style nordique lui-même bâtard (répandu dans la Baltique, il s'inspire de formes italiennes, mais les transforme complètement par une surcharge de décorations hétéroclites). Au début du XVIIe siècle, avant que le baroque ne fournisse ses premiers modèles, la Pologne connaît ainsi un art original, local et populaire.

On ne trouvera pas un exemple aussi riche et révélateur en Angleterre, où quelques résidences de la noblesse cèdent à l'art nouveau, tandis qu'à Oxford, Christ Church et Corpus Christi se construisent dans un style tenacement gothique. Dans le Portugal lointain, l'art italien pénètre de biais, en s'intégrant à un art national original, à côté d'éléments gothiques et d'une influence flamande persistante.

Quant à l'Europe nordique, elle ne s'ouvre vraiment aux modèles italiens que dans les Pays-Bas, qui vont rester fidèles à Rome. L'influence italienne est faible, en revanche, dans les Provinces-Unies, celles-ci maintiendront une architecture originale qui continuera à provigner tout autour de la Baltique. La peinture hollandaise se développera dans un style résolument personnel, capable de faire école à son tour.

Bref, si le rayonnement de la Renaissance italienne — test spectaculaire de sa puissance — est une réalité européenne puissamment ressentie, chacune des diverses cultures de l'Europe l'a acceptée, déformée ou refusée d'une façon différente. Elle n'en a pas moins fait basculer vers elle des pans énormes de la vie entière de l'Occident.

Au-delà de 1550

Au-delà de 1550, ou mieux de 1559, le destin de l'Italie suit un chemin inattendu, à première vue peu explicable, sûrement plus compliqué qu'on ne le supposait hier.

Le trait majeur en est cette paix qui s'infiltre, pour ainsi dire, à travers États et économies de la Péninsule, et qui *dure*. Il n'y aura, quelques vétilles mises à part, que des troubles sociaux issus du dedans, et pas avant la grande révolte paysanne du royaume de Naples, plus spectaculaire encore que la révolte populaire de la ville elle-même, au temps de Masaniello et de l'extravagant duc de Guise (1647). Au vrai, avant ces événements, la contestation politique semble gelée en Italie, comme la contestation religieuse l'a été en Allemagne par la paix d'Augsbourg (1555), de quatre ans antérieure au traité du Cateau-Cambrésis, ou comme en France, après l'édit de Nantes (1598). Il est vrai que les guerres religieuses reprendront en France dès le règne de Louis XIII. Il est vrai que la fureur religieuse se déchaînera à nouveau en Allemagne, en 1618, avec la guerre de Trente Ans. Mais rien ne fera sortir l'Italie de cette prison pacifique où les circonstances l'ont enfermée, après 1559. Y voir seulement le bienfait d'une *pax hispanica*, malgré l'importance considérable du fait, semble tout à fait inadéquat.

Nul doute que, du point de vue de sa propre tranquillité, l'Italie n'ait tiré de solides avantages de son unité religieuse, de sa fidélité à Rome. C'est un fait qu'elle a dit non à la Réforme issue d'au-delà des monts, pour des raisons multiples dont l'étude reste à poursuivre. Penser que le bourrelet des Alpes, cette montagne de la magie et des hérésies, a joué le rôle d'écran efficace, c'est assurément trop simple. Avec le soulèvement des paysans du Tyrol, en 1525, l'Italie avait été au contact tout à la fois de la révolte sociale et de la révolte religieuse. Or, sur les confins de la Vénétie, ce double incendie n'a pas trouvé l'occasion de se développer, d'étendre son domaine et ses ravages. Socialement, religieusement, l'Italie était-elle à l'abri ?

Aujourd'hui, l'*uchronie*, cette maladie qui consiste en imagination à reconstruire le passé et qui est familière à certains économistes passés à l'histoire, nous autorise sans trop de peine à imaginer la France de François Ier et de Marguerite de Navarre passant à la Réforme et, pourquoi pas ? établissant sa capitale à La Rochelle, face à l'océan, le futur dispensateur des richesses du monde. Avouons que l'Italie, même pour le plus imaginatif des *uchronistes*, ne se prêterait pas à pareil jeu. Sans doute, l'histoire, les siècles accumulés d'un interminable passé tourné vers Rome, sont-ils intervenus en profondeur. D'ailleurs, si, pour une fois, on laisse de côté les grands acteurs, Luther, Zwingli, Calvin, on constate que c'est à peu près à l'extérieur de l'ancien *limes* romain, en Bohême, en Allemagne, dans les cantons Suisses, que s'amorce, des siècles à l'avance, la tourmente.

En tout cas, la Réforme, ici ou là, à Venise, à Ferrare, dans le Piémont, à Lucques, voire à Naples, n'a porté que sur des cas individuels. La règle collective s'est faite contrainte. Elle a éliminé fantaisies, libertés, aberrances et trahisons. Ochino, le Siennois, Campanella, le Calabrais utopiste, Giordano Bruno qui a tant annoncé de choses sans même le savoir clairement lui-même, autant d'étoiles filantes, visibles d'autant mieux qu'elles brillent sur le ciel noir de la nuit. Mais si haut qu'ait été le prix, intellectuellement et spirituellement, de cet ordre moral, celui-ci a eu ses avantages : l'Italie, en ne se divisant pas religieusement contre elle-même, ne s'est pas ouverte aux orages des guerres confessionnelles qui ont désolé l'Europe jusqu'en 1648. Elle n'a pas éclaté du dedans. Or, les incendies difficiles à éteindre ne sont-ils pas, au premier chef, ceux, spontanés, qui naissent et se nourrissent sur place ?

Toutes ces raisons ont compté pour la paix italienne, ce cadeau un peu empoisonné que l'histoire a fait à la Péninsule. Pour en avoir le cœur net et aboutir à un bilan valable, il faudra tourner autour de l'Italie, à bonne distance.

Les Turcs reperdent la Méditerranée (1571-1574)

Premier voyage, vers la Méditerranée proche et lointaine. Aussitôt, c'est l'occasion de retrouver le monstrueux Empire turc. Sa puissance promettait *a priori* une guerre inépuisable. Or, celle-ci tourne court, sans que l'Empire espagnol ou l'Italie en portent la vraie responsabilité.

En gros, les faits sont simples. En 1538, le prince André Doria, avec les galères de la Sainte Ligue — Espagne, papauté, Venise et alliés italiens de Charles Quint —, a abandonné à Barberousse le champ de bataille de la Prevesa, près du golfe d'Arta, sans avoir combattu. Cette fausse bataille n'a pas été une fausse défaite, elle a livré la mer intérieure aux flottes combinées du sultan et des corsaires barbaresques. Trente-trois ans plus tard, le 7 octobre 1571, la sanglante victoire de Lépante brise d'un coup la flotte turque. Mais celle-ci se reconstitue, renaît de ses cendres, dès l'année suivante, résiste, se modernise, tient en échec les flottes victorieuses de la seconde Sainte Ligue, et, en 1574, elle se saisit de La Goulette, « préside » aux mains des Espagnols depuis 1535, ainsi que de Tunis que Don Juan avait enlevée l'année précédente, en 1573. La partie semble donc égale et le jeu nul. La seconde Sainte Ligue s'est dissociée comme la première, en raison de la mésentente fondamentale de Venise et de l'Espagne. Venise, dernier bastion de la liberté italienne, regarde vers l'Orient, imagine même qu'il serait possible d'aveugler les Dardanelles ; l'Espagne ne voit de croisade pensable, tentante, possible que contre le Maghreb qui, au-delà de Gibraltar, est la suite, la réplique naturelle de la péninsule Ibérique. C'est là, à portée de main, que se trouve une Terre sainte à libérer. Une mésentente congénitale en somme. Or, sans Venise, la chrétienté méditerranéenne n'aurait même pas pu aller à Lépante, encore moins gagner la bataille. Désunie, la chrétienté est sans force contre l'infidèle. Venise s'accorde d'ailleurs avec lui, une fois de plus, en 1573, et l'Espagne en fait autant dès 1577, par des trêves triennales renouvelées dans la clandestinité, mais dont le monde entier a connaissance.

Dans ces conditions, le Turc devait logiquement triompher. Or, il n'en est rien. Le véritable arbitre, en ce long débat, a été curieusement la conjoncture elle-même, étrange chef d'orchestre qui, la Turquie étant économiquement dépendante de l'économie européenne, bat la mesure en même temps, pour les deux adversaires. Or, quand la conjoncture est à la baisse — ainsi de 1559 à 1575 —, chacun des adversaires s'en prend rageusement à son voisin. Croisade et *djïhad* ont le vent en poupe. Mais si, comme de 1575 à 1595, la conjoncture passe au beau, les adversaires se tournent le dos et chacun, dès lors, emploie ses forces dans sa propre maison : c'est l'heure des guerres fratricides, Turcs contre Persans, chrétiens contre chrétiens. Quelques années après Lépante, quelques instants après le triomphe de Sinan Pacha devant Tunis, la grande guerre déserte ainsi l'immensité méditerranéenne, inexplicablement en apparence, et les guerres fratricides sont bientôt en place, à l'ouest et au nord, comme à l'est. Ne restent actifs en mer que les bateaux corsaires des deux bords, barbaresques d'un côté (à eux la palme, car la course se nourrit au détriment du plus riche), de l'autre Malte, les galions de Sicile, les corsaires clandestins de Naples et d'ailleurs, les chevaliers de Saint-Étienne, basés à Pise... Que les galères renforcées (avec une chiourme gonflée, comme on gonfle le moteur d'une auto de compétition), plus encore les voiliers de course, se répandent d'une rive à l'autre de la mer, au gré des saisons, des vents dominants et des occasions, peu nous importe ! La vraie guerre est morte. La petite guerre des gendarmes et des voleurs — qui passent, sans cesse et sans vergogne, d'un camp à l'autre, s'entendant, se rendant des services à l'occasion — se nourrit au gré de trafics clandestins, en quelque sorte réguliers. Tout cela clairement connu aujourd'hui, bien que contraire aux images et slogans traditionnels. Carmelo Trasselli nous dit qu'alors Tunis, c'est Shanghai avec ses bas trafics. Mais Livourne, Malte, Pise, Alger mériteraient de figurer sur la même liste noire.

Or, c'est pendant cette paix, ce temps d'inaction des grandes armadas, que la flotte du sultan s'est désorganisée. L'inaction l'a tuée, tandis que les guerres atlantiques entretenaient celles d'Occident, du moins de l'Occident océanique. Quand la conjoncture se retourne vers 1595, la flotte turque peut à peine se remuer, et la chrétienté se contente de parler, de rêver de croisade, sans se mouvoir pour autant. Bientôt, en Turquie même, le proverbe deviendra commun : « Dieu a donné la terre aux musulmans et la mer aux infidèles. » Encore faut-il distinguer parmi ces infidèles. Longtemps, la mer avait appartenu aux chrétiens de Méditerranée, c'est-à-dire avant tout aux marins d'Italie. Mais, avec le XVIIe siècle, c'est en Atlantique que se poursuivent (avec quelques épisodes en Méditerranée) les guerres maritimes qui comptent et préparent l'avenir. Et c'est l'océan qui jette ses voiliers vers la mer intérieure. Celle-ci, comme l'Italie, est condamnée à la déchéance d'une paix générale, insistante. Sans la course, souvent rien ne se passerait en Méditerranée, de Gibraltar aux Dardanelles. Le centre de gravité du monde a abandonné la vieille mer intérieure.

Mais cela ne signifie pas pour elle une régression économique d'ensemble, au contraire. Avec les années 1570, ou mieux 1573, un peu plus tôt, un peu plus tard, une nouvelle invasion de navires nordiques s'est mise en place ; elle déborde, infeste, transforme tout. À ce jeu, la mer intérieure perdra peu à peu ses propres flottes marchandes (sauf la prospérité marseillaise, destinée à durer) : le Nordique — Anglais, Hollandais, Hanséate, Breton même — a pris la relève. De meilleurs marins, des équipages moins exigeants, des défenses plus efficaces, des frets plus modiques — tout avantage le nouveau venu. Même les Ragusains, avec leurs gros voiliers de charge, ne résisteront pas à cette concurrence forcenée, souvent hargneuse, qui va du service accordé à la contrebande jusqu'à la pratique occasionnelle de la course et de la piraterie. Si l'on excepte les navires bretons et marseillais, c'est la Réforme qui a envahi la mer intérieure et qui, sans faire trop de différences, touche aux deux rives de la mer, la chrétienne et l'islamique. Alger devient un relais pour les Anglais et les Hollandais, les uns et les autres arrivent jusqu'à Istanbul où l'ambassadeur du roi très chrétien et le baile de Venise les voient, sans plaisir, installer à demeure ambassadeurs et consuls. Plus encore : jusque-là, les poussées nordiques obéissaient à la conjoncture ; alternativement, celle-ci leur ouvrait la porte ou la leur fermait au nez. Or, en 1595, le retournement conjoncturel, cependant violent, restera sans conséquence en ce qui les concerne. Les armadas de galères d'Italie et d'Espagne ne reparaîtront pas au long des rivages, l'été venu, et les navires nordiques se multiplieront en Méditerranée.

Mais cette présence surabondante, qui se prolonge et s'incruste avec la fin du siècle, est un signe d'activité, de prospérité méditerranéennes. Tous les ports en profitent, aussi bien Naples qui reçoit le poisson salé du Nord, cette manne précieuse pour ses pauvres, et pas seulement pour eux — que Venise vers qui arrive, par bateaux hollandais, la laine espagnole indispensable à son *arte della lana* et qui reste probablement, vers 1600, malgré la décadence de sa propre flotte, le port le plus fréquenté de Méditerranée [94]. Et Venise n'est qu'un cas au milieu d'un ensemble.

Une Italie prospère

Une Méditerranée prospère, c'est une Italie prospère. Celle-ci a, en outre, dans ce monde insensé du siècle finissant, tous les privilèges des neutres. Les autres se battent ; elle travaille. L'industrie des Pays-Bas connaît des difficultés, l'Italie en profite. Venise voit monter comme jamais la production de ses ateliers de draps de laine.

Et puis, il y a les difficultés, les malheurs de l'Espagne. La route directe de la côte septentrionale de l'Espagne à la mer du Nord, grâce à laquelle Anvers avait grandi et survécu, s'est rompue du fait de la course anglaise, dès 1568-1569. Alors quelque chose s'est brisé pour longtemps. En effet, cette route de Laredo, de Santander, de Bilbao jusqu'à

Anvers n'est pas seulement, à travers l'océan, la Manche et la mer du Nord, le chemin des laines précieuses de Castille, elle est aussi celle du métal blanc d'Amérique que l'Espagne est obligée d'expédier à Anvers pour y solder les frais de sa politique d'hégémonie. C'est là, en effet, qu'elle combat, dans une de ces guerres périphériques et coûteuses à souhait autant qu'aléatoires, par quoi tout impérialisme qui y prête le flanc est régulièrement attaqué et tenu en échec, en des zones de faiblesse évidente : plus que tout, la distance joue ici contre l'Espagne.

En 1571, avec la révolte des gueux et leur installation à Brielle (20 avril), la route directe par mer entre Espagne et Pays-Bas se trouve définitivement rompue. S'accorder avec l'Anglais ne rapportera plus rien. Les routes de terre, à travers la France, offrent leurs services imparfaits. Mieux vaut encore à l'usage celles d'Italie, par les Alpes, en direction de la Haute-Allemagne. Le duc d'Albe et son armée les empruntent et semblent les inaugurer en 1567. Par la suite, les étapes des troupes espagnoles acheminées de façon continue vers les Flandres, s'organisent pour longtemps au long de ce trajet, de Gênes à Bruxelles, de l'hôpital San Matonne où Gênes héberge les soldats espagnols malades, jusqu'aux champs de bataille du Nord, avec leurs constantes exigences d'argent et d'hommes.

Ce déplacement des routes précipite la fortune, bien assise déjà, des marchands génois [95]. Ceux-ci, depuis longtemps, sont implantés en Castille. La première banqueroute de Philippe II (1557), en portant un coup décisif aux prêteurs de l'Allemagne du Sud, particulièrement aux Fugger, a déblayé le terrain en leur faveur : ils s'engagent dès lors de plus en plus dans ces contrats (les *asientos*) que les hommes d'affaires, les *hombres de negocios*, concluent avec le gouvernement pour assurer et régulariser les paiements extérieurs. Contre des promesses de remboursement (d'ordinaire sur le métal blanc à venir d'Amérique), les prêteurs, les *asentistas*, s'engagent à faire tels ou tels paiements, à échéances fixes, sur telles ou telles places désignées à l'avance, Anvers étant de loin la plus importante de toutes. Quand avances et remboursements sont arrivés à leur terme, un bilan, un *finiquito*, devrait, en principe, régler les comptes. En fait, le règlement est reporté d'année en année, les *asientos*, d'ordinaire, s'accrochent les uns aux autres et se reconduisent pour former de monstrueux ensembles.

Jusqu'en 1568, les Génois avaient pris aussi une large part dans la vie marchande de l'Espagne, à Séville notamment, nous l'avons dit, et sur les grands marchés de matières premières de la Péninsule : les laines de Ségovie, les aluns de Mazarón dans le royaume de Valence, les soies de Grenade... C'était là, en effet, une condition de leurs activités financières dont les bénéfices n'étaient pas directement exportables. Il était difficile (interdit en principe) de sortir d'Espagne du métal blanc. Les Génois tournaient la difficulté en achetant et exportant des marchandises de bon rapport, dont le montant leur était réglé soit en Italie, soit dans les Pays-Bas ou ailleurs, ce qui leur donnait la possibilité de disposer de capitaux et d'argent liquide à leur guise, aux points utiles à leurs activités.

Mais, à partir de 1568, ces activités marchandes à l'intérieur des royaumes ibériques sont délaissées, y compris la position clef de Séville et les avances à long terme pour les trafics transocéaniques. Elles sont devenues superflues. Le gouvernement de Philippe II, aux prises avec d'immenses besoins d'argent, multiplie en effet avances et concessions aux *hombres de negocios* génois, en leur octroyant avec libéralité des *sacas* (permis d'exporter du métal blanc). Il a ainsi, sans le vouloir consciemment, simplifié le jeu des Génois. Ceux-ci ne vont plus désormais s'occuper que d'emprunts royaux et du métal blanc d'Amérique, n'être plus que des financiers. À d'autres la marchandise !

Le système a été bientôt en place, grâce à un réseau de relations utilisées avec intelligence et qui recouvre l'Europe entière, inclut les indispensables places italiennes et se rattache fortement à Anvers. La nécessité pour l'Espagne, à partir de 1567, d'entretenir une armée « suréquipée » aux Pays-Bas, accélère la mise en place et le fonctionnement d'un système compliqué et efficace de paiements. Le prêteur, en apparence, ne s'arroge que de petits taux de bénéfice, mais ces petits taux s'ajoutent les uns aux autres, en cours de route, et portent sur des millions d'écus, soit sur des sommes énormes pour l'époque. La « banque » génoise s'est ainsi emparée de l'argent *politique* du roi d'Espagne et, par suite du maniement de ces fonds, elle attire à elle toute la richesse mobile de l'Occident, Italie bientôt comprise. Peu à peu, l'argent des épargnants de la Péninsule, comme celui de l'Espagne, arrive au moulin des prêteurs. Et c'est l'idéal, pour un homme d'affaires, que de risquer l'argent d'autrui.

Cette énorme réussite suscite des rivalités et des jalousies féroces, particulièrement en Espagne où les pots de vin, les *aldahalas*, ne calment ni la rogne des marchands locaux — un Malvenda ou un Simón Ruiz — ni l'appétit des conseillers financiers du roi, tous corrompus ou sur le point de l'être, achetés ou achetables, toutefois mieux informés que quiconque des pratiques, des taux véritables d'intérêt, des ruses utilisées. La banqueroute de 1575 (la troisième du règne du « roi prudent ») a même été une manœuvre espagnole, ourdie contre les Génois. Au même moment, Gênes elle-même se soulevait contre ses richissimes *Nobili Vecchi*, c'est-à-dire nos *asentistas* ou leurs familles. Ce fut une longue querelle, riche en péripéties, mais les banquiers génois ramenèrent à l'obéissance la ville violente et ses chefs révoltés, les *Nobili Novi*. Finalement, ils consolidèrent le système de leurs activités bancaires par le déplacement à Plaisance, en 1579, des foires dites de Besançon (ainsi dénommées parce que créées en 1534 dans la vieille ville impériale où elles s'étaient réunies pendant une trentaine d'années seulement).

Les foires de Plaisance, foires de change, non de marchandises, vont devenir, sous l'autorité des Génois et à leur profit, un *clearing* des dettes européennes. Le *scontro* permet, en effet, d'annuler les dettes les unes par les autres, de les faire fondre comme neige au soleil, il épargne d'inutiles mouvements d'argent comptant. C'est miracle de voir des millions d'écus en lettres de change, qui n'exigent pour s'équilibrer dans leur ensemble qu'un apport dérisoire en numéraire. Encore y a-t-il la possibilité de rejeter les dettes irréductibles à trois mois plus tard, à la foire suivante (pour un intérêt de 2,5 pour cent en général), ou d'envoyer en contrepartie, sur les places qui conviennent, des lettres de change, celles-ci calculées à un taux que fixent les autorités de la foire : c'est le *conto*. Évidemment le Génois, maître des compensations, tire mieux qu'un autre, pour ainsi dire à tous les coups, son épingle du jeu.

L'habileté génoise est d'ailleurs plus compliquée et sophistiquée encore qu'il n'y paraît : elle implique une série de finesses, de roueries, d'intelligences. Avoir su, dès 1553 au moins, qu'il fallait miser sur l'or, non plus sur le métal blanc, quelle prescience et aussi quel succès ! Dès avant 1575, le métal blanc que les Grimaldi, Lomellini, Spinola, Pinelli, etc. contrôlent presque à l'arrivée en Espagne, chemine pour eux par bêtes de somme de Séville à Barcelone ; de Barcelone à Gênes, des galères armées transportent les caisses de *reales de a ocho*, et parfois des barres de métal ; ensuite Gênes diffuse, revend le métal blanc dans toutes les directions utiles.

Les paiements que les Génois font pour le roi catholique concernent presque toujours la place d'Anvers et, d'ordinaire, c'est en or qu'ils se règlent. Il faut donc que les marchands génois dominent aussi le marché de l'or pour réussir cette mutation constante d'un métal dans l'autre. L'or, qui a alors douze fois plus de valeur environ, à égalité de poids, que l'argent, se transporte plus aisément que celui-ci ; mais c'est seulement en cas d'urgence, et pour de petites sommes, que des pièces jaunes sont envoyées par porteur (5 000 écus par homme) jusqu'aux Pays-Bas. La liaison se fait d'habitude par lettres de change. Et c'est la solution idéale, puisque les lettres de change sont, en principe, payables en or.

Pourquoi cette mutation ? Et comment s'opère-t-elle ? La première réponse que l'on met en avant, c'est le désir, l'exigence des soldats des Pays-Bas qui entendent être payés en or, monnaie forte, le métal blanc ayant à cette époque tendance à se déprécier. Il est vrai que les soldats le demandent, mais, au-delà de 1600, ils accepteront sans broncher d'être payés en pièces blanches. Alors il ne faut pas exclure que le double jeu sur l'or aux Pays-Bas, l'argent en Italie, ne permette aux Génois des bénéfices supplémentaires. L'or donné au soldat dépensier et gaspilleur se retrouve rapidement dans la circulation, où il est facile de le récupérer. De toute évidence, les Génois n'ont pas de mal à se faire payer en or leurs lettres de change sur Anvers. En revanche, l'argent est demandé sur les places de Venise, Livourne, Naples, pour être envoyé vers l'Orient où il se valorise. Les Génois auraient-ils profité, un certain temps, de cette situation ? Pour en avoir le cœur net, il faudrait examiner de près leurs correspondances et leurs comptabilités, mais celles-ci, par une suite de circonstances multiples, ou ont disparu, ou sont presque inaccessibles aux historiens. Alors nous ne savons pas au juste ce qu'il en a été.

En tout cas, ces paiements en or, par le truchement des lettres de change, impliquaient à leur tour une condition : qu'il fût possible de se procurer des « papiers » payables dans le nord de l'Europe, à Anvers de préférence, ou sur une place d'Allemagne ou de France, d'où le crédit rejoindrait facilement sa destination. Or, nous savons que les Génois achetaient de tels papiers, de telles lettres de change, à Venise, à Florence et sans doute sur d'autres places italiennes, mais avant tout sur ces deux-là. À Venise notamment, les *Cinque Savii alla Mercanzia* l'expliquent encore en 1605 : les marchands génois dominent et manient à leur guise les changes sur la place de Rialto [96]. Autre condition : pour que l'opération soit régulièrement possible, il faut que Venise, ou Florence, aient une balance des comptes favorable dans leurs échanges avec le Nord (*lato sensu*), donc avec une série de places : Anvers, Lyon, Francfort, Nuremberg, Augsbourg, Vienne, Danzig, nouvelle preuve, s'il en était besoin, de la vigueur économique persistante de l'Italie, pendant la seconde moitié du XVIe siècle.

Être capables, comme le sont les Génois, de se brancher sur ces circuits marchands, de les « couper » à leur gré (comme eût dit J. Schumpeter), de dominer les marchés de l'argent, de l'or, du papier, ce ne sont pas là de petites affaires. En 1577, le facteur des Fugger en Espagne accuse déjà les Génois d'avoir plus de papier que d'argent comptant, « mehr Papier als Baargeld [97] » ! Accusation plaisante à nos yeux : le siècle des Génois, mais c'est un siècle du papier roi, du papier miraculeux, à métamorphoses spectaculaires ! Et ce papier qui permet tant de choses non permises (à commencer par le prêt à intérêt qu'il dissimule aisément) suppose de grosses fortunes, de solides alliances et un excellent réseau d'information, liant les uns aux autres un groupe d'hommes d'affaires implacables et avisés. Naturellement, les Fugger ne sont pas les seuls à ne pas comprendre la règle sophistiquée du papier. À Venise même, encore durant les premières années du XVIIe siècle, nombreux sont les hommes d'affaires qui critiquent le change et le rechange : il leur apparaît comme « un pernicioso e perpetuo ziro tra mercante e mercante, godendo quali banchieri particolari le facoltà de infiniti negozianti » (un roulement pernicieux et perpétuel de marchand à marchand, ces banquiers particuliers disposant des ressources d'une infinité de négociants) [98].

Vainqueurs en 1575 de leurs ennemis et du roi catholique lui-même, au vrai incapable de se passer d'eux, les Génois résistent aux banqueroutes qui suivent : 1595, 1607, 1627, 1647. L'État espagnol ne fait d'ailleurs banqueroute qu'au vu et au su, voire avec la complaisance des financiers prêteurs qui n'y perdent pas autant qu'il y paraît. Et il y a bien des moyens de traverser ces épreuves. Le roi en faillite paie, contre avances nouvelles, en promesses nouvelles, avant tout en *juros*, c'est-à-dire en rentes sur les revenus fiscaux de la Couronne. En monnaie de singe, ce serait trop dire, mais ces rentes se dévaluent merveilleusement vite. Toutefois, le financier a le droit de payer ses propres créanciers en cette monnaie détestable dans laquelle il vient d'être réglé, et il ne s'en prive pas. C'est pour lui le moyen de récupérer ou de compenser ses pertes, de se tirer de difficultés sans dommage trop grand. À ce jeu, on comprendra que ce soient les marchands de Gênes, installés à Gênes même, ou les marchands et prêteurs des autres places italiennes, impliqués dans les circuits de lettres de change, qui aient fait souvent les frais réels de ces banqueroutes : celle de 1595, par exemple, aura entraîné des pertes colossales sur la place de Venise. Autres victimes : les rentiers, parfois très petits personnages, génois, mais aussi bien milanais, vénitiens, florentins, qui jouent et que l'on fait jouer « sur les changes de Besançon ». Sans doute se contentent-ils de bénéfices assez maigres, si l'on juge de la situation par le taux d'intérêt des *luoghi* de San Giorgio, les rentes publiques de la république de Gênes qu'a étudiées Carlo M. Cipolla [99] : de 5 pour cent encore vers 1520, ce taux n'a cessé de décroître au cours du XVIe siècle, avec des hauts et des bas naturellement, si bien que, finalement, « pour une raison ou une autre, à Gênes, au début du XVIIe siècle, des capitaux étaient régulièrement prêtés à 1,2 pour cent ». Quel invraisemblable miracle !

Cependant, des fortunes énormes s'accumulaient dans la ville de saint Georges, d'autant plus colossales que les bénéfices de cette mise à contribution de la fortune du monde aboutissaient à quelques mains, soit à une invraisemblable concentration. S'il y a une ville capitaliste en diable, bien avant l'heure européenne et mondiale du capitalisme, c'est bien celle-là, opulente et sordide tout à la fois. Recenserait-on (ce qui est possible, et pas seulement grâce aux documents de la *Sommaria*) tous les achats de seigneuries et de rentes faits par les Génois dans le royaume de Naples, on aurait une image partielle, mais saisissante, de cette fortune d'accaparement à tout prix. Mais il y a une meilleure image encore, une vraie mise en mémoire. En 1608, Pierre Paul Rubens arrivait à Gênes. Il y peignit pour les couvents et les églises, y fit des portraits. Et il eut le temps de dessiner les palais antiques et modernes de Gênes, toute cette forêt haute et prestigieuse de maisons aristocratiques qui, faute de place à la base, jaillissait en hauteur. Plus tard, en 1622, il publia le recueil de ces dessins de jeunesse, à Anvers. Ils disent éloquemment la beauté et la superbe de la ville aristocratique.

Toutefois, à long terme, cette situation exceptionnelle se tend et se détériore. Tout ne dépendait pas que des prêteurs, de leurs calculs, de leurs vigilances, de leur adresse. Leurs acrobaties exigeaient une condition extérieure : l'afflux continu des trésors d'Amérique. Que ceux-ci commencent — ou semblent commencer — à se tarir, vers 1600 ou 1610, et des accommodements deviennent nécessaires : ainsi payer les soldats à Anvers partie en numéraire, partie en nature, en draps par exemple ; ou bien diminuer les mises, se solidariser davantage encore entre prêteurs, relever les *royalties*, comme nous dirions. C'est ce qui se passe assez discrètement, vers 1600, 1610. Mais, à partir de 1627, la situation se détériore sérieusement — longtemps après, remarquons-le, cette crise brusque et violente comme un coup de sabre

(1619-1622) que Ruggiero Romano [100] a élevée jusqu'à la dignité d'une crise structurelle. Et certes, cette crise a correspondu à une désorganisation certaine, en 1621, des foires de Plaisance. Mais c'est à partir de 1627 que les choses se détraquent du tout au tout pour Gênes, du jour où le comte-duc Olivares fait appel, pour fournir des prêts au roi catholique, aux marranes portugais, à ces nouveaux chrétiens que l'Inquisition espagnole tourmentera d'ailleurs ensuite sans vergogne et qui, souvent, ne sont que les hommes de paille et les agents du capitalisme en essor des Pays-Bas. Étrange situation, bien sûr, où les ennemis prêtent de l'argent à leur ennemi, celui-ci le roi catholique, ceux-là les protestants des Provinces-Unies !

C'est précisément cette collusion qui met fin au « siècle des Génois », en 1627, selon Felipe Ruiz Martín qui a magnifiquement étudié l'épisode. Et sans doute a-t-il raison de considérer comme un terme l'étrange retournement de Philippe IV, ou plutôt de son *valido* tout-puissant, le comte-duc Olivares. Mais peut-être préférerais-je aller, pour ma part, jusqu'en 1648, jusqu'à cette paix séparée que l'Espagne signe avec les Provinces-Unies, à Münster, le 30 janvier, pour la plus grande surprise et légitime colère de Mazarin. À ce moment crucial, l'évolution est achevée, ou sur le point de s'achever. Elle est devenue irréversible. C'est en 1647, d'ailleurs, une année avant Münster, que les trésors d'Amérique retrouvent la route de l'Atlantique, de la Manche et de la mer du Nord, grâce aux navires hollandais ou zélandais qui les transportent. Solution déconcertante mais, pour l'Espagne, le problème politique est toujours celui de jadis : il lui faut de l'argent aux Pays-Bas pour y défendre sa position de grande puissance, y maintenir des troupes, lutter à mort contre le roi de France, maintenant que les Provinces-Unies ont cessé de lui être hostiles.

Ne croyons pas, toutefois, que l'histoire du métal blanc d'Amérique redistribué par l'Espagne n'intéresse plus désormais la Méditerranée et que l'Italie se trouve, à jamais, privée des caisses de pièces de huit qui jadis arrivaient en telle quantité, sur les quais de Gênes, qu'on les pesait au lieu de les compter. Il n'y a pas, en effet, d'histoire plus flexible et plus riche en surprises que celle des métaux précieux. À la fin du XVIIe siècle encore, d'énormes charges de métal blanc sont apportées à Gênes par les voiliers anglais, hollandais — ou malouins [101]. S'agit-il d'un renouveau génois, d'une relance avec les années 1670 ? Dans ce cas, la reprise serait spectaculaire. Notons seulement qu'au XVIIIe siècle encore, de nombreuses colonies italiennes, et notamment génoises, prospèrent en Espagne et à Cadix. Ainsi Gênes n'a pas lâché sa proie. Surtout la ville reste un gros marché de l'argent. Au XVIIIe siècle, c'est elle qui, aux dires des documents français, finance une grosse partie du brillant commerce de Marseille dans le Levant. Et Gênes, comme Genève, comme Amsterdam, est le banquier qui ne cesse de prêter aux États européens, toujours à court d'argent. Une place d'argent a *toujours* la vie dure.

Retour du poivre et des épices en Méditerranée

Autre signe de la bonne fortune italienne dans la période qui nous intéresse : le poivre et les épices ont repris le chemin de la Méditerranée, donc de l'Italie, au-delà de 1550. Retour étrange, inattendu, insolent même, et qui se moque des prévisions. Pourtant, le fait est indéniable et il s'est agi là, d'après les études pionnières de F. C. Lane, de V. Magalhães Godinho, de Hermann Kellenbenz, d'un phénomène d'une assez grande clarté.

Le commerce du poivre, des épices, des drogues a été, des siècles durant, d'une importance exceptionnelle. En Égypte et en Syrie aboutissaient de longs trafics maritimes et caravaniers, les grandes gares régulatrices étant, sur le chemin de la Méditerranée, Damas, Alep et Le Caire (surtout les deux dernières). Ces trafics, évidemment, ne s'animent que dans la mesure où existent des trafics en sens inverse, qui apportent jusqu'à Damas, à Alep et au Caire le métal blanc ou les divers draps d'Europe. Pour restreindre autant que possible les paiements en numéraire, les marchands chrétiens préféraient payer en draps ou en autres marchandises, plutôt qu'en argent. D'où les efforts des Vénitiens, depuis toujours, pour acheter *a baratto* le poivre, les épices et les autres denrées orientales. C'est ce système très ancien qui a été compromis par le voyage de Vasco de Gama. Toutefois la Méditerranée, dans son arrière-boutique orientale, n'a pas été, du jour au lendemain, privée de tout ravitaillement en épices ou en drogues, mais celui-ci s'est réduit en volume ; plus encore, il est devenu irrégulier, s'alimentant à la sauvette, à travers l'océan Indien pas toujours bien gardé par les Portugais, grâce aux boutres arabes chargés à Sumatra, aux Moluques, ou sur la côte de Malabar. Cette pseudo-contrebande (elle ne l'est que dans l'imagination des Portugais) amène ses cargaisons jusqu'au golfe Persique et, plus encore, à la mer Rouge. La reprise, vers 1550, du commerce traditionnel du Levant dans son ancienne ampleur s'explique, tout à la fois, par la surveillance volontairement imparfaite des fonctionnaires portugais, facilement corrompus, par la montée de la consommation du poivre et des épices en Europe, enfin par l'accumulation du métal blanc en Italie.

Cette reprise se situe, en gros, au-delà des années 1550. S'il fallait absolument donner une date précise, je choisirais, avec un peu d'arbitraire, celle de 1552, quand les marchands vénitiens, jusque-là confinés à Alexandrie, obtiennent le droit de s'installer au Caire, c'est-à-dire de pénétrer jusqu'au relais essentiel des trafics avec l'Extrême-Orient. Dans le passé, les marchands juifs de la ville, d'origine portugaise, avaient eu le contrôle exclusif de l'étape marchande. S'y installer, c'est pour les Vénitiens surveiller ces adversaires de taille, s'immiscer dans leurs prérogatives, avoir contre eux la possibilité d'un recours devant les autorités turques. En tout cas, dès 1554, en ce qui concerne le poivre, la Méditerranée en reçoit autant, si ce n'est plus, que Lisbonne, soit 40 000 quintaux (de 50 kg actuels chacun) en prenant les chiffres les plus hauts. Comme de juste, le poivre, en revenant vers cet antique circuit, tire derrière lui les autres marchandises d'Extrême-Orient.

Une crise du poivre surgit alors à Lisbonne, par un juste retour des choses. Jean Nicot, l'ambassadeur du roi de France au Portugal, s'en réjouit sans mesure : « Si cette vuydange par la mer Rouge se remect sus, écrivait-il le 12 avril 1561, le magazin du Roy de Portugal empirera bien fort, qui est la chose qu'il craint le plus et, pour laquelle empescher, ses armes ont si longtemps combattu [102]. » Au sujet de cette bipartition du commerce du poivre et des épices, qui va durer longtemps désormais, nous n'avons malheureusement que des chiffres insuffisants et qui ne se rejoignent pas toujours. Sans doute y a-t-il eu, dans ce partage, des variations selon les années, avantageant tantôt l'un tantôt l'autre des partenaires, mais, et c'est pour nous l'essentiel, le ravitaillement par la mer Rouge ne s'est pas interrompu avec le XVIe siècle.

Pour des raisons très diverses probablement. D'abord, répétons-le, parce que l'Italie abonde en métal blanc et que l'argent a toujours été le meilleur appât pour le commerce d'Extrême-Orient. Parce que, face aux réseaux des marchés asiatiques, l'imparfait système portugais connaît des ratés et des détériorations. Parce qu'il y a eu, avec les années 1530, en Espagne et par contrecoup au Portugal, une déflation brusque, inattendue, et une panne sur les marchés de vente du poivre. Parce que le poivre et les épices qui suivent le vieux chemin du Levant, plus bref que la circumnavigation de l'Afrique, ont la réputation de mieux conserver leur qualité et leur arôme, et la remarque n'est pas à inscrire au seul compte d'une efficace propagande marchande : les cales humides des bateaux portugais, roulés par les tempêtes, ne sont pas toujours à recommander pour de pareilles marchandises. Dernier avantage : les routes de l'Atlantique, dans les parages de l'Europe, deviennent peu sûres. Les champs de bataille des guerres *dites* de Religion se situent aussi souvent sur l'océan que sur les territoires des Pays-Bas ou de la France. Comme les clients des épices et du poivre (à dix contre un) sont gens du Nord, leur ravitaillement par l'Italie, à travers les Alpes, reprend de son importance.

Ce n'est donc pas un coup de théâtre, ou une offre en l'air, que la proposition faite par Philippe II, à la fin de l'année 1585, de céder à la Seigneurie de Venise le contrat de revente du poivre portugais [103]. Et si la prudente République refuse, après un débat dont nous avons tout le détail, ce n'est ni par aveuglement, ni par hostilité passionnelle (pour elle, les affaires sont les affaires), mais bien parce que, en acceptant le marché, elle se séparerait de l'Empire turc auquel, on le sait, elle est liée par nécessité. Et puis, les choses étant ce qu'elles sont, le poivre flottant à nouveau en Méditerranée, pourquoi aurait-elle besoin de cette marchandise supplémentaire ? Si bien que, jusqu'à la fin du siècle, il y aura deux places du poivre : Lisbonne et Venise, mais, au vrai, un *seul* marché européen, car les deux places réagissent l'une sur l'autre. Ainsi, en 1591, les *naos de Yndias* n'arrivent pas à Lisbonne et leur retard fait monter le prix de certaines épices en Italie. « Seul le poivre, écrit un marchand espagnol installé à Florence, n'a pas varié, car il en est venu en quantité du Levant à Venise [104]. » Dernier détail : en ces ultimes années du siècle, des marchands portugais, engagés dans le commerce du poivre, viennent s'installer en Italie, à Pise, à Florence, à Venise. Ils y viennent rejoindre, pensera-t-on, la chaîne des entreprises des marchands juifs qui traverse alors la Méditerranée entière ; le commerce italien du poivre a tout de même joué son rôle dans l'affaire.

Mais tout a une fin. Un siècle après Vasco de Gama, Cornelius Houtman, en 1596, doublait le cap de Bonne-Espérance et atteignait l'Insulinde. Son retour à Amsterdam ouvrait une nouvelle phase de l'histoire du poivre, des épices, des drogues et marchandises de l'Extrême-Orient et du commerce européen de Méditerranée. L'effet n'en fut cependant pas immédiat. C'est seulement aux alentours de 1620 que la mer Rouge *semble* avoir été bloquée, ou mieux vidée de ses précieux et libres trafics par l'obstruction hollandaise.

La Méditerranée avait cependant obtenu ainsi un long sursis. Ce sursis, l'Italie l'a mis à profit pour s'enrichir et rayonner à travers la mer intérieure, jusque sur l'autre rive des civilisations, celle des pays de l'Islam. En 1585, quand il avait été question pour Venise de prendre en charge le poivre de Lisbonne, un document nous signale qu'il y aurait eu, de Venise à Ormuz, quatre mille familles vénitiennes à travers les terres et villes d'Islam [105]. Le chiffre semble excessif, à première vue, mais qu'il y ait eu une longue antenne de la ville de saint Marc jusqu'à l'océan Indien, c'est indéniable, avec ici ou là, et notamment à Istanbul, une influence de l'art et des goûts italiens, qui s'implantent au passage. À plus courte distance, dans l'Afrique Mineure, de Tripoli de Barbarie au Sous marocain, une poussée italienne se note aussi. Ses bénéficiaires sont la Sicile proche et comme aux aguets, et plus encore Livourne, ville neuve assez étrange, qui pousse dans un climat de liberté économique et qui, par les relais de ses marchands juifs, tient en main tous les fils qui vont vers les soukhs, les bagnes et les profits des ventes et reventes de la course. Mais qui écrira l'histoire vraie de Livourne ? À Alger, la main-d'œuvre italienne — celle sans doute des captifs — plus les marbres de la Péninsule ont laissé des traces encore visibles dans les monuments de la ville et dans les villas des *rais* sur les coteaux du Sahel, au milieu des orangers, dans l'un des plus beaux paysages qui soient au monde, nous dit un captif portugais [106].

L'Italie au plus haut de son rayonnement

C'est donc la prospérité, au moins une bonne santé générale, une indéniable richesse que nous apercevons dans cette Italie du XVIe siècle qui finit, du XVIIe qui commence. Aucune surprise alors si le siècle des Génois, qui est aussi celui du baroque à ses débuts, correspond au très grand rayonnement de la civilisation italienne. Ce siècle à part, fait en somme de deux morceaux, 1550-1600, 1600-1650, c'est le grand siècle de l'Italie, si l'on prend comme échelle la puissance, presque physiquement mesurable, de ce rayonnement-là. Le rayonnement du temps de Laurent le Magnifique ou de Michel-Ange, quelles métaphores pourraient le décrire ? Des gouttes d'eau pure dont l'Europe serait éclaboussée, des ruisseaux... Des fleuves, ce serait déjà trop dire. Or, durant ce grand siècle italien, c'est à la mer sans fin qu'il faudrait demander nos images.

Peut-être faut-il préciser encore notre point de vue. Parler d'un grand siècle italien, ce n'est pas, dans notre esprit, le comparer par un jugement de valeur à un siècle de la Renaisssance qui, en soi, serait moins grand que lui. Ce n'est pas, bien que la comparaison soit possible, mettre Galileo Galilei au-dessus de Leonardo da Vinci, ou prétendre que Titien dépasse tous les peintres de la génération précédente. Ni même s'amuser à comparer Giovanni Botero, si solide, à son illustre prédécesseur Machiavel. Nous n'avons pas devant nous des élèves que les règlements nous obligeraient à noter, pour savoir s'il faut mettre *ex aequo*, ou non, l'Italie de la Renaissance, pour laquelle nous avons une prédilection profonde, avec l'Italie bouillonnante du premier baroque. Le problème, au vrai, est de savoir, des deux élèves, celui qui fit le plus de bruit au-dehors, que le bruit soit ou non de haute ou de meilleure qualité.

Toute idée de comparaison ou de classement écartée, qui nierait la puissance, l'originalité de cette Italie d'arrière-saison ? L'histoire traditionnelle la présente comme exsangue, insignifiante, dégradée ou engourdie, en tout cas hors des compétitions dignes de mémoire, les guerrières bien entendu : plus de bataille de Pavie, sur le sol italien ; plus de chansons bravaches, comme celle qui raillait les Français vaincus :

Son confusi li Francios :
O Nostre Dame, o bon Jesus,
A st'ur nous sommes tous perdus [107].

Plus de bataille de Lépante et plus un seul visage de grand capitaine. Montecuccoli (1609-1681), l'un des plus grands soldats de son temps et de tous les temps, exercera finalement son métier dans les armées de l'empereur.

Oui, mais cette Italie crée le baroque, une forme nouvelle du goût et de la culture, une « civilisation » qui va habiller l'Europe entière. Certes, on lui reprochera d'avoir forgé, en même temps, un catholicisme agressif, mais cette agression répond à celle de la Réforme. C'est un mécanisme de défense, un contreflux. Qu'il ait coûté à l'Italie sa primauté intellectuelle, dix auteurs pour un le soutiennent et, particulièrement, Georges Gusdorf, dans un livre véhément et beau sur lequel nous reviendrons : *La Révolution galiléenne*, publié en 1968. Mais je ne suivrai pas ses conclusions les yeux fermés. Une culture est un ensemble. Elle forme un tout et c'est juger arbitrairement que d'en détacher tel ou tel élément. Et je répéterai une fois de plus, quitte à faire figure de matérialiste parfait, que l'histoire ne se juge pas uniquement sur les balances de la vie spirituelle.

Bref, qu'on l'aime ou non, cette mode de longue durée qu'est le baroque est responsable d'une série de créations modernes qui vont bien au-delà des formes religieuses ou sensibles qu'elle a inventées. Elle crée le théâtre moderne, elle crée l'opéra, elle se place sous le signe de la recherche scientifique expérimentale, elle crée la science fondamentale moderne — elle est un âge de l'Europe. L'Italie aura connu alors une tension extraordinaire. Chez elle, la culture est devenue, avec le milieu du XVIe siècle, la grande affaire, la grande industrie. De ce point de vue, des spécialisations régionales se dessinent, une sorte de division du travail : les Alpes du versant méridional fournissent à l'exportation maîtres d'œuvre, maçons, stucateurs, sculpteurs ; Milan recrute les musiciens et les violonistes ; Mantoue se spécialise dans la formation de troupes de comédiens ; Crémone fabrique luths et violons. Le trait le plus fort, c'est encore la participation d'une masse grandissante d'Italiens à ces entreprises actives.

Il y a plus de chantiers de construction, plus de peintres, plus d'écrits que l'Italie n'en avait jamais vus. Et plus de bouillonnement intellectuel. Et des milieux intellectuels plus élargis que jamais.

D'ailleurs, dès que l'historien prête l'oreille, le bruit de disputes vives monte jusqu'à lui, interminables, et sur les plus hauts sujets : qui n'écouterait Paolo Sarpi quand il défend Venise contre l'interdit de Paul V et soulève l'énorme controverse, certes pas apaisée en 1605, entre l'État, représenté par Venise, et la théocratie pontificale qui semble immuable ?

Un historien [108] de nous dire (1942) que l'Italie de cette époque-là, tout autant que celle de Machiavel, s'offre comme un étrange laboratoire pour les hommes d'État, et c'est vrai : le peuple entier y discute politique, chacun y apportant sa propre passion — celle du portefaix sur la place du marché ou sur les quais du port, celle du barbier dans sa boutique, ou des artisans dans leurs tavernes, comme celle des hommes de culture. Paruta (1540-1598), Ammirato

(1532-1601), et surtout l'admirable Giovanni Botero (1540-1617) ne sont pas des penseurs négligeables en des domaines difficiles.

Mais la politique et l'histoire ne sont pas tout. On discute aussi art, architecture, littérature, science expérimentale, science théorique... Et jamais la primauté de la culture n'a été aussi officiellement acceptée. Titien n'est sans doute pas le premier peintre à vivre princièrement de son métier, mais enfin sa situation exceptionnelle dépasse le cadre même de Venise. Le Cavalier Marino, qui ne mérite pas tout à fait l'engouement de ses contemporains, ni sans doute les critiques tranchantes des spécialistes d'hier, vit à égalité avec les têtes couronnées de son temps. Et, quand il revient de Paris, en 1623, son voyage devient pèlerinage, triomphe, à Turin, à Rome, plus encore à Naples où il était né cinquante-quatre ans plus tôt. Et si l'on voulait raconter la carrière foudroyante de Tristano Martinelli, « Mantouan de naissance... d'esprit bien osé, très gouailleur et bon diseur », qui, en 1600 à Lyon, endosse le rôle d'Arlequin en jouant devant le roi de France à l'occasion de son mariage avec Marie de Médicis, si on le suivait de succès en succès, en Italie et hors d'Italie, il y faudrait un livre, qu'a d'ailleurs écrit avec beaucoup d'humour et de grâce Armand Baschet [109], en 1882. Tristano Martinelli n'est pas le premier interprète d'Arlequin, mais il magnifie le rôle. Et, l'incarnant durant plus de trente ans, il n'est plus lui-même, mais Arlequin en personne, ou même, la prétention et la boursuflure aidant, le seigneur des Arlequins, *Dominus Arlechinorum* : c'est le titre qu'il se donne. En tout cas, lorsque, en août 1613, le roi des Arlequins passe à Turin avec sa troupe de comédiens, en route vers la France, et s'échappe vers le mont Cenis sans manifester sa présence, le duc de Savoie, mis au courant, envoie aussitôt à sa poursuite. Il fit faire demi-tour aux comédiens et, sept jours durant, les obligea, pour son plus vif plaisir et leur plus grand profit, à lui donner la comédie [110].

De toute évidence, à travers l'Italie, se manifestent une exubérance, une plénitude de vie, une débauche de jeux intellectuels. Le public y est devenu un ogre qu'il faut nourrir. Germain Bazin se voit obligé d'écrire : « À cette époque [du premier baroque], c'est plus souvent peut-être l'art qui commande à la vie que l'inverse [111]. » Belle formule, cependant incomplète. Car, en ce qui concerne l'Italie, c'est la vie entière de l'esprit (et pas seulement l'art) qui pèse sur son destin, le modèle, lui apporte ses dernières chances. Elle lui donnera, en tout cas, la possibilité de bouleverser tout l'art de l'Europe (tandis que la Renaissance, comme l'humanisme, avait plutôt été réservée aux élites) ; de bouleverser toute la pensée de l'Europe, la scientifique comme la littéraire (Galilée, c'est tout de même le chaînon essentiel de la recherche fondamentale) ; de bouleverser tout un art de vivre par l'essor d'un théâtre multiple, étincelant, dont les lumières se retrouveront chez Shakespeare et Molière. Ce baroque, dont les dorures et les lourdes surcharges nous agacent si souvent lorsqu'elles déparent une belle église toscane, ou la netteté d'une architecture romane — c'est un mouvement omniprésent et multiforme. Comment l'histoire générale pourrait-elle le dédaigner, comme elle l'a fait trop souvent ? Il est vrai qu'aujourd'hui il est revenu à l'honneur, même trop à l'honneur.

Comment voir le baroque ?

Cette Italie qui dépasse l'Italie, comment la voir et la présenter dans sa multiplicité vivante ? Le mot *baroque*, venu d'on ne sait où, jeté en avant par le président de Brosses (1739), par Rousseau (1752), par Wölfflin (1888)[112], presque unanimement adopté aujourd'hui, est tout compte fait bien commode : il désigne à peu près l'ensemble, un ensemble qui dépasse même le terme de notre étude (1650) et la part stricte de l'Italie, bien que celle-ci représente, et de loin, l'essentiel en cet immense domaine. Trop éloignée des scènes centrales de l'Europe, l'Espagne, en effet, exporte mal son art qui d'ailleurs sacrifie lui-même au baroque ; seuls courent à travers le monde ses romans, ses nouvelles, ses comédies, ses modes vestimentaires. Qui l'eût dit ? Philippe II aura lancé la mode masculine : le sobre pourpoint noir à taille fine et à collet montant, à peine éclairé des blancheurs de la dentelle. Et l'Italie qui, depuis le milieu du XVe siècle, a cessé d'être l'arbitre de la mode vestimentaire, a cédé elle aussi à l'influence espagnole, visible au premier coup d'œil, comme en témoignent les portraits de Titien, du Bronzino ou de Baroccio...

À ces importants détails près, il n'y a pas trop d'erreur à dire que le débordement de l'Italie au-delà d'elle-même, à partir du milieu du XVIe siècle, c'est bien le baroque, à peu près saisi dès lors en son entier. C'est donc le glissement de l'Italie de la Renaissance au baroque qu'il faudrait définir, mais ce glissement est multiple et obscur. On dit bien que la Renaissance, en son essence, c'est l'homme placé orgueilleusement au centre d'une vie ramenée sur terre, avec ses joies, ses responsabilités et ses souffrances. Une simplification de cet ordre-là n'est guère facile à avancer à propos du baroque. Tout d'abord il faudrait oublier les conseils de prudence de Pierre Francastel : « Ni le classique, ni le baroque, écrit-il, n'ont d'existence en soi [113] », évidemment c'est trop dire. Cependant même si le baroque est une réalité, elle ne saurait être ni simple, ni monochrome, ni homogène. Le baroque évoque plutôt des tempêtes qu'une surface immense d'eau tranquille. Bref, c'est un « ensemble », au sens des mathématiciens. Au spectateur rétrospectif revient donc le soin d'en choisir les « éléments » hétéroclites. Quant à le définir, c'est une autre affaire.

Les discussions des spécialistes de l'histoire de l'art, si nombreuses, n'y aideront pas outre mesure car l'art, difficile à définir, n'est lui-même qu'un élément, si prestigieux qu'il soit, dans l'océan démesuré d'une civilisation comme le baroque. La Renaissance, selon ces spécialistes, ce serait la recherche de l'indicible, des harmonies, de ce qu'il peut y avoir de surnaturel, de divin, dans la beauté du monde où nous vivons et dont il importe de découvrir ou de pressentir les canons. Le baroque, au gré des interprétations contradictoires, ce serait le refus du beau idéal pour revenir au pathétique quotidien ; ce serait le « déplacement du sujet à l'objet » ; ce serait aussi une évasion hors du temps vécu, vers le rêve et ses vanités, à l'occasion une négation entêtée de la réalité ; ce serait l'homme anéanti dans le mouvement qui l'enveloppe, ou « volatilisé dans une explosion de lumière ». Le baroque incite, en effet, à parler de lui de façon baroquisante : à son propos, l'expression doit être vibrante ou ne pas être. Le style qui lui est naturel, c'est celui de Rubens, folie des corps épanouis, chairs abondantes et irréelles, draperies agitées somptueusement, arbres aux couleurs insolites : « Rubens, fleuve d'oubli, jardin de la paresse » (Baudelaire).

Il y a toujours, dans des affirmations de ce genre, quelque chose d'éclairant. Mais ces mots ne cernent pas, ils traversent comme des flèches rapides tout le champ à définir. L'historien, patient mesureur du temps vécu, du temps global (l'art, mais aussi l'ensemble de la vie des hommes), se trouve dans l'impossibilité, en tout cas, de dire à quel moment approximatif le baroque est né. Ce qui indique peut-être qu'il a dû naître à plus d'une reprise, et certainement pas en tel ou tel point précis, à la suite d'un acte plus voyant que quelques autres. Une rivière naît avec chaque filet d'eau qui court vers elle. Mais le baroque n'est pas une rivière, l'image serait beaucoup trop claire. Il pointe ainsi, sans vivre encore, sans être de façon absolue, bien longtemps à l'avance, dans telle œuvre pathétique de Michel-Ange, qui traduit déjà ou un écart ou un éclatement de sa *terribilità* ; ou dans les mouvements tumultueux de l'*Incendie du Borgo* de Raphaël ; ou dans les fresques du Corrège ; ou dans les tumultes de Véronèse (1528-1588) et non moins dans l'immense *Paradis* que le Tintoret peint dans la salle du Grand Conseil de Venise, de 1589 à 1590 — sorte d'illusion céleste au-dessus de la vie sulfureuse des hommes. Ou bien verrons-nous cette naissance une quinzaine d'années plus tôt, quand commence à Rome, en 1575, la construction de l'église jésuite du Gesù, appelée à être (il est vrai avec des variantes sensibles) tant de fois reproduite ? Ou dans le tableau pathétique de la *Madonna del Popolo* (aujourd'hui aux Offices) qui est le chef-d'œuvre de Federigo Baroccio d'Urbino ? Ou, mieux encore, dans ces coups de théâtre successifs, et décisifs, qu'imposent à la peinture de leur temps les œuvres révolutionnaires d'Annibal Carrache et du Caravage ?

Avec le pinceau du Carrache, un monde nouveau commence à vivre dans la galerie même du palais Farnèse où il a peint une série de tableaux, consacrés au *Pouvoir de l'Amour*. Que le spectateur s'arrête devant le *tondo* bien connu qui représente *Apollon écorchant Marsyas* : le musicien de la vieille légende, défenseur de la flûte asiatique contre la lyre grecque, a perdu son combat prétentieux. Apollon a attaché le vaincu à un arbre et l'écorche vif. Est-ce le symbole de l'exploitation de la nature par l'homme (ou par le dieu qui sert l'homme), la nature écorchée, amenée à sa vraie forme, étant le sujet du tableau [114] ? En tout cas, qui pourrait dire que le baroque commence là, à la minute même, au palais Farnèse, en ces premières années tourmentées du XVIIe siècle, comme la Seine commence indéfiniment d'être à partir de Saint-Germain-la-Feuille, dans la Côte-d'Or ?

L'historien, sans préjugé préalable parce qu'il n'est pas engagé dans les querelles des spécialistes de l'art, sera tout de même frappé par deux ou trois constatations qui éclairent sa route, sinon le paysage entier qu'il traverse et devine, plus encore qu'il ne le voit réellement. Les spécialistes nous disent souvent que la comparaison entre baroque et romantisme est pour le moins fallacieuse. Celui-ci croit au *moi*, saisi dans la réalité et les profondeurs de ses racines. Celui-là égare l'individu dans un jeu de miroirs multiples, le détruit et se moque de lui. Peut-être, mais il y a bien d'autres traits qui, eux, rapprochent le baroque du romantisme, sans qu'il soit besoin de recourir chez Corneille, un instant annexé au baroque, à cette héroïne qui, à la question « Que vous reste-t-il ? », répond, romantique avant la lettre : « Moi, dis-je, et c'est assez. »

Ce qui est de même essence, dans le baroque et le romantisme, c'est une immense, une pathétique inquiétude ; l'homme est torturé, désespéré dans sa condition, enfoui dans une prison dont il heurte les murs, dont il sent le froid mortel. Il lui faut méditer au bord du gouffre ou alors feindre de ne pas le voir. Sans doute, d'un âge à l'autre, l'inquiétude change-t-elle de ton, l'interrogation du désespoir se formule autrement, le sens du pathétique ne s'accroche plus aux mêmes objets, mais l'état d'âme est comparable. De même, l'énorme aventure européenne des guerres de la Révolution et de l'Empire s'apparente, sans lui ressembler point par point, à cette autre aventure des guerres d'Italie dont la France, une certaine France, gardera la forte nostalgie après 1559. Analogie des situations : pour moi, *Le Rouge et le Noir* de Stendhal est baroquisant, et plus encore *La Chartreuse de Parme.*

Nous rejoignons ainsi la thèse ancienne d'Eugenio d'Ors [115] et de ses imitateurs (trop belle, trop simple, mais peu importe !) : pour eux, la sensibilité littéraire et artistique, pour ne pas dire d'un mot trop lourd la civilisation, oscille au gré des marées successives qui se relaient à plus ou moins brève échéance et se contredisent, avec plus ou moins de violence : d'un côté le romantisme, l'imagination (« la sirène »), la recherche du cas particulier, de l'instant, du temps bref que l'on ne reverra jamais plus — c'est le baroque ou le baroquisme autant que le romantisme ; de l'autre côté, le classicisme, la clarté, la raison froide, le goût des profondeurs, la nostalgie du temps long (le temps hors du temps) et de ses valeurs de puissante durée ; de l'homme qui reste toujours l'homme, à travers et comme hors de l'histoire. L'alternance n'est évidemment pas parfaite, flux et reflux se mêlent, il y a même des mers étales et aussi d'étranges maelströms. Surtout les mêmes eaux sont poussées dans un sens, puis dans l'autre. Nicolas Poussin (1594-1665) est authentiquement « classique » dans cette Rome baroquisante où il s'obstine à vivre, à revenir se perdre et où il mourra. Aussi bien, dans un ouvrage de haute qualité, Germain Bazin ne distingue-t-il pas moins de huit compartiments divers dans l'art baroque, ou mieux contemporain du baroque, car celui-ci n'est pas seul à régner, s'il éclipse les autres. Huit styles qui coexistent, communiquent entre eux, ont leurs vies particulières [116]. Ce pluralisme est sous le signe de la prudence et de la vérité. Explique-t-il tout à l'avance ? Non, bien sûr.

En effet, une tendance se devine et c'est là que l'historien du temps global risque d'éclairer ou de déformer les problèmes. Les diverses naissances signalées du baroque soulignent, du Tintoret à Carrache, l'importance des années qui soudent ensemble XVIe et XVIIe siècles. Or ces années ont leur valeur : vers 1595 se situe, non pas une régression banale comme l'histoire en a connu des centaines, mais une rupture profonde : le *trend* séculaire se désarticule ; imaginez l'effondrement d'un plancher, ou du sol sur lequel se construit une maison. Ce long, ce sévère recul, de 1595 jusqu'à la crise courte mais violente de 1619-1621, ne sera pas suivi d'un solide retour à la santé. La compensation se fera mal. Un phénomène analogue a marqué précisément le XIXe siècle, à l'aube du romantisme, lors de cet énorme retournement de l'économie mondiale au voisinage de l'année 1817 (1812 pour les Amériques), après la longue crise de la Révolution et de l'Empire. Le déterminisme conjoncturel, une fois de plus, nous fait de l'œil.

Cette fois, pourquoi ne pas être attentif à la chaîne d'années maussades qui commencent, accumulent leurs effets destructeurs, travaillent une société qui, au préalable, avait respiré un peu plus à l'aise ? Ce qui se généralise, ou du moins tend à se généraliser, c'est à la fois une inquiétude polyvalente, un désir brutal de vivre, un besoin de fuir et de chercher refuge, de s'évader dans le rêve, dans le cliquetis des mots, dans la musique, dans les illusions du théâtre, de la scène magique inventée par les Italiens, maison qui laisse ouvert l'un des quatre murs qui l'entourent. Pour Yves Bonnefoy [117], le baroque naît d'une « blessure », de la certitude, découverte alors, que le monde extérieur ne nous conduit pas, par la voie de ses secrets, vers Dieu. Des blessures qui saignent, vident les corps de leur force de vivre, évoquent le visage de la mort, qui s'adoucit tant il devient familier... Ne comprendra le baroque, finalement, que celui qui l'aimera romantiquement comme Eugenio d'Ors.

Les yeux ou les oreilles

Le premier, sans doute, Lucien Febvre s'est demandé si, au fil de l'histoire, l'homme et la civilisation qu'il porte sur son dos ne faisaient pas plus confiance, selon les époques, aux *yeux* qu'aux *oreilles*, ou inversement, l'ouïe et l'œil étant, comme l'or et l'argent des économistes, des frères ennemis [118]. Au XVIe siècle, pour lui, c'est l'oreille qui l'emporte.

André Chastel reprend le problème, mais il le règle à l'inverse : c'est à l'œil qu'il donne la primauté [119]. En tout cas, lorsque arrive l'heure du baroque, le triomphe de l'oreille est indéniable : « La musique tout entière, la musique de tous les temps et de toutes les époques ne serait-elle pas baroque ? » se demande même Eugenio d'Ors[120].

Ces discussions ne sont pas inutiles. Le proverbe a raison : « À tout seigneur, tout honneur. » La musique domine le baroque, puisqu'elle domine l'Italie avant de régner sur le monde. Leonardo Olschki, un des plus fins connaisseurs du génie italien, a raison d'écrire qu'ignorer la musique, « comme on le fait d'ordinaire, dans l'histoire du baroque en Italie, c'est la priver de son élément essentiel et renoncer à comprendre ses caractères les plus manifestes [121] ». A-t-il raison d'ajouter qu'avec les contraintes qui vont peser bientôt sur l'Italie, « la musique devient la seule manifestation libre et autonome de la vie artistique du peuple italien » ? Nous retrouverons ce problème aigu de la liberté italienne. Pour l'instant, ce qui frappe le plus, dans cette histoire passionnante et diverse de la musique, c'est d'abord la permanence d'une musique populaire toujours en place, sorte d'infrastructure vivace, indispensable à l'accompagnement musical des chants de carnaval, des couplets à danser et de toute la poésie populaire ou campagnarde composée pour les *frottole*, chantées à plusieurs voix, les *strambotti*, les villanelles, une musique qui a ses orchestres locaux chargés d'animer les fêtes et les cérémonies publiques [122]. La musique savante, quant à elle, s'adresse aux cours princières et aux cercles aristocratiques, mais, selon les époques, une oscillation visible exalte ou efface cette musique recherchée, si sensible aux modes du moment, et qui souvent a tout emprunté à l'étranger.

Ainsi, pendant l'éclat de l'humanisme, la parole poétique tend, en Italie, à se détacher de la musique avec qui, longtemps, elle avait fait corps. L'œil établit ses droits et pousse en avant les arts figuratifs, s'en régale, s'en contente. La poésie s'émancipe de plus en plus de tout accompagnement musical, qu'elle juge réservé aux formes lyriques inférieures. Ce n'est qu'aux environs de 1530 — encore cette césure ! —

que la « grande musique » reconquiert ses droits en Italie. Jusque-là, elle avait été à la remorque des musiciens français, flamands, anglais, défenseurs et maîtres de la polyphonie et du contrepoint. Ces étrangers, d'ailleurs, avaient fait fortune dans les cours et villes italiennes, à Milan, Mantoue, Ferrare, Rimini, Florence, Naples, Venise, Rome, et même ce sont souvent eux qui ont renoué avec la musique populaire italienne. Au début du XVe siècle, un des compositeurs les plus renommés d'Italie, Johannes Ciconia, chanoine de Padoue, était originaire de Liège. Quand le siècle s'achève, c'est un Flamand, Heinrich Isaac, qui est chargé, à Florence, « de donner une forme artistique aux vieux motifs des chansons de carnaval et des danses de mai, au moment où Laurent de Médicis compose lui-même une poésie alerte pour ces divertissements » dansés et chantés « qui s'alimentent aux sources authentiques de l'art populaire [123] ».

Il y a donc eu une infériorité assez longue de l'Italie cultivée, condamnée pour un temps à écouter autrui, à laisser même des étrangers lui révéler jusqu'aux richesses de sa propre musique populaire, qu'elle dédaignait. Cet apprentissage a-t-il provoqué, comme on l'a dit, une remontée vigoureuse, à partir de 1530 ? Cette remontée, en tout cas, serait facile à suivre et à expliquer. Hors d'Italie, la présence et l'activité des musiciens italiens s'établit sans conteste. Ils sont partout. Ils font la leçon.

Évidemment, il y a des secteurs qui résistent, là aussi. La chanson française, si vivante au XVIe siècle, est une forteresse, avec plusieurs écoles, en province et à Paris. Les recherches du groupe de musiciens qui évoluent autour de Jean Antoine de Baïf et de son *Académie de poésie et de musique*, fondée en 1571, et qui se sont donné pour but de « ressusciter la poésie chantée des Anciens en langue française », sur la base d'une métrique par *longues* et *brèves*, rappellent bien d'une certaine façon quelques-unes des tentatives florentines. Mais elles se développent indépendamment de l'Italie et font elles-mêmes école. C'est ainsi que Fabrizio Marino, né à Gaète, maître de chapelle à la cathédrale de Toul et passé au service de la maison ducale de Lorraine, applique les règles du groupe de Baïf pour mettre en musique des poèmes français [124]. Dans l'introduction du volume d'*Airs mis en musique à quatre parties* qu'il publie à Paris, en 1578, et où figurent des poésies d'Antoine de Baïf et de Pierre Ronsard, il se dit lui-même disciple de « l'escole de Messieurs de Courville et Beaulieu ». Mais il est bel et bien dans la place.

Dans l'ensemble, le siècle ne s'achève pas que le triomphe de la musique italienne devient patent, éclatant. Elle a retrouvé sa dignité, elle vit par elle-même, elle s'est modifiée vigoureusement et révolutionnairement. Ce faisant, elle a profité de la vogue inouïe du théâtre. Toutefois la réciproque est vraie. Musique et théâtre devaient finalement triompher ensemble dans l'opéra, après, notons-le, une lente évolution. Car il a fallu, au préalable, que l'Italie invente le théâtre moderne.

La *Commedia dell'arte*

Tout ne naît pas, pour le plaisir des oreilles et même des yeux, de la boîte magique qu'invente l'Italie : la scène moderne de nos théâtres telle que nous la connaissons encore, cette maison sophistiquée dont un mur a été enlevé pour que le spectateur y voit à son aise. *Le Diable boîteux* de Lesage (1707), *El Diablo cojuelo* de Luis Velez de Guevara (1641) enlevaient par surcroît les toits des maisons pour mieux y regarder.

Les raffinements compliqués de la scène italienne, ses décors de fond — des maisons, des fenêtres, une rue —, ses machineries, l'obscurité ou la lumière à volonté sur la scène, les décors pivotants ou mieux coulissants, le rideau (il n'apparaît en France que vers 1640), les simulacres réussis d'incendie ou d'écroulement, tout cela se diffuse lentement, mais se diffuse à partir de l'Italie. Plus lentement encore s'imitent les théâtres en hémicycle et en gradins. Et c'est un Italien, Mazarin, qui fait construire au palais Cardinal où Richelieu avait résidé, sur l'emplacement actuel du Palais Royal, le premier théâtre en hémicycle de Paris. Les autres salles de la capitale sont encore rectangulaires : au centre, le parterre ; les gens restent debout ; quant aux loges, sur les deux longs côtés, elles donnent une mauvaise vue en direction de la scène.

Évidemment, tout n'est pas sorti de cette boîte magique. Elle est le signe, le moyen, l'occasion, non la cause de l'élan nouveau du théâtre. Le cadre, ce n'est pas l'image. Et l'image, la première image qui apparaisse sur cet écran rétrospectif, vivante, endiablée, c'est la *Commedia dell'arte*. Nous en parlerons longuement. Sa fortune est bruyante et sympathique à travers l'Europe entière. Elle nous distrait aujourd'hui encore et elle s'offre comme un test extraordinaire sur la sensibilité et la vérité d'une époque compliquée, indéchiffrable à première vue. De plus, elle vient de loin, elle durera longtemps, elle s'est mise à voyager avec pétulance, hors d'Italie, en gros à partir des années 1570. Au vrai, où n'aura-t-elle pas déployé ses spectacles ? Le temps, l'espace sont à elle.

De veine populaire, elle se rattache sans doute, à travers les siècles, aux *Fabulae atellanae* de la très antique Campanie, qui mêlaient dialogues, danses et musiques et mettaient régulièrement en scène des acteurs masqués. Évidemment, si cette filiation, comme c'est plausible, est exacte, elle aura traversé bien des avatars, ayant poursuivi sa route aussi longtemps à travers le foisonnement des créations populaires. À ce jeu, elle a dû être recréée bien des fois. Le Carnaval lui a fourni à coup sûr des situations, des modèles, certains costumes — peut-être celui de l'Arlequin — et, à foison, l'exemple parallèle de l'utilisation des masques. De tels emprunts à la tradition populaire ne vont-ils pas d'eux-mêmes ? Toute littérature s'y prête, y revient de temps à autre, comme au sol où le légendaire Antée reprenait force et vigueur. Voyez les farces, les fabliaux du Moyen Âge, ou, à l'époque qui nous occupe, la vogue du roman picaresque, qui ne se limite pas à l'Espagne de *Lazarillo de Tormes* ou de *Guzmàn de Alfarache*. Ortega y Gasset n'a-t-il pas soutenu que l'Espagne des Lumières, au XVIIIe siècle, a reconstruit son théâtre à partir du jeu populaire ? Ainsi naîtrait la *zarzuela*.

Que d'autres sources soient aussi à l'œuvre, aucun doute. La *Commedia dell'arte* est une comédie sœur de la comédie classique des humanistes, imitée en gros des Anciens, récitée par des acteurs qui ont appris leur rôle mot à mot, comme c'est la règle pour le théâtre d'aujourd'hui. Mais n'imaginons pas cette *Commedia erudita* par trop sérieuse ; elle est envahie, en fait, par des facéties de haute graisse, c'est le cas des « merveilleuses bouffonneries » de l'Aretin, ainsi dans son *Marescalco* (1533), et, plus tôt, le cas aussi de la *Mandragore* de Machiavel (vers 1520), moins connue que le *Prince* mais qui est assez charmante [125]. Dans ces conditions, il y a eu un démarcage naturel, au bénéfice de la nouvelle, de l'ancienne comédie. Enfin la constitution de troupes d'acteurs professionnels (« à plein temps ») a joué son rôle. Les voilà aux prises avec les soucis de l'emploi, servis par les progrès de la mise en scène, mais à la recherche d'un public, courant après lui de ville en ville au long d'interminables tournées, obligés de changer les programmes comme les décors.

Est-ce à cause de ce besoin de variété et de l'abondance des programmes ? En tout cas, la vraie nouveauté de la *Commedia dell'arte*, c'est l'improvisation laissée à l'acteur, dans le cadre d'un simple canevas, d'un scénario assez succinct. Nous avons conservé des dizaines de ces scénarios. Le style direct de cette *Commedia all'improviso* frappe le spectateur — voyez la différence d'impact sur un public d'une conférence lue et d'une conférence parlée, improvisée. Et ce style est le caractère le plus frappant de la comédie nouvelle, sinon le plus important, l'autre trait essentiel étant la mise en jeu constante, répétée sans lassitude, des mêmes personnages typiques, une dizaine, une quinzaine au plus, dont les noms, les caractères, même les costumes, restent à peu près immuables. Comme dans les bandes dessinées, comme dans la série de films qui ont fait dialoguer Peppone et don Camillo, les mêmes personnages se présentent devant nous, sortis d'un folklore malicieux, comme pris à une nature sociale qui ne change guère. Nous voici avec un jeu de cartes aux figures limitées en nombre.

Sauf les amoureux, les acteurs sont d'ordinaire masqués. Et *peut-être* le jeu masqué a-t-il été mis au point à Venise, avec le duo inépuisable du Zanni, le serviteur, et du Magnifique, Pantalone lui-même, qui restera dans la tradition de la *Commedia dell'arte* un vieux marchand vénitien, avare et père de jolies filles, fort peu obéissantes, on le devine. Soulignons d'un trait fort ce rapport, constamment mis en lumière, du Maître et du Serviteur, si caractéristique d'une société à ordres qui transpose dans la vie urbaine les rapports du seigneur et du paysan, le serviteur étant, au vrai, une sorte d'esclave domestique, lié au maître pour sa vie entière, en fait, sinon en droit. Le Zanni par excellence, c'est Arlequin, le faquin bergamasque, le valet astucieux capable de nouer et de dénouer une intrigue, mais assez fourbe, glouton et prévaricateur comme les autres. Et il a bientôt de multiples frères, au vrai autant de masques régionaux : Pedrolino, Brighella ou Pulcinella, le Napolitain au nez crochu, spécialiste du travestissement, tour à tour pseudo-prince, médecin malgré lui ou dame d'Espagne. En devenant en France Polichinelle (mais tardivement, à l'époque d'Henri IV, et sa popularité n'est grande que lors de la Fronde), il change d'allure, garde son nez crochu, mais acquiert ses deux bosses et perd son costume, primitivement blanc comme celui de Pierrot (Pedrolino). Dans tout cela (et dans l'emploi ou le changement des travestis), un réalisme social impose ses exigences ; le théâtre doit offrir des types reconnaissables, extraits de la réalité quotidienne, y faisant référence. À côté des valets nombreux, à côté de Pantalone, le trop riche marchand, voici le *Dottore*, Bolognais de préférence, pédant à souhait, ou charlatan impénitent, et qui n'hésite pas à user de citations latines macaroniques (c'est déjà le médecin de Molière). Le *Capitano*, soldat fanfaron, c'est Spavento dévoué à sa belle, à toutes les belles, vantard à souhait, bravache et délicieusement poltron, napolitain souvent, ou espagnol (quelle revanche !), allemand à l'occasion et alors hôtelier et ivrogne, comme de juste. À la galerie, ajoutons les amoureux, Oratio et Flavio, et les amoureuses, Isabella, Flaminia ou Colombina ; plus l'indispensable entremetteuse, la courtisane, l'usurier ; alors la compagnie est au complet.

À quelques différences près selon les troupes, se présentent ainsi des personnages connus, toujours les mêmes, avec des situations sociales et d'âge identiques et les seules passions que leur rôle annonce et autorise à l'avance. Tout obéit, en somme, à la recherche d'un langage théâtral sans surprise, facile à comprendre du premier coup, assurément pas sous le signe de l'instant, du particulier, du caractère original, selon ce qui *serait* l'esprit même du baroque. Mais la *Commedia dell'arte*, en ce milieu du XVIe siècle où elle commence à occuper les planches, remonte beaucoup plus loin que cette mode — le baroque, qui lui, pas à pas, va imposer ses contraintes et ses préférences. Elle est un don des années, voire des siècles antérieurs. Et comme elle se propose d'intéresser un public, il lui faut faire entrer de force ce public dans son jeu, dans son langage, dans ses illusions. Les personnages préfabriqués, qui ne peuvent ni tromper ni surprendre, naissent à la vie à la seule condition d'être jetés dans le mouvement effréné d'un dialogue truculent, d'une intrigue à rebondissements. Le spectacle est coupé de contrastes voulus, soulignés par les lanternes qui s'allument et s'éteignent dans la nuit qui emplit la scène : aux jeux violents, aux bouffonneries des *lazzi*, aux acrobaties gratuites, succèdent, comme au ralenti, les duos d'amoureux, lui dans la rue, elle à la fenêtre de sa maison. S'ils sont d'accord, c'est le « grand dialogue » de l'*amore corrisposto*, l'amour réciproque ; s'ils sont brouillés, s'ils se quittent ou vont se quitter, c'est l'*amore disperato* ou *contra Fortuna*, l'amour désespéré ou victime du sort.

Mais, ce qui intriguera davantage le sociologue (ou le psychanalyste, s'il voulait s'intéresser au problème), c'est le port obligatoire, obstiné du masque. Il condamne l'acteur qui, du coup, n'a plus de visage, à tout traduire par un jeu « gestuel » (j'emprunte cette expression à Marcel Brion pour qui tout le baroque est essentiellement *gestuel*). L'acteur doit exprimer avec son corps ce qu'il ne peut exprimer par les expressions du visage. La *Commedia dell'arte*, c'est avant tout le mouvement, des courses, des jeux de pied, des gesticulations qui, elles aussi, obéissent à une sorte de code. Les amoureux ne doivent pas élever leurs mains au-dessus de leurs yeux, disent les conseils joints aux scénarios ; aux autres acteurs, toutes les cabrioles sont permises et même recommandées. Cette vivacité corporelle domine tout et l'intrigue n'a guère besoin de logique, elle court, elle ne vise qu'à déchaîner le rire comme une comédie de Feydeau — mais celle-ci est pauvre, classique par comparaison !

Les masques ont bien autre chose encore à nous dire. Ils ne sont pas, comme le masque antique qui fixe une fois pour toutes une expression du visage, le signe de la *persona* ; ils la cachent. L'acteur se dérobe derrière cet écran. Est-ce pour mieux critiquer un ordre social, ou un ordre moral, qui bientôt, à mesure que le siècle s'avance, s'imposent durement à l'Italie ? Contre qui, de qui se cache-t-on ? Vito Pandolfi, sans doute le meilleur connaisseur de ce théâtre spontané, écrit sans développer sa pensée : « La liberté d'expression étant étouffée... c'est à l'invention des masques que se trouve confié le rôle historique d'exprimer la vie et la nature de notre peuple [126]. » Il ne semble pas pourtant qu'il y ait eu une protestation sociale consciemment révolutionnaire dans la *Commedia dell'arte*, mais comment ne pas penser que la liberté de l'improvisation (jeu d'un instant qui ne laisse pas de trace), jointe à la verve satirique et au réalisme d'une langue populaire et directe (la *Commedia dell'arte* recourt sans hésiter aux dialectes, vénitien, napolitain, bergamasque, etc. et aux joyeusetés de l'« argot ») a pu donner à la *Commedia dell'arte* cette puissance allusive que la moindre chanson peut prendre, lorsqu'elle évoque les réalités du présent ? D'autant qu'aux XVIe et XVIIe siècles les acteurs de la comédie se recrutent dans les rangs de bourgeois moyens ou d'intellectuels modestes, mais tous cultivés. Quand tout est moqué, bousculé à coups de gros rires, de plaisanteries salées, quand la facétie, la bouffonnerie ont tous les droits, la satire même inconsciente de la société n'est jamais très loin. Une satire qui peut être acerbe à l'occasion, car presque tout devient licite dans cette comédie libre qu'on peut imaginer tenant du numéro de music-hall ou du chansonnier — et du sociodrame à la Moreno. Et puis le spectacle de la réalité toute crue n'est-il pas à lui seul, parfois, une satire ? Pulcinella, par exemple, c'est aussi le pauvre diable de Naples, souffrant et bafoué, l'éternel affamé qu'un plat de macaronis livre au premier venu. « Sous la violence des inventions verbales et des mimiques, [il faut imaginer] une concentration douloureuse, expression de la plèbe napolitaine du XVIIe siècle. » En somme une protestation sociale. Je prends ces mots à un commentaire de Giuseppe Galazzo [127]. Quand Giordano Bruno est brûlé sur le Campo dei Fiori, en 1600, il y a une cinquantaine d'années déjà que les masques ont commencé à improviser sur la scène. Est-ce simple coïncidence ?

La *Commedia dell'arte*, certainement en place en Italie, avec son style et ses troupes d'acteurs, vers 1545, se diffusera en Europe vingt-cinq ans plus tard. Elle a donc eu le temps largement de se mettre au point dans tous ses détails importants. Au vrai, jouée par les mêmes troupes que la *Commedia erudita*, c'est en sa compagnie qu'elle sortira d'Italie. Ou plutôt sur ses talons, car la *Commedia erudita*, avec ses rôles appris d'avance et récités, son répertoire qui interprète librement les auteurs antiques, a été la première à s'expatrier. C'est le cas à Lyon, ville plus qu'une autre ouverte à l'Italie, lorsque, en 1548, la « nation florentine », les Lucquois et les Milanais de la place y festoyèrent Henri II et Catherine de Médicis, à l'occasion de leur *Entrée* : la comédie représentée dans le jardin du cardinal de Ferrare, Hippolyte d'Este, évêque et duc de Lyon, fut la joyeuse *Calandra*, jouée par la *Compagnia della Cazzuola*. De magnifiques intermèdes en coupèrent le déroulement [128]. Même plus tard, quand la *Commedia dell'arte* aura triomphé, la comédie classique ne cédera pas entièrement la place. Les troupes l'intercalaient dans leurs programmes. Qu'on n'imagine pas, d'ailleurs, une opposition totale entre un genre bouffon et un genre sérieux — comme le suggérerait l'adjectif *erudita*. Plaute est le grand modèle de la comédie classique, sous le signe de la verdeur et de la langue satirique. En septembre 1613, Malherbe assiste, « par commandement exprès de la Reine », à une représentation donnée soit au Louvre, soit à l'hôtel de Bourgogne où la royauté prête aux comédiens de vastes salles, d'ordinaire réservées aux festivités officielles. Les *lazzi* ou *scherzi* de la troupe italienne excitent sa mauvaise humeur. « Ils jouent, écrit-il, la comédie qu'ils appellent *Dui Simili* qui est le *Menechme* de Plaute... J'en sortis sans autre contentement [129]. » Le grincheux a-t-il tort ? Sacrifie-t-il à un nationalisme, chez lui très sourcilleux ? Ou bien, la verdeur de Plaute aidant, les acteurs ont-il fait glisser la pièce vers la facétie à l'italienne ? La *Commedia dell'arte* a souvent emprunté le thème des sosies et le chemin n'est pas forcément long de la récitation à l'improvisation, du classique au non-classique.

À l'horloge de la France et de l'Europe, le non-classique s'est imposé plus tard que le classique. La première entrée en scène de la *Commedia dell'arte* s'est faite *sans doute* à l'hôtel du duc de Nevers, ce demi-Italien, en février 1571. Le 1er mai de la même année, à Nogent-le-Roi, près de Chartres, une comédie improvisée était donnée devant le roi lui-même. La troupe qui joua, ce jour-là, était celle des *Gelosi* que l'on devait revoir en France et qui fut célèbre. En Espagne, on daterait de 1574 les premières apparitions de la farce italienne, en Angleterre de 1578. En tout cas, la « première » européenne la plus intéressante a été, jusqu'à mieux informé, cette comédie qui fut improvisée en 1568 à Munich, à l'occasion des noces du duc Guillaume V de Bavière. Les fresques du château de Trausnitz, à Landshut en Bavière, *dix ans plus tard* (et qui ont disparu en partie dans un incendie de 1961) commémoraient-elles ce joyeux événement ? C'est possible, même probable. On y reconnaissait Pantalone, Zanni (Arlequin), des courtisanes, des entremetteuses et, comme il se doit, des scènes « de sérénades, de poursuites ».

Nous ne suivrons pas les allées et venues des troupes italiennes hors de la Péninsule. Est-ce possible ou désirable, au demeurant ? L'intérêt, répétons-le, c'est le sens, en Italie et hors d'Italie, de cette surprenante diffusion culturelle. Il s'agit là d'un ensemble, d'une troupe de biens divers offerts à pleine poignée. Comment se fait-il que l'Europe accepte masques, personnages typiques, acrobaties et mélange des genres ? S'il s'agissait d'une Europe plébéienne, ou semi-bourgeoise, on comprendrait mieux. Mais, en fait, ce sont les princes, les aristocrates, les grands seigneurs qui, loin de le dédaigner comme Malherbe, se prennent à un jeu qui, tout de même, ne s'est pas formé à leur étage social, mais tout à fait au-dessous d'eux.

Évidemment, réponses et suppositions ne se font pas attendre. Il y a eu la surprise de la *scène*, des décors, de cette nouvelle mise en perspective de la comédie. Il y a eu la surprise d'un théâtre nouveau qui est là en puissance, qui s'élabore, le charme d'un langage direct, d'une mise en cause de la société en place, insolente et anodine puisqu'elle reste un jeu (mais en France la satire s'accentue). Il y a eu aussi, coupant la comédie, ces intermèdes burlesques et brillants qui, plus encore que la pièce elle-même, relèvent de ce que nous appellerions du music-hall, du cirque ou des spectacles de variété. Tout cela secoue, amuse, empoigne le public, l'arrache à lui-même. Enfin cette société princière et aristocratique d'Europe est-elle si raffinée ? Le passage par l'hôtel de Rambouillet ne s'est pas encore accompli en France. Et même, n'y a-t-il pas, à travers l'Europe baroque et picaresque, un besoin de s'encanailler, très net souvent chez les hautes classes ? En Espagne, c'est vérité criante. Philippe II lui-même, dans sa jeunesse royale, avait la réputation de prendre un masque et, la nuit venue, de se mêler à la vie de la rue.

Enfin, à plus long terme, la *Commedia dell'arte* a comme révélé à lui-même le théâtre d'Occident — le théâtre, cette évasion, ce miroir dans lequel chacun se voit (ou croit, ou veut se voir) plus brillant, mieux compris qu'il n'est et même vengé d'autrui. À bas Pantalone ! Je pense, avec Gustave Attinger [130], que le rôle de la *Commedia all'improviso* a été de dégager ce monde artificiel, purement plastique, propre au théâtre moderne, de montrer notamment, en leur lâchant la bride et en les faisant naviguer en haute mer, ce que pouvaient être une langue de théâtre, un univers de théâtre qui, à force d'être faux, sont comme une image plus vraie de la vie réelle. La comédie d'Italie n'a cessé d'avoir des « résonances », elle aboutit à Shakespeare, à Molière, elle court jusqu'à Marivaux, elle prospère jusqu'à la fin d'une société d'Ancien Régime faite pour la comprendre. Son succès est ainsi de longue durée. En octobre 1675, une troupe de *commichi italiani*, venue de France à Londres, joue devant le roi Charles II et la cour quelque facétie de Scaramouche. L'ambassadeur de Suède, lorsqu'il apprend du roi le départ de la troupe, fait des pieds et des mains pour essayer de la retenir encore quelques semaines [131]. Au début du XVIIIe siècle, *Gilles*, la *Comédie italienne*, brillent encore sous le pinceau de Watteau. La chute viendra plus tard. La comédie trébuchera alors vers les tréteaux des foires, vers les théâtres de marionnettes de nos enfants, c'est son ultime façon de nous transmettre un souvenir vivant. Elle est encore là comme le feu sous la cendre.

Mais durant le siècle (1550-1650) où, pour nous, elle tient la vedette, le fait majeur ne reste-t-il pas l'engouement du public, de tous les publics, à son endroit ? Il y a eu, de bout en bout de ce siècle et même au-delà, une folie du théâtre qu'il nous faut imaginer. Quelque chose comme une révolution. Le baroque, mais c'est la vie vue à travers cette lanterne magique : des tumultes gratuits, des trompe-l'œil, des corps irréels, des gestes théâtraux, des batailles pour rire, des émotions exagérées, des accumulations de péripéties. Le théâtre expliquerait, excuserait beaucoup de choses.

Ballets et opéras

Le théâtre explique beaucoup de choses, et notamment le triomphe, l'escalade que réussit la musique et dont le théâtre d'opéra est le dernier terme [132]. Cette escalade est assez compliquée. Elle dépend bien sûr des progrès du spectacle en soi, donc de la société qui en assure et en provoque le développement. Mais aussi du progrès plus particulier du spectacle en musique. Enfin elle dépend d'une évolution musicale interne, qui se greffe sur le reste. Ses emplois variant, la musique doit s'adapter. Mais, en se mofidiant, elle modifie ses rôles. Tout compte fait, il y a eu, vers 1600, une « Renaissance » de la musique, pas plus simple, à vrai dire, que ne l'a été la Renaissance scientifique, sa contemporaine. Musique et science iraient-elles de pair ? Pour l'une et l'autre, il s'est agi, en tout cas, d'une Renaissance à retardement.

Au XVIᵉ siècle, si l'on en excepte les dernières années, la musique aura varié sans trop bousculer la tradition. Mais, peu à peu, les novateurs, les révolutionnaires se multiplient. Les recherches passionnées à propos de la musique antique — qui avait la réputation d'être différente, dans la texture même de ses procédés, et d'être plus claire, plus émouvante que la musique de cette fin du XVIᵉ siècle —, cette recherche fiévreuse s'ajoute au besoin de nouveauté, partout ressenti. C'est le moment d'ailleurs où d'anciennes nouveautés sont relancées, presque redécouvertes : ainsi l'*échelle* tonale de Giuseppe Zarlino (1517-1580) ; ainsi le *chromatisme* de Niccolò Vicentino (1511-1572) et de Cyprien de Rore (1516-1565), qui se diffusera seulement après 1580, donc après la mort de ses inventeurs. Ainsi *la basse continue — il continuo* — qui va transformer la polyphonie traditionnelle et la détruire.

Et tout cela pour résoudre des problèmes relativement simples, toujours les mêmes : associer la danse à la musique, associer la parole poétique à la musique, associer les instruments entre eux, soumettre à la musique tel ou tel spectacle à la mode. Les discussions théoriques sur la façon dont devraient se résoudre ces problèmes ralentissent l'évolution musicale, la compliquent. N'imaginons certes pas une évolution linéaire, logique, chaque pas en avant commandant le pas suivant. Tout se passe, au contraire, comme si la musique était bel et bien, tel Saturne, capable de dévorer ses enfants, au moins de les répudier ou de les chasser, quitte à les rappeler près d'elle un peu plus tard. Par surcroît, les circonstances de l'histoire, les contraintes de sociétés princières, aristocratiques, voire bourgeoises, ne cessent de peser sur un monde de formes concurrentes et fragiles : le ballet, la pastorale, le madrigal, la cantate, l'oratorio, l'opéra... Ces formes sont étroitement imbriquées dans leur développement : le ballet, la pastorale conduisent à l'opéra ; le madrigal, qui s'y engloutit du vivant de Monteverdi, aura été l'un des meilleurs terrains d'expérience du renouvellement du style musical, sans doute le plus fructueux de tous.

Le ballet — le *balletto* — est introduit en France au temps des Valois par des maîtres à danser italiens. Les Français désignent alors sous ce nom (diminutif de *bal*) les danses où le pas libre des danseurs s'improvise à leur gré, par opposition aux danses réglées et de forme fixe. Le mot, dans le vocabulaire, se présente en association avec *bal*, *danse*, *entrées*, *entremets* (= intermèdes), *carrousel*... Bientôt, il désignera un ensemble de réjouissances princières à grand spectacle, antérieures à lui, en fait, puisqu'elles étaient déjà de mise à la cour des ducs de Bourgogne.

Considérons donc le ballet comme une initiative italienne qui, en France, connaît des développements inattendus, exubérants, et qui mesurent, en dernière analyse, la fortune même de la cour de France. Elle triomphe, il triomphe. Elle a des difficultés, il s'éclipse. Ce ballet français, dit de cour, va d'ailleurs se répandre à partir de la France : ainsi l'imiteront les *masks* de la cour anglaise de Jacques Ier et de Charles Ier, dont les beautés éphémères d'une nuit féerique passionnèrent un architecte de talent comme Inigo Jones, ou un poète comme Ben Jonson. Et même, transformé par son passage en France, le ballet connaîtra une vogue particulière en revenant vers l'Italie. On parlera — même Monteverdi — de ballets *alla francese*, comme si la France monarchique les avait inventés, et c'est presque vrai.

Il est non moins vrai que ce ballet à la française n'a rien encore d'une forme fixe. Il n'a cessé d'évoluer, presque méconnaissable d'un spectacle à l'autre, jusqu'au milieu du XVIIe siècle. Comme c'est un spectacle fabuleusement onéreux et toujours de circonstance, les intervalles s'allongent entre ces dispendieux divertissements. Finalement, les ballets ni ne se suivent ni ne se ressemblent. Le premier exemple connu, le *Paradis d'amour*, fut joué le 20 août 1572, quatre jours avant la Saint-Barthélemy, à l'occasion des noces d'Henri de Navarre et de Marguerite de Valois. Mais le plus célèbre, le plus novateur, a été ce *Ballet comique de la reine* (comique, entendez : en forme de comédie), dit de Circé, que le Piémontais Baldassarino di Belgioioso (son nom francisé est devenu Balthasar de Beaujoyeulx) organise à la demande de la charmante Louise de Lorraine, femme d'Henri III, en l'honneur du mariage du duc de Joyeuse avec Mlle de Vaudémont, sœur de la reine, en 1581. Ce Balthasar, personnage sympathique, « intendant de musique » et valet de chambre de la reine mère depuis 1567, aux dires de Brantôme « le meilleur violon de la chrétienté », est l'un de ces nombreux musiciens qu'exportent, à cette époque, le Milanais et le Piémont.

L'innovation de Circé, c'est de se présenter comme une action suivie, une véritable pièce (écrite par le poète Pierre de la Chesnaye), dialoguée et chantée, dont les épisodes tournent tous autour d'un seul thème : Circé, la magicienne sauvage qui transforme les hommes en animaux, immobilise et pétrifie les dieux subalternes. Ce thème traverse toutes les scènes, les relie ensemble. Tout serait chanté que nous aurions devant nous une sorte d'opéra avant la lettre. Il n'y faudrait qu'un pas. Balthasar dira, ou on lui fera dire, que son mérite avait été de faire « parlare il balletto et usar canto e suono alla commedia ». Ainsi, écrit-il en français, « j'ay animé et fait parler le Balet, et chanter et résonner la Comédie ; en y adjoustant plusieurs rares et riches ornements, je puis dire avoir contenté en un corps bien proportionné l'œil, l'oreille et l'entendement [133] ».

C'était certainement, en tout cas, un pas important vers le spectacle en musique. Mais la partition elle-même, répartie selon l'usage entre plusieurs compositeurs, n'était pas révolutionnaire. Il s'agissait, au vrai, d'un héritage du chœur polyphonique, qui accompagne le soliste. Ce n'est pas là qu'on trouvera l'ébauche des recherches de style qui mèneront à la *seconda pratica*. Toutefois, le fait même que la musique soit entièrement subordonnée au texte entraîne une « recherche de la vérité dramatique, d'une mélodie expressive mettant les paroles en relief [134] ». Le ballet français de cour sera attentivement étudié, à ce titre, dans les *camerate* florentines, férues de recherches musicales et de monodie, particulièrement dans le cénacle de Jacopo Corsi, poète, d'Emilio Cavalieri, compositeur et expert en spectacles, et de Jacopo Peri, chanteur et compositeur. Mais c'est à partir de la pastorale que ce groupe mènera ses tentatives décisives, qui conduiront à l'opéra.

La pastorale remonte, par ses origines *littéraires*, au XVe siècle et, par-delà, à l'Antiquité. Elle s'était assez vite ornée, au XVIe siècle, d'intermèdes musicaux et le genre avait pris un essor considérable après le succès obtenu par l'*Aminta* du Tasse lorsque, en 1573, elle avait été jouée avec des chœurs en intermèdes, à Pesaro. La première représentation avait eu lieu l'année précédente, à Ferrare, mais sans musique. Entre 1590 et 1600, Cavalieri et Peri à Florence, mais aussi Guarini à Mantoue, feront représenter une série de pastorales où la musique ne se contente plus des intermèdes, mais envahit l'action même de la pièce, chantée de bout en bout. « L'art d'accompagner et de commenter par la musique une action dramatique » est définitivement instauré. Le style récitatif à l'usage de la scène est né, avec une « mélodie mesurée, déjà en partie dégagée de sa basse harmonique, avec dans le chant des inflexions appropriées au texte [135] ».

Toutes ces recherches, délibérément expérimentales,

aboutissent à l'*Euridice* de Jacopo Peri, sur un livret de Rinuccini, représentée de façon fastueuse, le 6 octobre 1600, au palais Pitti, à l'occasion des noces de Marie de Médicis et d'Henri IV. Généralement, on y reconnaît le premier opéra. Il est écrit d'un bout à l'autre dans le nouveau style récitatif, on dit aussi *rappresentativo* (sous-entendu : représentatif de la parole, que la musique doit décalquer, se contentant en somme de transcrire les inflexions et les émotions du langage parlé). C'est la *seconda pratica*, le style moderne qu'on oppose au *stile antico*, au vieux contrepoint, au style polyphonique où toutes les voix se fondaient dans un ensemble homogène, où le sens du texte importait à peine. On dira aussi le « style concertant ».

Claudio Monteverdi, qui était au service du duc de Mantoue depuis 1590, a assisté à la représentation d'*Euridice*. Sa nouveauté ne le satisfit qu'à moitié. Il trouva le *recitativo secco* et assez monotone cet « altro modo di cantare che l'ordinario [136] ». Il avait trente-trois ans à cette époque et derrière lui une assez longue carrière musicale. Mais orientée dans un tout autre sens que les recherches florentines. Il avait publié trois livres de madrigaux (1586, 1590, 1592) et s'apprêtait à en publier deux nouveaux. Or le madrigal est la plus libre de toutes les formes musicales du temps et devait être le principal élément de l'évolution technique musicale de la Renaissance. Forme italienne de la chanson polyphonique franco-flamande, de caractère amoureux et élégiaque, c'est une courte pièce à cinq voix, qu'on peut traiter indifféremment « soit en contrepoint homophone et syllabique très simple, soit dans un style polyphonique plus élaboré, [avec] une grande liberté d'écriture... : quintes et octaves directes, fausses relations, etc., considérées comme de graves fautes dans tout autre genre, passaient dans le madrigal comme autant d'éléments susceptibles de renforcer l'expression [137] ». Le madrigal autorisait toutes les hardiesses et jusqu'à la *stravaganza* pour elle-même. Il s'était même prêté à des essais de « réforme monodique », dans la Camerata florentine des Bardi [138].

Le secret de Monteverdi est d'avoir pris à son compte ces formes diverses et de les avoir toutes pratiquées, sans exclusive, avec une audace croissante. Indifférent à la théorie, il cherche seulement l'expression juste de son propre lyrisme. Bref, tous les moyens lui sont bons, et il a du génie. Quelques mois avant la représentation d'*Euridice*, il avait été attaqué avec violence par Giovanni Maria Artusi, un chanoine de Bologne, féru de règle musicale, dans un pamphlet sur « ces faiseurs de neuf qui, jour et nuit, s'escriment sur leurs instruments à chercher des effets nouveaux... [Ils] rendent la musique moderne désagréable à l'oreille. On entend une diversité de sons, un mélange de voix, une rumeur d'harmonies insupportables aux sens... Tout chante, comment voulez-vous que l'esprit s'y reconnaisse dans ce tourbillon d'expressions ». À quoi, caractéristiquement, Monteverdi devait répondre, quelques années plus tard seulement, qu'en « ce qui concerne les consonances et les dissonances », le seul point de vue qui lui importait était « la satisfaction procurée au sens de l'ouïe comme à la raison [139] » ; son seul but, dit-il ailleurs, est de « produire l'émotion ».

On conçoit qu'*Orfeo*, premier opéra de Monteverdi, joué au carnaval de 1607, à Mantoue, soit souvent considéré comme le premier opéra « vrai ». Fidèle en principe à la *seconda pratica* qui donne la primauté au texte, Monteverdi est, en fait, trop musicien pour sacrifier la musique à la poésie. « Dans son *Orfeo*, comme par une sorte de défi aux *Euridice* florentines, à côté de l'admirable récitatif, tantôt *parlant*, tantôt mélodiquement déployé, s'alignent les airs, chœurs et danses dans une prodigieuse variété des formes [140]. » Le riche orchestre ne se contente pas d'accompagner le chant. Il a sa propre fonction dramatique, une couleur instrumentale caractérise chaque personnage et l'on voit poindre la technique du leitmotiv orchestral. En fait, toutes les formes et toutes les possibilités de l'opéra futur sont déjà là.

Il ne lui manquait plus que son vrai nom, du moins celui d'*opéra* sous lequel nous le connaissons et le désignons déjà, mais qui ne s'imposera que fort tard, dans la seconde moitié du XVIIe siècle. L'opéra de Monteverdi n'est encore qu'une « favola ». Quand l'opéra reçoit son nom, il a déjà derrière lui une longue histoire. Il aura connu en Italie trois patries essentielles : à Florence jusque vers 1627, à Rome jusque vers 1660, à Venise enfin, à Venise surtout qui allait en devenir la capitale, sans en avoir évidemment le monopole. Cette fortune est tardive. Elle correspond aux dernières années de la vie glorieuse de Monteverdi qui, avant de disparaître (1643), écrit deux opéras, bien différents de l'*Orfeo*, mais les années ont passé et le goût du public aussi : *Le Retour d'Ulysse* (1641) ; *Le Couronnement de Poppée* (1642).

Venise avait bâti, dès 1637, le premier théâtre d'opéra, celui de San Cassiano. Durant les deux années suivantes surgissaient le deuxième — Santi Giovani e Paolo — et le troisième de ces théâtres : San Moisè. En 1641, le quatrième, le Nuovissimo, ouvrait ses portes. L'année précédente, la république de saint Marc s'était engagée dans ce qui sera, pour la possession de Candie, sa guerre de Trente Ans (1640-1669), cette guerre coloniale pourrissante qu'elle va mener pratiquement seule, avec brio, courage et des moyens qui prouvent sa richesse : ne va-t-elle pas acheter des navires dans le Nord européen et faire, le cas échéant, venir des soldats de la lointaine Écosse ? La gloire de l'opéra vénitien ne s'installe pas dans une ville pauvre, exsangue ou mélancolique. C'est le triomphe d'un goût dispendieux dans une ville de luxe, de vie chère et de hauts salaires relatifs, une ville qui est le rendez-vous de voyageurs éblouis, mais qui possède les moyens de faire vivre ses théâtres, avec la clientèle riche des loges et le public abondant et modeste qui emplit le parterre. La musique gratuite jusque-là, aux frais de la Seigneurie ou d'un riche patricien, est devenue payante. La famille des Tron, illustre entre toutes, propriétaire du théâtre San Cassiano, a créé les guichets payants. Non sans conséquences : le public populaire va mettre fin à l'opéra raffiné de Monteverdi qui ne donne pas satisfaction aux nouveaux venus. Pendant les intermèdes, clowns, acrobates, diseurs de bons mots de la *Commedia dell'arte* offrent leurs services et font rire les spectateurs, qu'ils soient des loges ou du parterre. C'est l'époque vivante, bruyante que domine un élève de Monteverdi, Pier Francesco Cavalli qui verse volontiers dans l'emphase.

Et déjà l'opéra s'est mis à courir l'Europe, accueilli partout avec soumission, enthousiasme et reconnaissance.

L'Italie, inondée de musique de Naples à Venise, à son tour en a inondé l'Europe, jusqu'à la lointaine Angleterre. Et rien ne marque mieux les succès étrangers de l'opéra que l'allure populaire que finit par prendre sa diffusion. Vers 1660, de Rome et de Venise, « partent par dizaines des musiciens errants ou colonisateurs, la besace pleine d'Orphées ou d'Artaxercès de leur cru, écrits sur deux portées et, au surplus, simples canevas que les chanteurs [...] se chargeront de développer, ou même de transformer du tout au tout. [...] Ce n'est plus un art, c'est une industrie [141] ».

En France, c'est un nouvel *Orfeo* (livret de Buti, musique de Luigi Rossi), qui, en 1647, avait été la grande première de l'opéra, par la grâce de Mazarin qui avait fait venir à Paris une troupe italienne. La musique française, nourrie de « la tradition de l'air et du ballet de cour », s'est brusquement italianisée à la mort de Louis XIII. Sa « désitalianisation » sera aussi soudaine, d'ailleurs calculée, volontaire, à la mort de Mazarin, en 1661.

Ce reflux est-il naturel, comme tous ces reflux auxquels la France nous a habitués ? Il est trop profond, trop durable en tout cas, pour n'accepter qu'une explication circonstancielle. Celle-ci s'appellerait, au choix, ou Giambattista Lulli, ou Jean-Baptiste Lulli (1632-1687), cet Italien qui s'est voulu Français.

C'est le léger duc de Guise, l'homme de la révolte de Naples, qui, quelques années plus tôt, vers 1543, *aurait* découvert et ramené d'Italie l'enfant prodige, né à Florence, fils d'un simple meunier. Il l'emmène en France pour « entretenir mademoiselle de Montpensier dans la langue » italienne. L'enfant n'a donc pas servi de marmiton, comme le diront les médisants, chez la Grande Demoiselle où il paracheva son éducation musicale. En 1652, il se ralliait opportunément au service du roi. Comment il séduisit le jeune Louis XIV (né en 1638), comment celui-ci couvrit d'honneurs le Florentin « d'assez mauvaise mine », avec dans le visage une certaine bizarrerie, mais pétulant, génial, c'est une longue histoire, presque un roman où le musicien de génie se révèle âpre, habile, présomptueux, d'une extraordinaire pugnacité. Sa souplesse dépasse l'entendement. Ce qui ne l'empêche pas d'être entêté, querelleur, persévérant. Que de part et d'autre de l'année 1661, il change du tout au tout, cesse d'être un musicien italien, spécialiste du récitatif, pour devenir, ou décider de devenir un musicien français, c'est seulement le signe de la désitalianisation « agressive » du moment : la marée descendante l'emporte, il y consent. Mais dans cette volte-face, la conviction joue tout de même son rôle, à côté d'une ambition sans répit. Et il paiera le prix.

Le récit italien se modèle sur une langue à fort « accent de mot » ; à la différence de l'italien et de l'allemand, le français a un « accent de phrase ». Il est structurellement allergique au traitement d'outre-monts. Lulli s'inspira de l'*air de cour* pour chercher, entre styles français et italien, le compromis qui permette le passage « du récit au chant ». Les spécialistes en discutent et sont les seuls à en parler avec exactitude. En tout cas, ces efforts le préparent à l'avance à la vie laborieuse et glorieuse qui sera la sienne. Louis XIV concéda, en effet, à son musicien officiel, surintendant de la musique, le monopole du « théâtre en musique ». Ce qui permit à Lulli d'éliminer son rival, Marc-Antoine Charpentier, et d'avoir jusqu'à sa mort (1687) le monopole de la composition des opéras parisiens. Le premier, *Cadmus et Hermione* (1673), est un succès qui valut au musicien, l'année suivante, d'obtenir la salle du Palais-Royal, occupée jusque-là par Molière et sa troupe. Mais Molière vient de mourir. En 1674, Lulli donne un deuxième opéra, *Alceste*... Mme de Sévigné est enthousiasmée : « C'est une chose qui passe tout ce qu'on a jamais ouï [...]. L'opéra est un prodige de beauté. » Aussi « français » qu'il se veuille et qu'il soit, l'opéra a désormais conquis Paris. Chaque année, avec son décorateur Vigarani et son librettiste, Quinault, Lulli fabriquera une pièce nouvelle. L'opéra « français » ne chômera pas.

Et pas davantage, pour prendre un dernier exemple, l'opéra allemand. Disons plutôt, l'opéra italien en Allemagne. Car l'Allemagne sera plus docile ou plus modeste, en ce qui concerne l'opéra. Sa tradition musicale est, en effet, étrangère au théâtre. Et, d'autre part, elle se relève de la guerre de Trente Ans qui a interrompu sinon la vie musicale, du moins les grands spectacles de cour. L'Italie règne donc sans conteste en Allemagne lorsque, vers le milieu du XVIIe siècle, se constituent à Vienne et à Munich les premiers théâtres d'opéra. Les compositeurs sont italiens : Bertali, Cesti, Draghi à Vienne ; Porro, Stefani à Munich ; leurs œuvres sont italiennes, de musique et de langue ; les chanteurs, italiens pour la plupart. Dresde suit bientôt le mouvement et c'est Carlo Pallavicino et Giovanni Andrea Bontempi qui animent son théâtre. En 1671, pour la première fois en Allemagne, *La Dafne* de Bontempi y était jouée « sur un livret allemand, avec des personnages familiers au public allemand et des intermèdes en forme de *Lieder* ». C'est la première tentative, encore très isolée, pour donner une forme nationale à un genre tout étranger.

Mais c'est surtout à Hambourg, où était fondé en 1678 un théatre d'opéra allemand, que s'est développé ce genre hybride qu'on a appelé « l'opéra allemand baroque », avec des compositeurs allemands, formés à l'italienne, mais qui empruntent largement au *Lied*, transforment assez souvent le récitatif italien et tentent de varier les sujets. Ce genre, dont un exemple est l'*Almira* du jeune Haendel, jouée à Hambourg, n'aura qu'un temps, Haendel, comme la plupart des musiciens de sa génération, ayant abandonné résolument l'opéra allemand pour passer dans le camp des Italiens. Au début du XVIIIe siècle, les salles d'opéra allemandes étaient, l'une après l'autre, condamnées à se transformer en opéra italien.

On sait quel avenir attendait la musique allemande au XVIIIe siècle. Toutefois, dans cette merveilleuse élaboration, c'est la musique de chambre italienne et le concerto, non l'opéra, qui devaient jouer leur rôle.

La poésie est aussi du voyage

Avec la musique et l'éventail ouvert des comédies, nous avons pénétré au cœur du royaume enchanté du baroque. Nous y arrivons aussi par le chemin compliqué des sophistications et des préciosités de la poésie baroquisante. L'époque s'abandonne avec délices à ces recherches verbales qui, si souvent, par alternance, reprennent une place essentielle dans l'histoire de la poésie, depuis les poètes alexandrins ou les Neoteroi de la Rome antique jusqu'à Dada et au futurisme. À ces moments-là, le thème compte peu, seuls valent les mots, l'originalité de l'expression, le charme aberrant de sa bizarrerie ou de son hermétisme ; le poème est un jeu de mots, de sons, d'allitérations, d'onomatopées, ou même parfois un jeu graphique : le XVIIe siècle a pratiqué aussi le calligramme. Des expériences de ce genre peuvent être ou renouveau lyrique, ou fadaise prétentieuse. En l'occurrence, le précieux est une tentation du baroque ; il y a très souvent succombé.

Que l'univers littéraire du baroque soit originaire d'Italie, l'Espagne (elle-même italianisante à l'occasion) ayant exercé une influence seconde, bien qu'envahissante elle aussi, tout cela est ultra connu. Et cette Espagne qui rayonne de concert avec l'Italie, remarquez qu'elle se trouve comme elle au penchant de sa grandeur, comme si toute culture rayonnante consumait les corps dont elle tire sa lumière.

Au milieu de tous ces miroitements étendus à la surface entière de l'Europe, il est facile de se perdre. Surtout si l'on veut dégager, d'un jeu d'influences compliquées et croisées, ce qui est authentiquement influence italienne. Peut-être un seul témoin, examiné à loisir, suffira-t-il en l'occurrence : il parlera pour les autres. Alors faisons cet honneur au *cavaliere* Marino, dont on a dit trop de bien de son vivant et sans doute trop de mal depuis sa disparition, peut-être parce que sa gloire avait, tout de même, par trop dépassé son talent. En ce qui nous concerne, c'est un bon, un excellent témoin. Et un témoin de haut vol. Imaginez (bien que la comparaison soit fade) Anatole France à Buenos Aires, au début de notre siècle. Assurément, il n'était pas, au moment de son arrivée en France, un voyageur quelconque, pressé d'arriver à l'étape. De 1604 à 1614, il avait composé plusieurs recueils de vers, notamment *La Lyre*, et il passait depuis lors pour le prince des poètes de son temps, quelque chose comme le chef de l'avant-garde littéraire des contestataires, en rupture de ban avec la littérature de l'âge précédent, nous dirions de la Renaissance.

Né en 1569 à Naples, Giambattista Marino aura eu une vie passablement mouvementée, aussi bien à Naples qu'à Turin où il trouva refuge et, aussitôt, bien des ennuis : il y tâta même de la prison. Enfin, en 1615, il gagne la France où il fera fortune, s'en retournant à Naples seulement en 1623. Cette France est prête, depuis des années, à accueillir avec enthousiasme ce poète compliqué, étincelant, ce Napolitain apte à se faire valoir, souple, primesautier, ambitieux et prompt à la riposte. Philarète Chasles, qui n'aime pas l'aventureux personnage, prétend pour le noircir que, telle Naples en ce début du XVIIe siècle, il réunit en lui les défauts et les vices de l'Italie et de l'Espagne [142]. N'empêche que le Cavalier Marin, comme on l'appelait à Paris, était un homme intelligent, sensible, spirituel. Qu'il fût âpre au gain, qu'il ait pu envoyer d'énormes sommes à Naples où il faisait construire un palais et une galerie sur le Pausilippe, n'y change rien. Concini — le maréchal d'Ancre — qui sera son protecteur, lui dit lors de sa première audience : « Vous irez toucher cinq cents écus. » Don princier, mais au trésorier qui lui compte cet argent, Marino en demande mille ! Concini apprend le tour et s'exclame : « Vous êtes un véritable Napolitain ! » « Je ne comprends pas le français, répond Marino. Maintenant soyez raisonnable et remerciez-moi, j'aurais pu comprendre non pas 1 000 mais 3 000 écus [143]. » L'anecdote fit le ravissement de la cour.

En tout cas, Marino n'est pas dépourvu de talent. Qui n'aimerait au moins la prose de ses lettres, même les plus tarabiscotées, celles des lettres dites « burlesques » ? Le voilà, en mai 1615, sur le chemin de la France, traversant le mont Cenis, laissant derrière lui les querelles qui lui ont valu la prison. Un méchant cheval loué le porte, ou plutôt ne le porte pas. Et bientôt c'est le froid, la neige, la haute montagne : « Le balze del monte erano si canute, che parevano cariche di latte rappreso, ed il verno, divenuto anch'egli academico imbiancatore, le aveva tutte quante ingessate e sparse di biacca. Que' pochi alberi, che non erano del tutto sepolti sotto la neve, si vedevano pur sí bianchi, che ciascuno avrebbe detto essersi dispogliati in camicia et che percio tremassero più del freddo che del vento. » « Les pentes de la montagne étaient si blanches qu'elles paraissaient chargées de lait caillé et l'hiver, devenu lui aussi badigeonneur académique, les avait toutes enduites de plâtre et recouvertes de céruse. Les quelques arbres qui n'étaient pas entièrement ensevelis sous la neige, apparaissaient si blancs, eux aussi, qu'on aurait dit qu'ils s'étaient mis en chemise et qu'ainsi ils tremblaient à cause du froid plus que du vent [144]. »

Ce style alambiqué et concret à la fois explique peut-être quelle sorte de jeu intellectuel se trouve au cœur d'une poésie — celle de Marino et de ses imitateurs — dont le message est devenu pour nous souvent inaudible, en tout cas peu capable de réveiller en nous l'enthousiasme qu'il a déchaîné au XVIIe siècle. C'est une poésie faite pour frapper, surprendre, non pas émouvoir. Comme le dit Marino lui-même :

E del poeta il fin la maraviglia,
Parlo dell'eccellente e non del goffo.
Chi non fa stupir vada a la striglia.
Le but du poète c'est d'émerveiller
Je parle de l'excellent et non du maladroit.
S'il ne sait étonner qu'il se fasse étriller...

Admettons qu'il sache étonner ! D'un long poème qui détaille la personne de la reine mère, détachons cet échantillon :

Sentieri lattei onde van l'alme al cielo ;
Valli di gigli, ove passegia aprile ;
Canal d'argento, che distilla odori,
Solco di neve, che sfavilla ardori.
Sentier laiteux par où les âmes vont au ciel,
Vallées de lys où se promène avril,
Canal d'argent qui distille des parfums,
Sillon de neige qui étincelle d'ardeur.

Que le Cavalier feigne de décrire ainsi les seins de la blonde Marie de Médicis, courtisanerie oblige, mais il peut, nous pouvons penser aussi à d'autres exemples plus convaincants.

Qu'on ne conclue pas cependant à un art de charlatan. Les trois vers que nous avons cités plus haut, et qui sont l'*Art poétique* de Marino, définiraient excellemment un courant de la poésie française de l'époque. Et Marino prenait au sérieux son métier, qui le consume en vérité : les 40 000 vers de l'*Adone*, qu'il met au point durant son séjour parisien, sont un labeur singulier. Sa correspondance le montre aux prises avec ses imprimeurs, fou de chagrin devant les fautes typographiques qui déparent son œuvre. À ce trait, indubitablement, l'homme de lettres se révèle.

Bien sûr, si Giambattista Marino triomphe à Paris, où l'a précédé sa réputation de « prince de la poésie moderne », ce n'est pas sans plus en raison de son talent, ou du talent qu'on lui prête. Il faut tenir compte du snobisme de la cour, qui seul lui permettra de survivre à la disgrâce mortelle de son protecteur, le maréchal d'Ancre, assassiné le 24 avril 1617 sur l'ordre du jeune roi Louis XIII. Il faut tenir compte aussi des amitiés vigilantes que le Napolitain sut acquérir. Les grands jouent volontiers les mécènes. C'est ainsi que le marquis de Manso, qu'il avait connu à Naples, passant à Paris, le loge somptueusement dans sa maison, sise rue de la Huchette, cette rue étroite et sinueuse qui existe encore, pour notre plus grande joie, à deux pas de la Seine. Marino fréquente bien entendu — le contraire surprendrait —, dans la rue Saint-Thomas-du-Louvre, l'hôtel de Mme de Rambouillet, elle-même italienne d'origine — cette petite cour littéraire à l'instar des cours princières d'Italie. C'est là que la France aristocratique et écrivassière apprend le bon goût, la distinction, la politesse à l'égard des femmes et les affèteries du beau langage — le tout sous le signe de la grâce italienne, au nom de l'Arioste et du Tasse.

Ce qu'il faudrait préciser, c'est à quel point la vie quotidienne en France est alors contaminée par l'influence étrangère. Louis Courajod, dans la mesure où il est hostile à cette « invasion », l'a mieux observée et signalée qu'un autre. Il est donc amusant de le relire. L'éducation mondaine des jeunes nobles, « l'Académie, c'est-à-dire la science du *high life* », est italienne. Italiens, les écuyers des manèges, les maîtres d'escrime, les musiciens, les maîtres à danser. « Les baigneurs sont aussi italiens » (entendez « les marchands d'eaux de senteur et de colifichets, les Jean-Marie Farina de l'époque), comme les *zingari* de ce temps-là, moins Bohémiens et Espagnols qu'Italiens ». Ajoutons que les architectes et ingénieurs italiens se sentent, en Europe, « des citoyens du monde », mais cette réflexion n'est pas de Louis Courajod.

La France, ou plutôt Paris en qui, de plus en plus, se résume la vie intellectuelle du royaume, connaît sa période baroquisante des débuts du XVIIe siècle aux environs de 1660, dates approximatives et *peut-être* trop larges, la période se limitant de façon plus étroite, si l'on veut, aux années 1620-1635. C'est en 1635 que la France entre dans la guerre de Trente Ans. En tout cas, ce n'est que vers 1660, à la veille de la mort de Mazarin et du gouvernement personnel de Louis XIV, que le *classicisme* entre vraiment en scène.

Cette France qui n'est pas encore classique et qui, dans son mouvement le plus vif, correspond au règne de Louis XIII, cette France-là, ouverte aux influences d'outre-Alpes et d'outre-Pyrénées, a été, à vrai dire, une « découverte » assez récente de la critique littéraire [145] : celle-ci en effet a revalorisé avec vigueur une série d'auteurs méconnus ou peu connus — Jean de Lingendes (1580-1616), Honorat de Racan (1589-1670) — ou pas mis à leurs places éminentes : Agrippa d'Aubigné (1552-1630), le poète des *Tragiques* (1616), « notre Hugo », assure Thierry Maunier, Claude Garnier, Saint-Amant (1594-1661). Tous obéissent d'ordinaire au précepte tôt donné par Mathurin Régnier (1573-1613) : il faut « laisser aller la plume où la verve l'emporte » ; ou mieux encore, comme dit Théophile de Viau : « La règle me déplaît, j'écris confusément. Jamais un bon esprit ne fait rien qu'aisément [146]. »

Avec les années, le baroque en France semble s'être détérioré de lui-même, à parler ainsi de tout au gré de l'inspiration, à tout mêler, sacrifiant à la préciosité (qui d'ailleurs n'aura vécu qu'un temps), multipliant les poèmes héroï-comiques, les tragi-comédies, les utopies échevelées à la Cyrano de Bergerac (1620-1655), s'abandonnant bientôt à la mode dangereuse du burlesque (Scarron, *L'Énéide travestie*, 1648). Si cette France baroquisante a obtenu récemment ses lettres de naturalité, il reste que la critique française réussit mal encore à la caractériser, à dégager son originalité, à l'ouvrir sur ses vraies dimensions européennes, à la relier notamment à l'influence décisive de l'Italie. Même si, de part et d'autre des Alpes, les mêmes causes peuvent avoir produit les mêmes effets, les emprunts sont certains et importants.

Mais l'épisode baroque s'achève tôt, s'estompe déjà en France avec le milieu du siècle. Alors comment le baroque, en qui l'on voudrait voir un préclassicisme, ou même une contre-culture française, cède-t-il la place au classicisme ? C'est un problème qui n'a pas encore été tiré au clair. Il faudra peser et repeser les œuvres, trancher bien des problèmes : rejeter Malherbe vers le baroque, est-ce possible ? Lui adjoindre Corneille dans ses premières années ? L'étendre de Chapelain à Boileau ? Sur le plan du roman où les faits sont plus nets, le baroque court indéniablement de l'*Astrée* (1620-1627) d'Honoré d'Urfé, au *Grand Cyrus* (1650) de Mlle de Scudéry.

Le Cavalier Marin arrive donc à son heure dans un univers parisien qui se transforme vite, pour se compliquer et s'épanouir. Cette France de la lecture et de l'écriture, il y a des années et des années qu'elle a accueilli, l'une après l'autre, les grandes œuvres de la Péninsule, soit dans le texte original, soit dans des traductions relativement précoces : le *Décaméron* de Boccace en 1545, les quinze premiers chants de l'*Orlando Furioso*, en 1555, les *Histoires tragiques* de Bandello, en 1564, et ainsi de suite. Aussi bien il serait impossible de recenser les emprunts innombrables de la littérature française à Pétrarque, dont les *Sonnets* et les *Triomphes* ont été si souvent édités en français.

Ce sont ces conquêtes anciennes (bien qu'il se soit employé à les désavouer) qui assurent le triomphe du Cavalier Marin, car c'est bien de triomphe qu'il s'agit durant la dizaine d'années de son séjour à Paris. La reine arrête son carrosse pour bavarder avec lui. Il est le roi du monde frivole et magnifique de l'hôtel de Rambouillet. Le salon d'Arthénice est à ses pieds. Dante et le Tasse sont éclipsés, Pétrarque renvoyé aux vieilles lunes. Celui qui, dès son séjour à Turin, en 1610, raillait les « poeti tisicuzzi, i quali non sanno fabricare se non sopra il vecchio [147] » (« les poètes débiles qui ne savent rien fabriquer qu'avec du vieux ») annonce ouvertement son désir de rompre avec le passé. Et, sur ce point, son influence a dû être déterminante. Plus puissante certainement que celle du grand Luigi Alamanni dont sa fortune fit un maître de l'hôtel de Catherine de Médicis et dont l'*Art poétique* a été pillé par tous les poètes de la Pléiade, à commencer par Joachim du Bellay.

Ce triomphe est un signe des temps, la mesure de la force d'impact du baroque. Alors qu'à l'époque de François Ier et d'Henri II, l'Italie n'avait fait que rayonner sur la culture française, à l'époque de Louis XIII elle la submerge. Et c'est pourquoi la France, cible majeure de ce bombardement culturel, a finalement réagi plus vite et plus que les autres, a fait son bien propre d'emprunts complètement assimilés : à partir de l'opéra italien s'est fabriqué l'opéra français ; à partir de la Renaissance et du baroque, ce que nous appelons le *classicisme*. Et la querelle des Anciens et des Modernes a été finalement fructueuse.

Entouré d'admirateurs quasi serviles, le Cavalier Marin n'a cependant pas compris la puissance montante de la société qu'il avait devant les yeux. Il n'en parle jamais dans sa correspondance avec ses amis.

Mais écoutez et riez sans contrainte devant le tableau exquis, haut en couleurs, burlesque et véridique dans ses mille détails concrets, que le Napolitain donne de Paris à son ami Lorenzo Scoto, en 1615. Ce ne sont pas des réflexions pesées l'une après l'autre, mais les impressions d'un nouvel arrivé, encore sous le coup de la surprise :

Vi do aviso che son in Parigi... Circa il paese, che debbo io dirvi ? Vi dirò ch'egli è un mondo. Un mondo, dico, non tanto per la grandezza, per la gente e per la varietà, quanto perch'egli è mirabile per le sue stravaganze. Le stravaganze fanno bello il mondo ; percioché, essendo composto di contrari, questa contrarietà constituisce una lega che lo mantiene. Né più né meno la Francia è tutta piena di ripugnanze e di sproporzioni, le quali però formano una discordia concorde che la conserva. Costumi bizarri, furie terribili, mutazioni continue, guerre civili perpetue, disordini senza regola, estremi senza mezo, scompigli, garbugli, disconcerti e confusioni : cose, insomma, che la doverebbono distruggere, per miracolo la tengono in piedi. Un mondo veramente, anzi un mondaccio più stravagante del mondo istesso...

Qui gli uomini son donne e le donne son uomini... Voglio dire che quelle hanno cura del governo della casa, e questi si usurpano tutti i lor ricami e tutte le lor pompe. Le dame... per esser tenute più belle,... si spruzzano le chiome di certa polvere di Zanni, che le fa diventar canute, talché da principio io stimava che tutte fossero vecchie... Gli uomini in su le freddure maggiori del verno vanno in camicia. Ma... alcuni sotto la camicia portano il farsetto : guardate che nuova foggia d'ipocrisia cortigiana... Hanno per costume d'andar sempre stivalati e speronati ; e questa è pure una delle stravaganze notabili, perché tal vi è che non... cavalcò in sua vita, e tuttavia va in arnese de cavallerizzo. Né per altra cagione penso io che costoro sian chiamati « galli », se non perché appunto come tanti galletti hanno a tutte l'ore gli sproni a' piedi... Ma in quanto a me piú tosto che « galli » doverebbono esser detti « papagalli », poiché se ben la maggior parte, quanto alla cappa ed alle calze vestono di scarlatto, sí che paiono tanti cardinali, il resto poi è di piú colori che non son le tavolozze de' depintori. Penacchiere lunghe come code di volpi ; e sopra la testa tengono un'altra testa posticcia con capelli contrafatti, et si chiama « parucca »... Anch'io per non uscir dall'usanza sono stato constretto a pigliare i medesimi abiti. O Dio, se voi mi vedeste impacciato tra queste spoglie de mamalucco, so che vi darei da ridere per un pezzo... Infine tutte le cose qui hanno dell'appontuto, i cappelli, i giubboni, le scarpe, le barbe, i cervelli, infino i tetti delle case. Si possono immaginare stravaganze maggiori ? Vanno i cavalieri tutto il giorno et la notte « permenandosi » (cosí si dice qui l'andare a spasso) ; e per ogni mosca che passa, le disfide ed i duelli volano. Quel ch'è peggio, usan di chiamar per secondi eziandio coloro che non conoscono (eccovi un' altra stravaganza), et chi non vi va è svergognato per poltrone ; onde io tutto mi caco di non avere un giorno ad entrare in steccato per onore e morirmi per minchioneria. Le cerimonie ordinarie tra gli amici son tante ed i complimenti son tali, che per arrivare a saper fare una riverenza, bisogna andare alla scuola della danza ad imparar le capriole, perché ci va un balletto prima che s'incominci a parlare...

Circa il resto, per tutto non si vede che giuocchi, conviti, festini, et con balletti e con banchetti continovi si fa gozzoviglia e, come dicono essi, « buona cera ». Si fa gran guasto di vino, e per tutti i cantoni ad ogni momento si vede trafficar la bottiglia.

La nobiltà è splendida, ma la plebe è tinta in berettino ; bisogna sopra tutto guardasi dalla furia de' signori lacchè, creature anch'esse stravagantissime ed insolenti di sette cotte. Io ho opinione che costoro siano una specie di gente differente dagli altri uomini, verbigrazia come i satiri ed i fauni... Tutto questo è nulla rispetto alle stravaganze del clima, che, conformandosi all'umore degli abitanti, non ha giamai fermezza né stabilità. Le quattro stagioni quattro volte al giorno scambiano vicende, e perciò fa mestieri che ciascuno sia fornito di quattro mantelli per potergli mutare a ciascun'ora... Volete voi altro ? Infino il parlar è pieno di stravaganze. L'oro s'appella « argento ». Il far colazione si dice « digiunare ». Le città son dette « ville ». I medici « medicini ». I vescovi « vecchi ». Le puttane « garze ». I ruffiani « maccheroni »... Eccovi fatto un sommario delle qualità della terra e delle uzanze di questa nazione... Apparecchiatemi dunque costí in Turino nel mio ritorno un bel gabbione da pormici dentro ; perché, se non vorrete ch'io vi scusi beffana alla festa di san Giovanni nella Balloria, vi potrò almeno servire alla finestra per parrochetto, overo sarò buono per essere messo in piazza il giovedí grasso per passatempo de'putti [148].

« Je vous avise que je suis à Paris... Sur le pays, que dois-je vous dire ? Je vous dirai que c'est un monde. Un monde, dis-je, non pas tellement du fait de sa grandeur, de son peuple et de sa variété que parce qu'il est admirable par ses extravagances. Les extravagances font la beauté du monde, car, étant composé de contraires, c'est l'alliage formé par ces contrastes qui le maintient. De même la France est toute pleine de contradictions et de disproportions, lesquelles cependant forment une discorde concordante, qui la perpétue. Des coutumes bizarres, des fureurs terribles, des mutations continuelles, des guerres civiles perpétuelles, des désordres sans règles des extrêmes sans demi-mesures, des tumultes, des querelles, des désacords et des confusions : tout cela, en somme, devrait la détruire et, par miracle, la tient debout. Un monde vraiment, et même un fichu monde, plus extravagant encore que le monde lui-même. Ici les hommes sont femmes et les femmes sont hommes... Je veux dire que celles-ci ont la charge de gouverner la maison et que ceux-là leur empruntent toutes leurs dentelles et tout leur apparat. Les dames... pour être réputées plus belles... déversent sur leurs cheveux une certaine poudre de Zanni [personnage burlesque de la comédie italienne] qui les fait devenir toutes blanches, si bien que, au début, je les prenais toutes pour des vieilles... Les hommes, par les plus grands froids de l'hiver, se promènent en chemise... Mais certains, sous la chemise, ont un pourpoint : voyez quel nouveau genre d'hypocrisie courtisane ! Ils ont coutume de porter toujours bottes et éperons. Et c'est bien là une de leurs extravagances notables, car tel d'entre eux n'a jamais chevauché de sa vie, et cependant le voilà qui arbore une tenue de cavalier. Je crois même que la seule raison qui les fait appeler « galli » [mot qui a le double sens de gaulois et coq, en italien], c'est précisément que tels les « galletti » [les petits coqs], ils ont en tout temps des éperons aux pieds. Mais, à mon sens, plutôt que « galli », on devrait les appeler « papagalli » [des perroquets], car bien que la plupart d'entre eux, pour la cape et les culottes, s'habillent d'écarlate, si bien qu'ils ont l'air tous de cardinaux, quant au reste de leur vêtement, ils usent de plus de couleurs que n'en portent les palettes des peintres. Leurs plumets sont aussi longs que des queues de renard et, sur la tête, ils ont une autre tête postiche, avec de faux cheveux : on l'appelle « perruque ». Et moi-même, pour ne pas manquer à l'usage, j'ai été contraint d'adopter le même habillement. Ô Dieu, si vous me voyez empêtré dans ces dépouilles de mamelouk, je sais que je vous donnerais de quoi rire un bon coup... Enfin, toutes choses ici ont de la pointe, les chapeaux, les pourpoints, les chaussures, les barbes, les cervelles, et pour finir les toits des maisons. Peut-on imaginer plus grandes extravagances ? Les gentilshommes passent leurs journées et leurs nuits à se « promener » (c'est ce qu'on dit ici pour *andare a spasso*) et chaque fois qu'une mouche passe, les défis volent et les duels. Qui pis est, ils ont l'habitude d'appeler comme témoins des gens qu'ils ne connaissent même pas (encore une autre extravagance) et celui qui refuse de s'y rendre sera discrédité pour poltronnerie. De sorte que je fais dans mon froc à l'idée d'avoir un beau jour à entrer en lice pour l'honneur et à trouver la mort par sottise. Les cérémonies ordinaires entre amis sont telles et tels les compliments que, pour arriver à savoir faire une révérence, il faut aller à l'école de danse et y apprendre les entrechats, parce qu'on y va de tout un ballet avant de commencer à parler...

Quant au reste, on ne voit partout que jeux, invitations, festins, et à l'occasion des ballets et des banquets continuels, on fait bombance et, comme on dit ici, « bonne chère » [jeu de mots : *buona cera* signifie aspect de bonne santé]. Le vin coule à flots et dans tous les coins, à tout moment, c'est à qui tâte de la bouteille.

La noblesse est splendide, mais la plèbe est couleur de grisaille. Il faut surtout se garder de la furie de messieurs les laquais, créatures elles aussi des plus extravagantes et insolentes en diable. Il me semble que c'est là une espèce de gens différente des autres hommes, quelque chose comme les satyres et les faunes... Et tout cela n'est rien comparé aux extravagances du climat qui, en conformité avec l'humeur des habitants, n'a jamais ni fermeté ni stabilité. Les quatre saisons quatre fois le jour se remplacent à tour de rôle. D'où la nécessité pour chacun de se munir de quatre manteaux pour pouvoir en changer à chaque heure... Voulez-vous que je poursuive ? Jusqu'au langage qui est plein d'extravagances ! L'or s'appelle « argent ». Prendre un repas se dit « digiunare » [jeûner en italien]. Les cités sont dites « ville » [*villas*, maisons de campagne en italien]... les putains des « garze »... [jeu de mots : *garze* = gaze], les ruffians des « maccheroni » [pour maquereau, j'imagine]. Voilà un résumé des qualités du pays et des usages de cette nation. Préparez-moi donc à Turin, pour mon retour, une belle grande cage où me mettre, car, si vous ne voulez pas que je vous tienne lieu de *beffana* à la Balloria pour la Saint-Jean [149], je pourrai au moins vous servir de perroquet à la fenêtre, ou bien je serai bon à exposer sur la place, le jeudi gras, pour l'amusement des enfants. »

Acceptons toutes ces images, des perruques blanches et poudrées aux dentelles et aux couleurs éclatantes des costumes masculins. Le Cavalier Marin eût-il été surpris si on lui avait dit que cette mode avait l'avenir pour elle, qu'elle ferait école en Italie et qu'elle marquait les débuts de l'influence, pour ne pas dire de la grandeur française ?

L'art baroque à partir de Rome

Ce qu'on connaît le mieux dans cette multiple diffusion des biens culturels d'une Italie prodigue à l'excès, c'est tout de même l'art considéré dans ses secteurs essentiels : peinture, sculpture, architecture. Tout cela distribué à pleines mains, à partir avant tout d'un grand centre de rayonnement impérial, Rome, qui, dans des conditions et pour des motifs qui ne sont pas comparables, a été, sur le plan combatif et pionnier de l'art, ce que fut Paris à partir des impressionnistes (ou un peu plus tôt) à l'échelle du monde. Rome en est restée généralement à l'échelle de l'Europe, mais ses exemples se sont aussi exportés jusqu'en Amérique où un baroque colonial poussera de fortes racines et s'épanouira en végétations drues.

Ce rôle central de Rome est d'une importance évidente. Rome est la capitale de la catholicité, le point de départ d'un violent combat contre la Réforme qui, après tout, lui a porté les premiers coups. Derrière le baroque, il y a donc bien autre chose encore qu'une mode, qu'une certaine sensibilité, qu'une certaine vision de la vie et du monde. Une civilisation en colère se mobilise tout entière et fait flèche de tout bois, car la vie religieuse, dans ses combats, entraîne avec elle l'ensemble de la vie culturelle.

Tous les artistes vont vers Rome. Des Italiens des diverses Italie, et aussi des Français, des Hollandais, des Flamands, des Espagnols (bien que ceux-ci préfèrent souvent Naples), des Allemands. Parmi ces étrangers, un Rubens, un Valentin, un Poussin, un Claude Lorrain (1600-1682) qui fit pour la première fois le voyage de Rome emmené par un de ses parents, marchand de dentelles... Et bien d'autres. Souvent on les affuble, en Italie, d'un surnom : le Lorrain Nicolas Cordier, un sculpteur, devient, Il Franciosino ; le Hollandais Gerrit Van Honthorst, Gherardo delle Notti, à cause de ses tableaux nocturnes aux violentes oppositions d'ombre et de lumière. Joachim von Sandrart, dans sa *Teutsche Akademie*, décrit longuement les faits et gestes de l'importante colonie des peintres allemands. De ces étrangers, beaucoup « se laissent retenir par la fascination de la ville antique, au risque d'y vieillir dans la solitude, [n'étant plus] ni Italiens, ni d'ailleurs [150] », car ces confluences se situent à une époque où l'artiste trouve sa patrie là où il travaille, où il aime vivre.

Cette fascination naît des amitiés de métier, de l'embauche facile, mais aussi des plaisirs et des habitudes d'un milieu dont la fièvre évoque le Montmartre ou le Montparnasse du temps d'Utrillo ou de Modigliani. Étrange milieu ! Borromini, le rival du Bernin, se suicide (1667) ; Valentin, l'enfant de Coulommiers (1591-1634), se tue de boisson ; le Lucquois Pietro Testa (1607 ou 1611-1650) se noie dans le Tibre. Une curieuse bohème étrangère et locale joue, impose son rôle. Elle a même créé un mouvement pictural original, appelé à quelques retentissements. En 1625, Peter Van Laer, peintre des ateliers de Harlem, arrivait à Rome. Il se joignait à un groupe de nordiques qui vivaient joyeusement, en marge des cercles de la peinture sérieuse et académique. Sans doute eut-il un certain poids parmi ses nouveaux amis puisque son surnom, Il Bamboccio, servit de nom de baptême au groupe entier. C'est peu après son arrivée, d'ailleurs, que les *Bamboccianti* commencent à vendre, dans les boutiques et jusque sur les foires, des petits tableaux de leur cru. Ces *quadri a passo ridotto* présentent à la manière hollandaise des scènes familières, mendiants à la porte d'une église, scènes de rues ou de marchés, paysans dans les cadres de leur vie campagnarde. C'est dans cette veine-là que Herman Van Swanewelt peint son *Campo vaccino*, le grand marché aux bestiaux installé alors sur l'ancien forum.

Ce parti pris de réalisme populaire tranche sur la grande peinture italienne de l'époque et celle-ci ne ménagera pas ses sarcasmes et son mépris à cet art vulgaire. Comme disait Giovanni Battista Passeri (1610-1679), ce peintre biographe de peintres, ce n'est qu'une « finestra aperta » sur la vie la plus ordinaire, étrangère à la Beauté. Cette peinture, très goûtée dans les milieux espagnols de Rome et même à l'ambassade du roi catholique, n'en semble pas moins avoir influencé Vélasquez, qui l'a admirée à son passage à Rome, en 1630, et *probablement* Le Nain, vers la même époque. Elle a sûrement joué un rôle dans le développement, en Italie, de la peinture de paysage : plus sûrement encore, elle a trouvé dans la Péninsule une fidèle clientèle puisque, vingt ans plus tard, vers le plein milieu du XVIIe siècle, Andrea Sacchi et l'Albane s'attristaient de la décadence de la peinture entraînée par le réalisme [151]. Ainsi, même en ces heures où les académies romaines jouissent d'un prestige incontesté, la « bipolarisation » de l'art européen, la double influence Nord et Sud, a pu se loger et s'affirmer dans la capitale exclusive de l'art baroque italien.

Cela dit, dans ce monde tendu et ardent, ce sont les Italiens qui mènent, qui *changent* le jeu. Or ces Italiens, qui forment la majorité d'une main-d'œuvre débordée de demandes et de commandes, ne viennent plus qu'exceptionnellement de Florence. Les Carrache, « une maffia de compatriotes autant qu'une école de peinture [152] », le Dominiquin, l'Albane, le Guide viennent tous de Bologne ; Francesco Borromini, comme plus tard Carlo Fontana, sont des Lombards ; le Caravage porte le nom de son village bergamasque ; le Bernin, l'architecte des Barberini et de Saint-Pierre, est napolitain ; Carlo Maderno est né en Suisse. Comment s'étonner que Pierre de Cortone, un des rares Toscans qui travaillent alors à Rome (avec Andrea Bolgi, de Carrare), paraisse si « peu florentin » à un historien comme Yves Bonnefoy ? Faut-il voir, dans ce recrutement bigarré, cosmopolite, peut-on dire, étant donné le nombre des étrangers de renom, l'explication de la fin des prédominances de Florence, l'arrivée d'une génération moins érudite, moins intellectuelle, moins rationnelle aussi, mais plus proche du réel quotidien ? C'est possible. Mais l'art n'est pas gratuit, les artistes courent vers l'embauche. Le dialogue de l'artiste et du mécène qui lui passe commande, c'est l'*alpha* et l'*omega* du métier.

Or, désormais, bien plus que les riches seigneurs, autant et parfois plus que les princes, l'Église est l'employeur par excellence. Depuis le concile de Trente, elle se veut résolument conquérante ; victorieuse, elle défend ses gains. Les églises rectangulaires qui se construisent alors, sur le modèle des basiliques anciennes, sont des outils pour un combat difficile. Elles permettent à tous les fidèles de voir le maître autel, d'entendre la voix du prédicateur (dont la tribune est placée, à cet effet, au milieu d'un des longs côtés), de suivre la messe en lisant leurs missels, car l'église sans vitraux est inondée de lumière blanche, surtout par les hautes lucarnes de la coupole. Elle est inondée aussi de musique, mais orchestres et chanteurs sont dissimulés dans les galeries pour ne pas divertir l'attention des fidèles. Seules les orgues, dont le modèle se stabilise entre 1580 et 1640, sont visibles, avec leurs énormes buffets et leurs longs tuyaux. Sur les murs, sur les voûtes, des fresques dont le style vise avant tout à frapper les sensibilités, affirment le culte des saints, le triomphe de la Vierge, les beautés du Paradis. Tout est calculé. De vrais théâtres, en somme, mais qui enseignent. Des demeures magnifiques — elles sont celles de Dieu pour qui rien n'est trop beau — mais aussi une affirmation des fastes du Sud face à la pauvreté mesquine du Nord. Partout où s'élèvent les coupoles et les façades symétriques de ces innombrables églises, rien qu'à les apercevoir, nous savons, aujourd'hui encore, que le Prince ou l'Église, ou les deux à la fois, ont triomphé en ces lieux.

Les grandes dates du baroque, à Rome, son épicentre, correspondent aux pontificats successifs d'Urbain VIII (1623-1644), lui surtout, « le dernier des grands papes », d'Innocent X (1644-1655) et d'Alexandre VII (1655-1667). Le tremblement de terre, dont les secousses se transmettent à l'ensemble de l'Europe, correspond pour l'essentiel au chantier de Saint-Pierre, aux nombreuses églises qui surgissent dans la ville, à l'œuvre double et abondante des rivaux acharnés, ces frères ennemis, que furent le Bernin (1598-1680) et Borromini (1599-1667). Nous n'avons pas à détailler ce duel fructueux, si souvent évoqué dans les explications des historiens. L'intéressant, c'est la mutation de Rome, devenue capitale d'un empire spirituel immense, comme le Madrid de Lope de Vega qui, en attirant à lui toutes les lumières du siècle d'Or, devient la capitale d'un empire sur lequel le soleil continue à ne pas se coucher. Le baroque se plaît dans le cadre des empires : il est impérial dès le berceau.

LE BERNIN ARRIVE TROP TARD À PARIS

Mais ce qui nous intéresse plus encore, en ce point de nos explications, c'est la façon dont le baroque gagne les différents secteurs de l'Europe, y connaît chaque fois une histoire particulière, avec des couleurs, des dates propres. Des décalages chronologiques sont visibles entre le baroque italien *intra muros*, et ces baroques divers, *extra muros*. Il est vrai, répétons-le, que les mêmes causes peuvent produire les mêmes effets, que ces baroques étrangers poussent aussi d'eux-mêmes en ces terres lointaines. Mais ils renvoient à l'Italie une image où celle-ci a le droit de se reconnaître, ou de reconnaître tantôt son architecture, tantôt sa pensée littéraire, ou plus souvent encore sa peinture que le Caravage a marquée de son sceau. Le *caravagisme* s'exporte allègrement, avec son habituel cortège, scènes violentes, naturalisme pathétique, clair-obscur qui oppose la nuit et le jour, Dieu et le diable. Il devient à ce point une structure de l'art européen (y compris dans les protestantes Provinces-Unies) qu'on pourrait « concevoir un caravagisme sans Caravage », né comme de lui-même, à son heure, tant le terrain lui était depuis longtemps favorable [153].

N'empêche que les imitations se suivent à la trace, que ces miroirs lointains — la France, l'Espagne, l'Europe centrale — reflètent l'une ou l'autre des images et des modèles familiers à l'Italie, qu'il y a un réseau de ces ressemblances, même quand les images reflétées changent de contours ou de couleurs.

L'Espagne, certes, est trop puissamment, trop exclusivement elle-même pour être docile, même si elle le voulait. L'Escurial de Philippe II et de Juan de Herrera (1530-1597) est classique dans son austérité voulue. Et comme Herrera fait école, il impose, comme l'écrit Pierre Lavedan, une sorte de « pénitence [154] », dont les repères sont l'église de l'Incarnation à Madrid (1611-1616) et le Collège des jésuites de Salamanque (après 1617), tous deux construits par Juan Gomez de Mora. Ce n'est qu'en 1617, avec l'Italien Crescenzi, que le baroque romain s'installe à Madrid. De 1622 à 1626, le père jésuite Marcien F. Bautista commençait de construire l'église des jésuites de Madrid sur le modèle du Gesù de Rome — c'est aujourd'hui la cathédrale de San Isidro el Real.

Si l'on court vers la fin du siècle, à la rencontre du plus célèbre des trois frères Churriguera, José (1665-1725), « à la fois un Greco et un Góngora », selon son admirateur Eugenio d'Ors, on assiste à un dépassement national du baroque. Le churriguérisme s'annexe toute une sève populaire, se saoule de lui-même. De même, le théâtre espagnol du siècle d'Or n'a plus rien à voir avec la *Commedia dell'arte*. Et comment classer Cervantès dans un croisement d'influences ? Il est inclassable. Comment classer Vélasquez (1599-1660), plus italianisant à vrai dire avant son premier voyage en Italie (1629-1631), qu'après ? Avec José Ribera (1588-1656), nous aurions un trop bon exemple d'italianisme, mais l'Espagnolet, comme on l'appelle, a adopté l'Italie comme seconde patrie : il a étudié de près l'œuvre du Corrège à Parme, s'est abandonné pieds et poings liés au luminisme du Caravage, et a vécu la plus grande partie de sa vie à Naples, où il devait mourir. Alors le meilleur exemple serait encore celui de Francesco de Zurbarán (1598-1664) : il n'a jamais quitté l'Espagne, mais, dans son apprentissage à Séville (1613-1616), il a rencontré le « ténébrisme » sévillan. Il aura, au XVIIIe siècle, la réputation d'avoir été « le Caravage espagnol ». Toutefois ce trait fort ne résume pas entièrement une œuvre qui a changé au cours d'une vie elle-même très changeante.

Mais laissons l'Espagne ambiguë pour la France et ses problèmes plus clairs, sinon tous résolus. La France, ouverte à toutes les influences de l'Europe, qui accueille, sur le plan littéraire, la vague baroque venue à la fois d'Italie et d'Espagne, ne se défend pas davantage devant les modèles de l'art. Aux yeux du voyageur visitant Paris au temps de Louis XIII, l'impression dominerait d'un baroque envahissant, omniprésent « car tout ce qui a été conçu pour l'occasionnel et le passager, décors de fêtes et de cortèges, pompes funèbres [...] est incontestablement baroque, comme en témoignent les gravures qui nous en ont gardé l'image : ce ne sont que pyramides de symboles surmontant les arcs de triomphe, ou catafalques théâtraux propres à émouvoir les survivants. L'Église, pour ses liturgies, processions, adorations, appelle volontiers de tels effets, qui finiront par se fixer durablement dans les retables [155] ». Mais tout cela, éphémère, a été emporté par le vent de l'histoire et les témoins monumentaux essentiels qui nous restent aujourd'hui : le Luxembourg, la Sorbonne, la chapelle du

Val-de-Grâce relèvent d'un baroque déjà très assagi, classicisant, avec des retours à l'art de la Renaissance. La régulière et calme place Royale de l'époque d'Henri IV (pierres, briques et ardoises) parle évidemment un autre langage, un classicisme, si l'on veut, où se marquerait l'influence des Flandres. Mais les arcades qui l'entourent évoquent l'Italie.

Cette indication suffit-elle à signaler un *terminus a quo* ? La mort d'Henri IV ? Le baroque, en tant qu'art, ne commencerait donc pas avant 1610, on s'acheminerait, comme dans le cas des influences littéraires, vers une restriction de la durée d'une France vraiment baroquisante. En 1613, se construit à Paris, sur plan rectangulaire, l'église des Carmes, puis les jalons voyants sont, toujours à Paris, l'Oratoire (1621), Saint-Paul-Saint-Louis (1627), l'église des jésuites, Notre-Dame-des-Victoires (1629). Le *terminus ad quem* pourrait *à l'extrême rigueur* se situer lors de la construction du second Versailles, celui de Le Vau (1668-1678), nettement italianisant. Tout cela discutable : de bons observateurs [156] pensent qu'il y a eu mutation, virage dès 1635, date que les spécialistes littéraires signalent volontiers de leur côté. Alors triompherait chez nous « ce désir d'être sobre, cette règle du *« rien de trop »*, cette retenue dans l'expression... », autrement dit le classicisme dont les historiens français n'ont que trop tendance à vanter les mérites. Mais on ne nous dit pas les raisons profondes de ce triomphe dont l'émergence resta lente et floue. Le baroque ne s'est tout de même pas évanoui en un jour.

Si l'on fait appel au témoignage de la peinture, pour nous sortir d'embarras, le résultat risque d'être aussi décevant, de nous conduire, si les spécialistes (volontiers nationalistes) ont raison, à un resserrement chronologique analogue aux précédents. Premier repère et premier témoin, à peine arbitraire : Georges de La Tour (1593-1652). Il a vingt ans quand, probablement, il gagne l'Italie comme tant d'autres ; il aura vu les tableaux du Caravage, mort tragiquement quelques années plus tôt (1610) ; il aura probablement reçu ses leçons par l'intermédiaire du Guide ; cela ne l'empêche pas de se rattacher aussi aux *tenebrosi* du Nord, à l'école de Honthorst, issu lui aussi en droite ligne de Rome. Ainsi l'Italie directement et par ricochet aura atteint le peintre lorrain. Et celui-ci a réinterprété le clair-obscur d'autrui. Donc un premier jalon qui pourrait aussi mettre en vedette les frères Le Nain. Le dernier témoin fermant mal la marche, assurément, ce serait au prix de discussions et d'hésitations sans fin Philippe de Champaigne (1602-1674), un Bruxellois « d'abord séduit par Rubens » et appelé à dix-neuf ans à Paris pour participer à la décoration du Luxembourg. « La capitale française, nous dit-on, le détourna du baroque [157]. » Mais les choses ne sont pas aussi simples. Le « classicisme » de Philippe de Champaigne, c'est tout un procès qu'on a rouvert. Entre 1643 et 1648, en effet, vers la quarantaine, Champaigne entre en relations avec Port-Royal. Au-delà des lumières immobiles, des visages silencieux de ses toiles, le drame intérieur est là [158]. Andreina Griseri, qui écrit avant les études de Louis Marin (1970), sent bien comme lui que le peintre est « la contestation du classicisme ». Et d'écrire avec sa vivacité coutumière : « Elle est baroque aussi cette tension des tableaux de Philippe de Champaigne, exaltation d'une rigueur qui se veut totalement intérieure [159]. » En ce sens, oui. Mais alors faut-il aussi annexer Racine au baroque ? Ce qui est sûr, c'est qu'il y a une différence fondamentale entre ce baroque-là — si baroque il y a — et celui de l'école italienne de Rome, à la même époque. Un certain classicisme — quel que soit le nom qu'on lui donne — semble guetter précocement les peintres français, même ceux qui vivent à Rome. Poussin n'a que trente-six ans quand, après quelques œuvres qui le classent parmi les adeptes romains de l'art nouveau et qui enthousiasment le Bernin (le *Martyre de sainte Suzanne* en particulier) — il s'isole dans une recherche personnelle, entièrement libre. Cette liberté, qu'il doit à l'indépendance matérielle assurée par son protecteur, Cassiano del Pozzo, aboutit chez Poussin au choix d'un certain ordre, d'une certaine rationalité, à l'abandon du mouvement effréné du baroque, au refus d'un excès d'expression. Ou plutôt, l'expression change d'objet. C'est Poussin qui écrit, dans le sens même du *Traité des passions* (1644) de Descartes : « le sujet, c'est toi-même ». Autre peintre français isolé dans le milieu de Rome, Claude Lorrain qui, s'égarant des journées entières, de l'aube à la nuit, dans le plein air de la campagne romaine, est devenu un chasseur éperdu de lumière. Où le situer ?

Pour clore ce bornage inopérant et finir sur un événement bien connu, rappelons le voyage du Bernin, convoqué par Louis XIV, en mai 1665, pour présenter un projet de la façade orientale du Louvre. Le « souverain de l'art » arrive avec le ferme dessin de proposer un projet « du premier coup tendu vers l'exceptionnel » : « Qu'on ne me parle de rien qui soit petit ! » explique-t-il à Louis XIV dès la première entrevue. Mais le vieil homme (il a alors soixante-sept ans) arrive trop tard, à l'heure particulière de la France. Il ne construira pas le plus baroque des palais qu'il ait jamais imaginé. Une solution classique sera préférée à la sienne [160].

À PARTIR DE VENISE

Dans le secteur nord nord-est de l'Europe qui lui fait face, l'Italie a rayonné plus fortement et plus longtemps encore que dans les autres directions. Ce qui chemine vers ce secteur privilégié, autant et plus encore que de Rome, part de Venise où l'artisan exemplaire et original du baroque — contemporain du Bernin et de Borromini mais resté fidèle sa vie durant à la ville de Saint-Marc — a été Balthazar Longhena (1598-1662). Élève de Scamozzi, il a travaillé à ses côtés à la construction des Procuratie Nuove et les a achevées après la mort de son maître. Son chef-d'œuvre est l'église de la Salute, construite à partir de 1632, au lendemain de l'épidémie de peste de 1629. L'admirable monument rayonnera à sa façon, comme Saint-Pierre de Rome. Mais, notez les dates : en gros, c'est un siècle plus tard que Johann Bernhard Fischer von Erlach bâtit, à Vienne, de 1716 à 1723, l'église votive de Saint-Charles-Borromée, la Karlskirche, qui fait penser à la Salute bien plus qu'à l'art romain. Dans la merveille des merveilles des villes de l'art baroque — un baroque qui s'installe sur les façades des maisons, retrousse d'une accolade les toits de tuiles qu'on aperçoit de la ville haute —, à Prague, un premier temps se marque avec l'arrivée de nombreux architectes, sculpteurs, peintres et maçons d'Italie. Le superbe et vaste palais de

Wallenstein, à l'extrémité de la Mala Strana, est construit de 1625 à 1629, étrange palais presque aussitôt déserté que construit, au lendemain de la mort de Wallenstein. Au vrai un palais qui, extérieurement, est encore de la Renaissance, bien que le décor intérieur, l'immense salle d'apparat, les fresques, les lunettes, les stucs, les niches à coquilles soient incontestablement inspirées par l'Italie de l'art nouveau. Le vrai coup d'envoi, pourtant, n'est-ce pas, plus fastueux encore et plus authentiquement baroque, le palais que fait édifier, mais de 1669 à 1687, au Hradzany, le comte Cernin ? Ainsi la chronologie obstinément nous renvoie vers le dernier tiers du XVIIe siècle. Sans peine, nous serions même rejetés vers le XVIIIe siècle, en cette zone si particulière qui s'étale sur l'Europe, de Rome à Wilno, en Lituanie, et qui englobe les Alpes en dessinant un vaste croissant [161]. Non seulement la zone par excellence de l'expansion du baroque, mais aussi celle où l'Italie a le mieux répercuté les actes et les bruits de sa vie.

Ces dates, grossièrement indiquées et qui tournent autour des années 1660-1670, ont-elles un sens en elles-mêmes ? Le lecteur devine bien que nous revenons par ce chemin aux sinuosités de la conjoncture, à ces « montagnes russes » si régulières dans leur succession, toujours prêtes à suggérer une explication. Le premier geste, sans doute le bon, est de s'en méfier un peu. Mais enfin, les faits sont là : à partir du milieu du XVIIe siècle, une nouvelle régression s'esquisse, qui ajoute ses effets aux temps maussades qui ont précédé. Le résultat, une fois de plus, c'est un retour à la paix ; en 1648, en 1659, les *grandes* guerres se liquident, elles ne recommenceront guère avant le dur conflit de la Ligue d'Augsbourg (1684-1697). Alors, une fois de plus, le contraste habituel est devant nous : la guerre cesse ; le temps maussade s'installe ; mais la culture et la dépense pacifique reprendraient leurs droits. La thèse nous aura trop servi qui nous a accompagné ainsi de bout en bout de notre observation.

Comment en avoir le cœur net ? Il est évidemment trop facile de prêter des réflexions à qui n'a pas cru devoir les noter à l'intention éventuelle des historiens de l'avenir. Mais enfin, ce jeu n'est pas, ne peut pas être tout à fait illicite. En 1660, Barelli commence à Munich la construction de l'église des Théatins ; Carlo Carloni, un Tessinois, entreprend en 1663 la construction, à Vienne, de l'église des Neuf-Chœurs-des-Anges ; le frère Andrea Pozzo met en route (1701-1703) l'église de l'université de Vienne. Voilà trois Italiens, à l'étranger, chefs de chantier. Ne les aurait-on pas surpris si on leur avait affirmé que l'Italie — leurs Italie diverses — était prise dans une décadence inexorable ? Oui, mais si, en 1935, à l'université de São Paulo, au Brésil, où j'enseignais en compagnie du mathématicien Fantappié de l'université de Bologne, du poète Ungaretti et de Claude Lévi-Strauss, on nous avait posé la question de la décadence de l'Europe ou de la France, n'aurions-nous pas souri ?

La science, balance inadéquate

Le tournant du XVIe au XVIIe siècle a représenté, à travers l'Europe, un moment décisif, la « naissance de la science moderne », disent les uns, ou, ce qui revient au même, la « renaissance scientifique », disent les autres. Expression discutable et qui prête à confusion, mais « Renaissance » il y a eu, puisque l'imprimerie a diffusé tardivement, de façon efficace, les pensées novatrices d'Archimède et d'Appolonios de Rhodes (sur les coniques) et que cet apport a été décisif. Que de fois, songeons-y, Léonard de Vinci n'avait-il pas cherché, en vain, tel ou tel manuscrit d'Archimède ! Ces publications ont aidé au démarrage de la science fondamentale.

Certes, il n'est pas tout à fait licite, en ces années tournantes mais à peine engagées sur le très long chemin de la science moderne, de distinguer *science fondamentale* et *science appliquée*, autant dire science et technique. La merveilleuse conjoncture, ce sera le rapprochement futur de la technique et de la science, mais le « savoir des artisans » ne rejoindra qu'à pas très lents la pensée abstraite des savants, des « logiciens », comme disaient parfois ceux que nous appellerions, *nous*, les techniciens de l'époque (par exemple l'Anglais Robert Norman, ancien navigateur et fabricant de boussoles, dans son livre *La Nouvelle Attraction*, publié en 1581). La science moderne, ce sera un chemin entre ces deux lignes essentielles.

C'est déjà là que se place la pensée novatrice de Francis Bacon (1561-1626), « le Christophe Colomb de la philosophie » — philosophie, c'est-à-dire science, philosophie naturelle. Dans le *De dignitate et augmentis scientiarum* (1605), dans l'*Instauratio magna*, ou le *Novum Organum* (1620), Bacon recommande l'expérience, l'observation des faits, avant tout essai d'interprétation logique. Donc, il « conçoit très nettement le statut de la science nouvelle. Il s'agit de prendre en main le concret, pour le penser par des théories exactes [162] ».

Or, dans toutes ces directions — science fondamentale, technique, science expérimentale —, l'Italie n'est certainement inférieure en rien au reste de l'Europe. En cette époque clé, où il faut à la science « un pionnier hardi, osant avancer sur un terrain peu stable, avec une confiance illimitée en sa propre intuition [163] », surgit en Italie l'œuvre fantastique de Galilée. La balance, si balance il y a, ne peut que pencher du côté de la Péninsule.

Selon Alexandre Koyré, la physique moderne « est née avec et dans les œuvres de Galileo Galilei et s'est achevée dans celles d'Albert Einstein [164] ». Donc une œuvre, une pensée tournées *puissamment* vers l'avenir : « Il n'y aurait pas eu Newton sans Galilée et il est à peine paradoxal de dire qu'il n'y aurait pas eu Galilée sans Newton [165]. » Le principe de la relativité de Galilée n'est-il pas ainsi le premier jalon sur un chemin repris plus tard par Einstein ? Einstein en est bien conscient : son enthousiasme est manifeste dans la préface qu'il écrit au *Dialogue des grands systèmes* et il est sur le point de s'égarer, dit-il lui-même, et de « donner une image démesurée » de son héros, tant il le fascine [166]. Tourné vers l'avenir, entièrement, Galilée frôle les découvertes qui vont suivre. Je croirais volontiers avec Umberto Forti [167] (contre Alexandre Koyré) qu'il a compris, cerné, sinon formulé à la perfection le principe d'inertie, qu'il est à quelques pas de la gravitation universelle et du calcul infinitésimal, qui achèveront d'un coup son explication du monde.

Dans l'autre sens — vers le passé — les historiens se sont ingéniés, pour situer son œuvre, à remonter le cours du temps et à marquer vers l'amont ses dettes proches, lointaines et même très lointaines. C'est, en effet, à partir d'explications, d'erreurs, d'hypothèses antérieures que la pensée de Galilée a accompli sa marche précautionneuse car, jusqu'à ses derniers jours, patient et lent, Galilée a été comme à la remorque de son génie. Certes le Florentin aura mal utilisé l'œuvre de Képler ; en revanche, très tôt, alors qu'il enseigne encore les leçons d'Aristote ou de Ptolémée, avant même sa fameuse lettre à Képler en 1597, il s'est rallié à l'héliocentrisme de Copernic. Il l'accepte comme une hypothèse dont il essaiera patiemment de prévoir toutes les nombreuses conséquences. Il met aussi en cause « l'ensemble des méthodes imaginées, dès le XIVe siècle, [par les Oxfordiens et les Parisiens, dont le grand Nicolas Oresme] pour éclairer le mouvement dans son devenir spatio-temporel [168] ». Il faut même aller plus loin, jusqu'au mathématisme et à l'hydrostatique d'Archimède. Et il serait injuste de ne pas remonter jusqu'à Aristote lui-même. C'est l'explication du monde d'Aristote que Galilée va détruire et l'attention aiguë que suppose cette démolition, comment ne pas la placer aussi dans l'œuvre du Florentin ? Elle la commande.

Le gros problème, pour Galilée, c'est l'identification, une fois pour toutes, de la Terre, non plus immobile au centre de l'Univers, mais en mouvement et perdue dans le monde céleste qui l'entoure. Des deux univers que distinguait Aristote, l'un imparfait, lieu de « corruption », notre terre, l'autre parfait, divin, le ciel, il s'agit de n'en plus faire qu'un seul. L'œuvre de Képler (1571-1630) aurait aidé Galilée si celui-ci n'avait pas été allergique à la pensée de son contemporain, pythagoricien et mystique, peut-être le plus grand savant de son temps. Mais le fatras de ses écrits pouvait en dérober les étonnants prolongements. Galilée a beaucoup perdu à négliger les orbites elliptiques et les lois du savant allemand, et aussi sa théorie des marées, bien supérieure à la sienne propre. Sans doute « l'individu créateur manque-t-il souvent de réceptivité », suggère Einstein qui plaide les circonstances atténuantes en faveur de Galilée. Et puis le problème qui hante Galilée — celui de l'unité de l'univers —, Képler précisément le résout mal. Sa *Physica coelestis* (1609) ramène, en principe, le ciel aux lois de la physique terrestre, mais en principe seulement. Il continue à croire que mouvement et repos s'opposent « comme la lumière et les ténèbres », et même « que le repos est, ontologiquement, d'un niveau plus élevé que le mouvement ». Étranges hésitations chez un homme exceptionnel qui a écrit « ubi materia, ibi geometria », qui a découvert le mot d'*inertia* dans son sens scientifique et qui, cependant, n'arrive pas à chasser de son esprit les vieux termes de l'explication du cosmos. « Le monde du Moyen Âge refuse encore de mourir [169] » ; nier ce monde-là est sans doute ardu. Mais c'est laisser la carrière ouverte à un esprit plus libre. Après la parution du *Nunzio Sidereo* (1610) de Galilée, Képler, qui a vérifié la présence des satellites de Jupiter découverts par le Florentin, s'exclame : « Vicisti Galilee ! » Tu as gagné, Galilée !

Et c'est bien cette explication révolutionnaire du monde qui va faire problème. Un monde géométrisé, infini, où tout mouvement, si aucune cause n'intervient à l'encontre, doit se poursuivre éternellement, est blasphématoire. Un des plus fidèles disciples de Galilée, Benedetto Castelli (1577-1644), s'inquiète, « [...] conciosiaché se fusse vero che il moto fusse eterno, io potrei diventar ateista ; e dire che di Dio non avevo bisogno [170] », « attendu que s'il était vrai que le mouvement soit éternel, je pourrais devenir un athée ; et dire que, de Dieu, je n'avais pas besoin ».

L'explication de Galilée, est-ce une *opinion* ou une *démonstration* ? Plutôt une opinion. Nul n'a mieux dit que le père Lenoble combien, à ses débuts, elle avait relevé de l'intuition et de l'imagination. C'est un pari extraordinairement risqué que Galilée a osé faire. En 1623, quand il affirme que « la Nature est écrite en langage mathématique », il n'a pas encore mis au point ses remarques sur la chute des corps. « Les formules satisfaisantes » datent seulement du *Dialogue sur les deux grands systèmes du monde* de 1632. Il n'en va pas moins de l'avant. « Car c'est la pensée, la pensée pure et sans mélange, et non l'expérience et la perception des sens, qui est à la base de la « nouvelle science » de Galileo Galilei [171]. » Lui-même, dans le *Dialogue*, ne répond-il pas à son adversaire aristotélicien qui lui demande : « Avez-vous fait une expérience ? — Non, et je n'ai pas besoin de la faire. Et je peux affirmer sans aucune expérience qu'il en est ainsi, parce que il ne peut en être autrement. »

Un soir, à la fin de sa vie, Galilée est à Arcetri, triste, en somme en résidence surveillée. Près de lui, Vincenzo Viviani (1622-1703), qui n'a pas encore seize ans. Galilée lui explique les lois du mouvement accéléré. Et l'enfant lui dit brusquement : « Oui, mais vous n'avez pas démontré cela mathématiquement. » L'objection est sans doute percutante. Le vieil homme ne dort pas de la nuit, mais le lendemain il a trouvé la démonstration : elle prendra place dans les éditions ultérieures de ses *Discorsi sur deux sciences nouvelles* (1638), sa dernière œuvre, la plus belle de toutes. Vincenzo Viviani pensait sans doute à cet épisode, quand, le 20 août 1659, longtemps après la mort de Galilée, il écrivait au prince Léopold de Médicis et lui racontait l'anecdote, souvent citée, du savant jeune encore (vers 1583, il n'avait pas encore vingt ans) observant les oscillations régulières d'un lampadaire, au Duomo de Pise, sorte de pendule expérimental. Parlant du mouvement, une fois de plus, Vincenzo ajoute que « notre grand Galilée a su le premier le soumettre aux lois très strictes de la divine géométrie » (seppe il primo sottoporlo alle stretissime leggi della divina geometria...) [172]. Je souligne les deux derniers mots. Et si j'insiste sur la géométrisation, c'est qu'elle est au cœur du débat. « La transformation des problèmes physiques en problèmes mathématiques [...] constitue la véritable tâche de la philosophie naturelle, cela n'est pas sans comporter un certain nombre d'exigences », et au moins celle-ci : « une conceptualisation suffisante qui permette, sans la déformer, de rendre les faits naturels homogènes à la raison mathématique ». Mais cette raison mathématique, c'est une série d'outils : ou je les possède, ou non. Galilée lui-même se trouve arrêté, une fois parce qu'il lui manque une théorie correcte de la force centrifuge, une autre fois parce qu'il n'a pas à sa disposition le théorème que Bernoulli formulera seulement en 1696, etc. [173].

Mais il n'est pas question de nous attarder à cette pensée merveilleuse qui fait basculer la conception ancienne du monde. Le problème est de la situer. Elle précède Descartes, elle précède Newton. La découverte d'un monde infini, géométrique, confondant terre et ciel — c'est son œuvre. Les autres, si grands qu'ils soient, suivent dans la brèche.

Mais ce n'est que depuis peu que justice lui est rendue : « Pour les Anglo-Saxons, écrit Louis Rougier, le père de la pensée est le chancelier Bacon ; pour les Français, c'est René Descartes. Or Galilée les précède, les complète et les dépasse. Bacon n'a vu de la procédure scientifique que le rôle de l'expérience ; Descartes que celui de la déduction mathématique. Galilée a su associer mathématiques et expérience, pour fonder la science quantitative des Modernes. Le préjugé baconien et le préjugé cartésien sont si tenaces qu'il n'existe, à la seule exception des *Mécaniques de Galilée*, traduites par le père Mersenne, aucune édition française de ses œuvres maîtresses, ce qui est proprement scandaleux. [...] On dirait que la condamnation de 1633 a fait peser son exclusive, jusqu'à nos jours, sur celui sans qui notre civilisation ne serait pas ce qu'elle est [174]. »

Au premier plan de la recherche théorique, Galilée est aussi de plain pied avec la science expérimentale. Voyez comme il raconte, dans le *Nuntius Sidereus* (1610), puis dans *Il Saggiatore* (1623), comment, ayant appris à Venise la découverte par un Hollandais d'une lunette « avec laquelle les choses apparaissent très voisines », « le jour suivant, explique-t-il, je fabriquai l'instrument et j'en rendis compte à Venise. [...] Je pris soin ensuite d'en fabriquer un autre plus parfait ». Et il l'expose, pour ses amis et visiteurs, un mois durant.

L'important, ce sera l'usage qu'il fit (mais tout le monde le connaît) de la lunette dite de Galilée. Découvrir des montagnes sur la Lune, des taches sur le Soleil, c'était détruire des mythes : le monde sidéral n'était donc pas plus parfait que le nôtre ! L'idée des taches sur le Soleil, en particulier, parut sacrilège. Pouvait-il y avoir, pour un aristotélicien, « opinion plus erronée que celle qui impose de l'ordure à l'œil du monde, lequel Dieu a établi pour être le flambeau de l'univers [175] » ? Aussi bien, le collègue de Galilée à l'université de Padoue, Cesare Cremonini (1550-1631), esprit libre cependant, refusa-t-il, étant bon aristotélicien, de regarder à l'œilleton de la lunette maudite. Surtout ne nous indignons pas rétrospectivement, sourions plutôt : aujourd'hui, un conflit aussi radical s'est bien produit entre partisans des mathématiques « nouvelles » et « anciennes » —

et non moins entre historiens des *vieilles* et des *nouvelles* écoles.

Mais ne nous perdons pas dans ces discussions. Nous voulions seulement marquer l'importance des expériences et de la technique dans la vie de Galilée, et ainsi étendre son œuvre dans cette direction capitale. J'inscris à son actif un brevet pour une machine à élever l'eau (1593), machine expérimentée en 1604 ; la construction d'un thermoscope, ancêtre du thermomètre (1606) ; l'étude du mouvement des projectiles, en 1609 (n'oublions pas qu'à Venise, il fréquente l'Arsenal) ; les observations à l'aide du microscope simple (1614) ; l'étude des marées (1614). À Florence, depuis 1610, il est le conseiller du grand-duc chaque fois que ses ingénieurs se heurtent à des difficultés.

Enfin, comment ne pas ajouter à son œuvre les œuvres de ses disciples ? Celles-ci tracent des sillons lumineux à travers la nuit où l'on veut que s'ensevelisse l'Italie du XVIIe siècle, un peu plus tôt, un peu plus tard, après le procès et la condamnation de 1633, plus encore après la mort du vieux combattant, en 1642.

Le plus grand de ses élèves et amis, c'est peut-être le jésuite Francesco Buonaventura Cavalieri (1598-1647), à qui l'on doit la diffusion, en Italie, des principes de trigonométrie et du calcul logarithmique, et qui, avec sa théorie des *indivisibles*, touche aux portes merveilleuses du calcul infinitésimal ; le plus connu est Evangelista Torricelli (1608-1647) qui, dans sa très brève existence, touche à tous les sujets, s'occupe aussi bien des crues de l'Arno que des problèmes des fontaniers de Florence (d'où sa mesure de la pression atmosphérique), ou encore de la trajectoire parabolique des projectiles d'artillerie, ou des propriétés de cette courbe qui est un moment au centre irritant des recherches et des querelles du monde savant : la cycloïde. Et le plus curieux de tous est Vicenzo Viviani à qui sa longévité (1622-1703) permettra de mener à bien de multiples travaux, les uns de recherche, les autres de vulgarisation (notamment sur les coniques). Il reçut, en 1667, une invitation de Colbert qui s'efforçait d'attirer les meilleurs astronomes et savants du monde à Paris, où se construisait ce qui sera l'Observatoire, l'année même qui suivit la création de l'Académie des sciences. Viviani, auréolé de la gloire d'avoir été l'élève de Torricelli et de Galilée, devenu le personnage le plus célèbre de l'*Accademia del Cimento*, est sollicité en même temps que Huygens, Leibniz et même Newton. Cet honneur est tout de même un signe de l'influence persistante de l'Italie dans les milieux scientifiques européens.

D'ailleurs, comme Viviani refusera l'invitation française, c'est à un autre Italien, Gian Domenico Cassini, né à Nice en 1625, qu'elle sera transférée. Professeur à Bologne, Cassini acceptera le voyage, non sans avoir rendu visite à Viviani, pour le saluer à Florence et assister à une séance de l'*Accademia del Cimento*. Le voilà à Paris, le 4 avril 1669, et présenté, le 6, à Louis XIV. Il va bousculer aussitôt les plans de l'Observatoire.

Dans tout cela, où est la décadence de l'Italie ? Elle n'apparaît pas plus qu'elle n'apparaissait, une vingtaine d'années plus tôt, en 1644, dans le témoignage décisif du père Mersenne. Son *Éloge — Magni Galilei et nostrorum geometrarum Elogium utile* — déborde l'immense cas de Galilée : « Taceo [ce qui est une formule de prétérition] etiam subtilem Bonaventurae Cavallieri Geometriam per indivisibilia ; praeclarosque tractatus ab acutissimo Tauricello Galilaei succesore brevi speramus » (« Je passe sous silence la subtile géométrie pour les indivisibles de Buonaventura Cavalieri ; nous attendons à bref délai les traités éminents de Torricelli, le successeur si pénétrant de Galilée »). Ainsi sont associés à leur maître ses deux élèves. De l'*Éloge de Galilée* et de ses découvertes astronomiques, par la plume de cet étonnant père Mersenne qui a été, par excellence et pour l'Europe entière, l'intermédiaire né entre les savants, tout serait à retenir. J'aime ses images colorées, sorte de poème à la Rimbaud : « Jupiter rousse ou fauve, Mars noir comme la Terre, la Lune rougeâtre, Vénus très blanche, Mercure bleuâtre. » À côté des planètes, « le disque solaire... très brillant au centre, d'une lumière tirant sur l'argent, et son limbe est bordé, sur une largeur d'environ le quart du rayon, d'une couronne moins éclatante, dont la couleur tourne au rouge, ou plutôt au feu [176] ». Puisse Galilée, avec sa lunette, avoir vu le ciel sous ces mêmes couleurs !

Bref, sans sous-estimer la tragédie intense que sera pour la science le procès de 1633, sur lequel je reviendrai, je me refuse à voir la situation scientifique de l'Italie — science et technique — sous des couleurs immédiatement sombres. À court terme, c'est inexact. La science ne s'éteint pas du jour au lendemain, la technique non plus. Sur ce plan essentiel, l'Italie continue à proposer à l'Europe ses ingénieurs, sans doute les meilleurs du temps. Ils étaient à l'œuvre lors du gigantesque siège d'Anvers, en 1585, sous les ordres d'Alexandre Farnèse ; ils le sont encore lors du siège, non moins gigantesque, de La Rochelle par Richelieu, en 1628, et même au temps de Vauban [177]. En outre, les traités italiens de machineries sont parmi les plus beaux que l'on connaisse, destinés à être utilisés souvent jusqu'au XVIIIe siècle : ainsi le livre d'Agostino Ramelli, publié à Paris, en 1588 ; les livres de Fausto Veranzio (1617), de Vittorio Zonca, *Novo Teatro di machine et edificii* (Padoue, 1624), de Benedetto Castelli, *Delle misure dell'Acque correnti* (1628).

On doit à Umberto Forti, spécialiste bien connu de l'histoire des techniques et de la science, d'avoir récemment réédité les *Nuove Macchine* [178] de Fausto Veranzio — étonnant personnage, polygraphe, humaniste, par surcroît fort intelligent, passionné par des problèmes mécaniques tels que la meunerie automatique, les diverses formes de moulins à vent ou à eau, ou même utilisant la force des marées. C'est un plaisir que de suivre les procédés ingénieux que l'auteur propose en ce monde des merveilles.

Il faut signaler pour finir les activités novatrices de l'*Accademia del Cimento*. Elle s'est formée dès 1651, mais ne sera officiellement fondée qu'en 1657. Le grand-duc Ferdinand II et son frère Léopold ont fait construire, pour les savants, un laboratoire de recherche : y ont travaillé l'anatomiste Borelli, l'embryologiste Redi, l'anatomiste et minérologue Steno, l'astronome Domenico Cassini. Les expériences poursuivies par l'*Accademia* ont porté, avant tout, sur les mesures de la température et de la pression atmosphérique, sur les tirs d'artillerie, sur la vitesse du son et de la lumière, sur les fluides, sur la température de la congélation de l'eau. Mais la vie de l'Académie fut brève : en 1667, elle était dissoute. Comme la mesure survenait au moment même où Léopold, le frère du grand-duc, était élevé au cardinalat, le bruit courut que la dissolution de l'*Accademia* avait été le prix de cette élévation. C'est possible. En tout cas, un des membres de l'Académie supprimée, Antonio Oliva, était appréhendé à Rome par l'Inquisition ; pour échapper à la torture, il se suicida en se jetant d'une fenêtre haute de sa prison. C'est là, après le procès de 1633, un nouvel événement sinistre. Mais laissons ces ombres. Ce qui prouve la valeur scientifique de cette véritable Académie des sciences de Florence, c'est le succès des *Saggi di naturali esperienze fatte nell'Accademia del Cimento*, que Magalotti publia en 1667. Ces comptes rendus furent traduits en anglais (1684) et en latin (1731), à l'intention du public hollandais. Une édition française parut en 1755. Était-ce là, comme le dit Georges Gusdorf, « le chant du cygne de la science italienne [179] » ?

Peut-être. Et tout est lié, je l'ai dit, dans la vie d'une société. Toutefois — et c'est le sens du titre de ce paragraphe — on ne peut voir, du point de vue scientifique, les sociétés révolues d'hier à l'image des nôtres. La science, la recherche scientifique sont devenues aujourd'hui des « indicateurs » majeurs du niveau de développement. Toute puissance aboutit à ces signes d'excellence. Au temps de Galilée, l'importance de la science n'a pas atteint cette intensité. Elle ne peut pas être une balance de vérité. Elle n'est qu'un indice, nullement négatif, on l'a vu, en ce qui concerne l'Italie.

II

QUEL BILAN VERS 1633 OU 1650 ?

Nous avons jusqu'ici, systématiquement et avec une certaine complaisance, cherché les preuves d'une vitalité italienne qui surabondent de 1450 à 1650. Reste à ajouter à ce tableau les ombres qui l'accompagnent. Elles sont indéniables, bien que, vers 1633 ou 1650, elles ne nous paraissent pas se rejoindre déjà en une nuit complète. Nous allons ainsi contre l'avis quasi unanime des historiens. Mais trop souvent l'histoire se refait après coup. En fait, l'image obsédante de la *décadence* interpose ses écrans de fumée et ses faux problèmes entre l'observateur et les réalités de ce milieu du XVIIe siècle italien. Nous voilà introduit dans des discussions oiseuses, il faut les traverser.

La décadence italienne serait-elle « décadence morale, faiblesse, égoïsme, faute », comme le répète, sans trop y croire, Benedetto Croce [180] ? Cette vue pessimiste lui semble *en partie* à inscrire au compte des historiens italiens du Risorgimento, qui ont tendance à sous-estimer et assombrir à dessein les siècles de division et d'impuissance politiques de l'Italie, antérieurs à l'unité du pays. Mais enfin cette Italie-là, pour reprendre encore une phrase de notre illustre guide, « sarrebbe morta, ed ella non mori [181] » (« elle serait morte, et elle ne mourut pas »). Elle se reprendrait même à vivre « autour de 1670 », à remonter la pente. Déjà s'esquisserait, commencerait à s'esquisser le vrai Risorgimento, presque deux siècles à l'avance. Mais n'anticipons pas. Il serait paradoxal, tout de même, de prétendre réduire la décadence évidente de l'Italie à quelques décennies difficiles. Le processus est autrement large. Au XVIIIe siècle, le mouvement général qui entraînera l'Europe soulèvera beaucoup moins nettement une Italie à la traîne. Et c'est là qu'est sans doute le vrai problème.

GEORGES GUSDORF A-T-IL RAISON ?

Je ne crois pas que l'on puisse suivre dans ses conclusions le beau livre catégorique de Georges Gusdorf. Et pourtant, c'est un livre convaincant à première, même à seconde lecture. Qui n'accepterait avec lui, en toute honnêteté, que le destin des peuples n'obéisse pas seulement à des motifs économiques ? Il y a aussi des motifs culturels. Georges Gusdorf écrit pour son compte : « Nous sommes aujourd'hui tellement persuadés que les facteurs déterminants de l'évolution historique sont d'ordre économique ou social, que nous hésitons à admettre que les processus culturels puissent avoir des causes culturelles [182]. » Donnons-lui acte de cette protestation, que nous ferions nôtre, si les derniers mots en étaient : « [...] des causes *aussi* culturelles ».

Car cette phrase, qui semble anodine et frappée au coin du bon sens, est d'un radicalisme que le contexte du livre indique aussitôt : la « décadence » italienne, pour Georges Gusdorf, est précisément un processus presque uniquement culturel, les signes comme les causes de cette décadence étant strictement culturels, eux aussi : le concile de Trente (1545-1563) ; la création de l'Index par Paul IV, en 1557 ; le procès à retardement, en 1616, de Copernic, mort en 1543 ; le procès de Galilée et sa condamnation (qui eût sans doute été plus lourde sans la protection des Médicis), en 1633. L'intolérance religieuse étouffe progressivement la pensée scientifique — et la pensée sous toutes ses formes. L'Italie, au cœur de la Contre-Réforme, paie, par suite d'un choc en retour, les énormes succès qu'elle remporte avec l'aide de l'Espagne dans l'œuvre de recatholicisation de l'Europe, dans cette reconquête qui aboutit au double *limes* du Rhin et du Danube où Rome, une fois de plus, se réinstalle et s'arrête. Dans cette lutte idéologique violente, il y a eu un raidissement de Rome et, au-delà de Rome, de l'Italie entière. Bref, « la Réformation ouvre la voie à la décadence italienne : elle place Rome en situation de défense ; elle l'oblige à durcir ses positions menacées, qui doivent être tenues à n'importe quel prix [183] ».

Je ne nie pas un seul instant, bien entendu, cet obscurantisme que propage, à travers l'Italie entière, l'intransigeance attentive de l'Inquisition, à l'unisson d'ailleurs avec l'inquiétude, mauvaise conseillère, des fidèles. Giordano Bruno est tout de même livré à l'Inquisition par l'un de ses amis, à Venise, la ville la plus libérale cependant de l'Italie. Et comment oublier ces évasions, ces fuites vers l'étranger et les pays réformés de tant d'hommes désespérés, en qui Benedetto Croce a raison de voir les témoins d'un âge insupportable ? Que l'on songe aussi aux bûchers où brûlent les livres maudits. Le premier s'allume en 1524, à Venise, le jour de Saint-Pierre et Saint-Paul — et c'est ce jour qui sera toujours retenu pour les feux qui suivront, allumés rituellement sur le pont de Rialto [184]. D'autres villes ont imité le mouvement qui ne s'interrompt pas jusqu'à la fin du siècle et au-delà. En 1600, à Ferrare, on brûlait les livres hérétiques de la bibliothèque de la Française Renée de Ferrare. Mais un détail dispense presque de tous les autres : quand le pieux Benedetto Castelli, bénédictin comme l'on sait, demande à rendre visite à son vieux maître Galilée, malade et mourant, avec la belle excuse « de le préparer à mourir en bon chrétien », il obtient la permission demandée, mais l'entrevue se fera en présence d'un frère inquisiteur [185].

Ces faits rappelés et bien rappelés, Georges Gusdorf peut écrire : « C'est sans doute en vertu d'un phénomène de compensation que le Sud catholique (entendez l'Italie et l'Espagne) donnera naissance à la puissante floraison esthétique du baroque. La revendication de liberté, refoulée par les disciplines répressives de la Contre-Réforme, se satisfait par le détour sublimé des créations plastiques. Faute de pouvoir maîtriser le monde par la science et de pouvoir le transformer par la technique, l'imagination baroque s'enchante à jouer avec les formes et dimensions du réel. La vie n'est qu'un songe, et le paysage un décor d'opéra, dressé pour une fête en l'honneur de Dieu ou des princes... [186]. »

Admirable image. Mais faut-il se laisser séduire « par une

explication qui n'explique rien », pour retourner contre l'auteur l'une de ses propres formules ? Cause, la Contre-Réforme est aussi un effet. D'où vient-elle elle-même ? Si les théologiens empiètent sur les terres d'autrui, comme les en accuse à juste titre un éminent Italien, émigré en Angleterre [187], ce n'est pas seulement en vertu d'une décision qui serait uniquement la leur et dont ils pourraient se dispenser. Ils sont agis autant qu'acteurs.

Plus clairement encore, il n'y a pas, il ne peut pas y avoir un secteur quelconque de la vie des hommes où tout se passerait en vase clos. Je ne crois pas, malgré l'estime exceptionnelle que j'ai pour Alexandre Koyré, qu'une histoire des sciences existe en soi ; ou pareillement, contre la majorité des historiens de l'art, que l'art soit hors des contingences sociales, où en réalité il plonge ses racines ; ou que l'économie soit pareillement un compartiment de la vie des hommes fabriquant sa propre histoire. Et ainsi de suite. L'histoire c'est cent corrélations à la fois, dont nous ne percevons au mieux que quelques-unes. Alors n'expliquons pas trop vite à partir de schémas trop simples !

Face à l'énorme problème de la décadence italienne, entre 1633 et 1670 (pour prendre, d'une part, la date du procès de Galilée et, de l'autre, cette année où tout commencerait à se réveiller, au jugement de Benedetto Croce), comment allons-nous imaginer que ce tournant n'implique pas aussitôt toute l'histoire de l'Italie, au moins de la Renaissance jusqu'au Risorgimento ? Qu'à côté de la culture, la société, l'économie, l'histoire générale, elle surtout, n'aient pas joué leur rôle ?

La montée des pays du Nord

La décadence de l'Italie — vérité relative à plus d'un titre et en plus d'un sens — ne se marque que par rapport à la grandeur multiple et nouvelle du Nord — avant tout, les Provinces-Unies dont commence l'âge d'or et, à un bien moindre degré, la France de Mazarin et de Louis XIV, l'Angleterre au sortir de ses guerres civiles.

Or, sauf les Provinces-Unies, lumineuse mais minuscule

exception ainsi que nous l'avons dit, cette Europe nordique a accueilli le baroque du Sud, quitte à s'en dépêtrer plus ou moins vite, comme la France, ou à ne lui faire que des emprunts sélectifs, comme l'Angleterre. Tout ce qui sous-tend le baroque, cette inquiétude qui va au fond de l'âme, cette conquête de l'imaginaire à défaut de la conquête du réel tangible, se retrouve ainsi dans l'espace où va s'organiser la nouvelle fortune de l'Europe. Que cet espace soit en partie celui qu'occupe la Réforme, voilà qui nous orienterait vers la thèse de Max Weber à laquelle nous reviendrons dans un instant. Mais Georges Gusdorf n'en suit pas exactement le chemin. Ce qu'il défend et prône rétrospectivement, dans sa plaidoierie émouvante, c'est la liberté, la tolérance. Sans elles, pas de science, pas de pensée féconde. Or, s'il en est ainsi, le procès de Galilée n'est pas le seul événement sinistre du XVIIe siècle : l'expulsion des Arminiens des Provinces-Unies, en 1621, la guerre civile anglaise (1642-1649), la révocation de l'édit de Nantes en France (1685) ne sont pas des événements futiles. Et il en est d'autres. Reconnaissons que l'esprit de tolérance a été malmené partout. Au siècle précédent, Calvin n'en est certes pas le représentant : le procès de Michel Servet vaut bien en horreur celui de Giordano Bruno. Et pour Luther, Copernic n'était qu'un fou ! La vie scientifique en magnifique essor, l'économie montante du Nord ont bien dû s'accommoder de ces avatars.

Mais ce qui échappe à l'Italie intolérante, ce n'est pas seulement la science, c'est aussi la prépondérance économique. Chez elle, le corps souffre autant que l'esprit. Faut-il alors croire sur parole Max Weber, dont le discours sur les origines protestantes du capitalisme est ultra-connu ? À le suivre, la Réforme aurait disposé d'un avantage exclusif dans les compétitions engagées pour la domination du monde. Elle aurait inventé le capitalisme. Comme si ce capitalisme, qui refleurit dans le Nord, n'avait pas tout d'abord germé, ne s'était pas tout d'abord épanoui en Méditerranée !

La domination économique dépend, à cette époque, d'une suprématie *marchande*, c'est-à-dire de trafics importants à l'échelle du monde d'alors, mais dérisoires à l'échelle du monde d'aujourd'hui. Il n'y a donc aucune surprise à ce que ces longs fils fragiles du trafic soient arrachés, un beau jour, de leurs anciens points d'attache, pour être arrimés à Amsterdam et s'y trouver accrochés, un bon siècle durant. La domination du monde est bel et bien le prix d'une agilité des transports et du crédit, qui est un jeu de l'argent dans le temps et l'espace. Mais cette agilité, soulignons-le, n'est pas forcément le fruit d'innovations décisives, d'un esprit supérieur d'invention, d'une liberté plus grande d'esprit ou d'un puritanisme soi-disant créateur.

En fait, le capitalisme d'Amsterdam n'est pas en avance sur celui des pays catholiques qu'il va supplanter. La lettre de change, les banques, les sociétés marchandes, le commerce des actions, le prêt à intérêt, autant d'instruments et de pratiques déjà connus, à Gênes ou à Venise. Le prototype de la Banque d'Amsterdam, c'est tout de même le Banco di Rialto, né en 1587, et Venise a trouvé d'elle-même les astuces de la monnaie de banque, qui fait prime sur toutes les monnaies réelles en circulation sur la place. Or le Banco di Rialto n'est pas lui-même le prototype des institutions bancaires. Du capitalisme du Sud au capitalisme du Nord, il y a eu transfert, imitation, continuité, non pas rupture et découverte. Aux bourgeoisies du Nord, dont les grands personnages nous accueillent dans les musées d'Amsterdam ou de Leyde ou de Rotterdam, correspondent, aussi sûrs d'eux-mêmes, les marchands d'Augsbourg la catholique et, au Sud des Alpes, ces bourgeoisies camouflées en patriciats, dont nous retrouvons les représentants à Venise, à Florence ou à Gênes. Eux aussi nous attendent dans les musées. Ces patriciens méridionaux s'octroient les privilèges de la noblesse, mais ils pratiquent les activités fructueuses du commerce ou de la banque, sans risque de déroger. C'est ce qu'explique à Simón Ruiz un de ses amis espagnols de Florence, à propos du mariage de Baltasar Suárez, autre marchand castillan installé à Florence et qui épouse, à sa propre stupéfaction, la belle-sœur du grand-duc de Toscane : « Dans cette ville, c'est une tradition très ancienne que d'estimer hautement les négociants ; princes et nobles sont eux-mêmes des hommes d'affaires et dans la maison des princes de Toscane, dans la famille de sa femme, ils le sont tous [188]. » Oui, tous des bourgeois et, osons-le dire, des bourgeois capitalistes.

Mais l'histoire qui les emporte est en réalité une très vieille histoire. Cette Europe réformée du Nord, qui va devenir l'espace prépondérant du monde, a été pendant longtemps une sorte d'Europe coloniale que la Rome médiévale a gourmandée, éduquée, exploitée. Les principautés ecclésiastiques s'y étalent, comme plus tard les réserves des jésuites en Amérique, véritables États dans l'État. Leur exploitation est religieuse, culturelle, matérielle aussi. En Angleterre, les Peruzzi et les Bardi ont essayé d'avaler toute la fortune fiscale du pays et toutes les marchandises propres à l'exportation. Voyez de quelle façon aussi le marchand, le transporteur du Sud, auront fait la loi, en ce carrefour de la mer du Nord où aboutit le commerce des Hanséates, à Bruges ou à Londres. Est-ce un hasard si la revanche réformée a été plus violente encore à travers les eaux de l'Atlantique, à peine découvert, que sur terre ? Si elle s'est attaquée à la richesse commerciale de l'ennemi autant qu'à ses armées ? Si cet effort militaire a été accompagné par les conquêtes silencieuses et quotidiennes d'une marine économe, parcimonieuse et rude à la tâche, qui s'est rendue maîtresse des liaisons avec l'Espagne dès 1530 et qui a fait irruption, à travers la Méditerranée, avec les années 1570-1580 ? Finalement, le pauvre, le besogneux a gagné. La Méditerranée trop riche de la fin du XVIe siècle et, en son cœur, l'Italie n'ont pu résister à cette concurrence obstinée, suffisante pour saisir les lignes profitables du vaste monde, car ces lignes, répétons-le, sont longues, étroites, fragiles...

Concurrence des bateaux, concurrence des métiers, concurrence d'une main-d'œuvre peu exigeante, la victoire du Nord est une victoire prolétarienne, celle-même qu'avait remportée sur l'Islam et Byzance une Italie de jadis, active, pugnace, sacrifiant peu au luxe. Soit un phénomène banal, dont les contemporains n'ont pas — vainqueurs inconscients de leur victoire ou vaincus aveugles à leur défaite proche — une conscience nette.

On remarquera que le grand démarrage d'Amsterdam se situe entre 1595 et 1600, au retournement de la tendance, dans une atmosphère de régression économique. Serait-ce que le retournement de la conjoncture, comme le disent un peu vite les historiens économistes, aurait été plus tardif dans le Nord ? En fait, je penserais plus volontiers que la conjoncture entre Sud et Nord joue sur une différence entre riches et trop riches d'un côté, pauvre et prolétaires de l'autre. Le Sud souffre, avec la diminution des arrivées de métal précieux en provenance d'Amérique, dans la mesure où sa fortune, avant tout celle de l'Italie, est celle d'une superstructure exigeante et sophistiquée. Ce qui va s'effondrer, c'est l'échafaudage des Génois, mais cela ne se fera pas du jour au lendemain. Le Nord a une économie plus simple et plus saine, le Nord ou plutôt l'Atlantique besogneux, de Lisbonne à Amsterdam et à Hambourg. C'est au long de ce front de mer étendu que s'élabore la victoire du marchand sur le manieur d'argent. J'ai exposé cette thèse il y a longtemps [189], sans connaître à ce sujet l'opinion analogue de Kurt Samuelsson. Cette rencontre m'est agréable. Ces considérations rapidement exposées, mais je l'espère d'une grande clarté, vont nous permettre de voir d'un autre œil les réalités de la vie italienne au milieu du XVIIe siècle, en ce point bas de son existence.

UNE HISTOIRE « SINCÈRE » DE L'ITALIE VERS LE MILIEU DU XVIIe SIÈCLE

L'Italie que nous apercevons vers 1650 a certainement été dépouillée d'un bon nombre de ses privilèges et prérogatives. Elle s'adapte au maussade, pour ne pas dire au tragique XVIIe siècle. Elle n'a plus cette liberté d'expression indispensable pour que fleurissent à l'aise les jardins de l'esprit. Ses réseaux marchands, qui n'ont pas disparu, ne dominent plus la Méditerranée qui a beaucoup perdu de son importance, ni le reste du monde touché par l'Europe et qui ne cesse, économiquement, de grandir et de prendre du poids. Si ses ports restent animés par le mouvement des bateaux, ceux-ci battent souvent pavillon étranger. Et si un port connaît une prospérité anormale, c'est Livourne, la ville étrange créée par la concupiscence des grands-ducs de Toscane et où le marchand juif est au service du capitalisme lointain, mais attentif, des Hollandais. Il n'y a pas là preuve de vitalité, mais d'asservissement, un exact renversement de la situation de jadis. De même, à Naples, près de l'actuelle piazza Dante, les énormes cuves à huile disent la victoire, là aussi visible, du marchand et du transporteur hollandais. La veille encore, l'huile se diffusait par le réseau des marchands bergamasques, installés dans les Pouilles et au service de Venise. De même, la banque italienne a cessé d'être prestigieuse : l'argent génois reste à Gênes, semble-t-il, et Venise vaut comme école pour les apprentis banquiers, non plus comme place importante d'argent. L'université de Padoue n'est plus le rendez-vous de l'Europe intelligente. Enfin, le costume masculin aux couleurs vives, la perruque poudrée de blanc, les modes féminines annoncées par l'envoi de poupées mannequins expédiées de Paris s'imposent au goût italien. Or nous savons que ce genre de primauté annonce les réussites politiques, comme le prouvait la diffusion antérieure du costume espagnol. Aujourd'hui, la culture de masse, la généralisation de la mode à tous les étages de la société, sa diffusion rapide d'un pays à l'autre, ont atténué ce phénomène sans le faire totalement disparaître. Hier l'homme raffiné, un peu snob, s'habillait à Londres. Aujourd'hui il s'habillerait plutôt comme à New York.

Enfin, au chapitre des pertes de l'Italie, inscrivons en lettres noires les pertes fabuleuses de population, à la suite des pestes de Venise (1629), Milan et Vérone (1630), Florence (1630-1631), Gênes et Naples (1656). Jamais la mort, depuis la Peste noire, n'avait provoqué de tels ravages. Mais enfin l'Europe a vécu à la même enseigne et, les fléaux conjurés, l'Italie reste tout de même le pays à plus forte densité de peuplement de l'Europe. Si le nombre, si le coude à coude réglaient tout, elle serait sauvée.

La liste de ses privilèges perdus concerne essentiellement les suprématies extérieures de la Péninsule. Alors, un instant, imaginons l'Italie, resplendissante encore, de 1575-1595, dépouillée de ce qui faisait sa lumière et son importance mondiale — et nous trouverions déjà l'Italie de 1650. De l'une à l'autre, quelques différences seraient à noter, mais en gros les réalités sont les mêmes. On notera au passage la faiblesse relative (à nos yeux) de ce qui est enlevé à l'Italie : autant dire qu'il y a peu de distance, somme toute, entre la grandeur et la non-grandeur. La suprématie italienne est morte, mais si l'on excepte quelques groupes de patriciens et un certain artisanat, assez restreint en nombre, la vie italienne n'a guère changé. Ainsi dans la Sicile, exploitée du dehors depuis toujours, fief un instant des Catalans, dominée ensuite par les marchands et boutiquiers génois, la Sicile qui n'a jamais participé à l'exploitation italienne de l'Europe — rien à peu près n'a bougé, au cours des siècles. Les conclusions d'un historien qui a réuni toutes les données statistiques sur l'île sont catégoriques : la Sicile, qu'elle mise sur le blé, la soie, ou le sucre, reste à l'intérieur d'une enveloppe économique étroite, qui l'emprisonne. Elle ne bouge pas. Elle n'avance pas. Elle ne peut ni bouger, ni avancer [190].

Ainsi ce que le recul découvre vers 1650, c'est une Italie qui continue comme toujours à pousser son travail agricole et artisanal aussi loin qu'il lui est possible de le faire. C'est l'Italie dont Guicciardini, au seuil de sa *Storia d'Italia*, disait déjà qu'elle était cultivée jusqu'au haut de ses montagnes, celle devant laquelle s'extasiait Montaigne, en 1580, lorsqu'il décrit, dans son *Voyage d'Italie*, les hautes collines savamment mises en valeur autour de Lucques. De même, dans son livre novateur, Emilio Sereni ne marque, dans le paysage agraire de l'Italie, aucune rupture décisive à ce moment-là [191]. Il y a longtemps, en effet, qu'a commencé, au rez-de-chaussée des terres saisissables, la lutte insidieuse contre les zones inondées où sévit la malaria. À Venise, dans le Milanais, en Piémont, ailleurs aussi, cette *bonification* a accumulé lentement ses effets. Le résultat spectaculaire, cause autant qu'effet, c'est le large retournement des classes riches vers la terre et son exploitation. Il y a ruralisation des classes possédantes italiennes, on a dit *reféodalisation* — le terme ne me plaît guère, mais comment caractériser ce retour d'une société vers un système de production agricole à nouveau prépondérant, sinon exclusif ?

Ce retour, ou cet enfoncement des riches dans la vie campagnarde, se fait à grandes guides, avec l'appui sous-jacent de larges fortunes et sous le signe de la joie de vivre. Bientôt, à Venise, les vastes palais du Canal Grande compteront moins que les villas luxueuses des bords de la Brenta qu'un voyageur découvre déjà avec étonnement, en 1591. Comme elles sont belles ! Il y a eu changement de vie, presque de patrie.

Nous pouvons presque nous mettre dans la peau d'un propriétaire de ce temps-là en lisant le livre de Tanara [192]. Aux amateurs de villas, il donne des conseils avisés : c'est là qu'il faut construire la maison du maître ; là un étang pourrait offrir la ressource des poissons d'eau douce, pour le maître et ses serviteurs, etc. Nous aimerions compléter ces indications descriptives par quelques données quantifiées (elles commencent à apparaître) : elles nous diraient l'ampleur et les véritables tournants de cette longue histoire, commencée dès le XVe siècle avec les gloires de la Renaissance, précipitée par la suite. À Venise, le grand tournant se situerait vers 1550 et sans doute a-t-il été le plus spectaculaire d'Italie : une ville marchande, qui n'était que de pierre et d'eau, se réveille comme une ville à prolongements campagnards. Il est vrai que ces campagnes seront exploitées de façon « capitaliste », le mot convient en l'occurrence, car ce qui semble pure « pétrification de capitaux », dans ce que nous appellerions de dispendieuses « résidences secondaires », a correspondu, en fait, à des investissements intelligents dans une agriculture productive. Ce caractère des exploitations vénitiennes sera indéniable au XVIIIe siècle et Jean Georgelin a établi les prodigieux bénéfices réalisés par ces *gentlemen farmers* [193].

Cette vie agricole vigoureusement poursuivie, c'est un privilège dont on n'aperçoit peut-être l'incidence véritable que par comparaison. Comme l'Italie (et à peu près au même moment), l'Espagne a vécu de dures années : 1640, soulèvement de la Catalogne et sécession du Portugal ; 1643, bataille de Rocroi ; 1647, révolutions de Naples, de Sicile ; 1648, paix de Westphalie ; 1659, paix des Pyrénées. Ce que la politique enregistre si impitoyablement, c'est le repli progressif de l'argent, du métal blanc d'Amérique. Un repli massif frappe l'Espagne de la même manière que l'Italie, dans ses structures extérieures. La voilà dépouillée des atours dont l'habillait la grande histoire. Mais, et Felipe Ruiz Martín (1971) l'a bien établi, si la décadence de l'Espagne vient bien de l'Amérique, sa ruine vient d'elle-même. L'agriculture de la Castille, abandonnée depuis 1550 *grosso modo* par l'argent des riches, s'est effondrée sur elle-même. Il y a eu là une blessure mortelle. Une blessure que l'Italie, soulignons-le avec force, n'a pas connue, bien au contraire. Au XVIIe siècle, bon an mal an, elle vivra de son propre travail, mangera son propre pain, sauf en certaines années de mauvaises récoltes, ou dans des villes situées en porte à faux, comme Gênes, ou Livourne, et même Rome, ou trop peuplées, comme Naples. Quelle immense supériorité ! L'Italie n'est pas tombée, quoi qu'on dise, au plan zéro de l'histoire. Et si elle persiste à vivre, selon la remarque de Benedetto Croce, c'est qu'en face d'une agriculture restée saine, le réseau des villes n'est pas démantelé s'il tend à se restreindre — donc il y a encore accumulation de capital, possibilité de reprise, et des industries se maintiennent, ne serait-ce que la soie ou les articles de Naples, à côté d'un commerce qui n'est pas seulement « passif », comme on dira au XVIIIe siècle. Bref, un équilibre s'aperçoit, qui ne peut être aussi médiocre qu'on le soutient d'ordinaire.

Expliquer le cas de Naples

Si l'on s'arrête à l'énorme royaume de Naples, énorme si l'on songe à l'échelle des États italiens du temps, nos explications ne semblent pas aller de soi. Il faut les préciser, ou les aménager, ce qui est plus grave. Mais, si on le fait à partir des travaux de Giuseppe Coniglio, de Rosario Villari, de Ruggiero Romano, de Pasquale Villani, d'Antonio Di Vittorio, le résultat risque d'être positif.

Que Naples soit, au XVIIe siècle, le cas le plus net de *reféodalisation*, en Europe occidentale du moins, le fait me semble indéniable. Reféodalisation, entendez par là le retour, en gros, à la situation sociale telle qu'elle pouvait se dessiner à l'aube du XVe siècle, à plus de deux cents ans en arrière.

Peut-être posera-t-on mieux le problème si l'on rappelle qu'il ne peut y avoir formation d'une féodalité, ou reféodalisation, que là même où un État préalable s'est désorganisé.

C'est à partir de cette désorganisation, à partir des matériaux libérés, qu'une société féodale se constitue d'ordinaire. Or un État mis à l'encan, n'est-ce pas précisément le cas du royaume de Naples ? Il doit cet avatar aux circonstances extérieures qui orientent son destin. L'Espagne, aux XVIe et XVIIe siècles, s'est défendue à partir des Pays-Bas. Elle est menacée en ce point extérieur et lointain mais, de là, par la vertu des positions stratégiques qu'elle occupe, elle menace les autres, l'Angleterre, l'Allemagne, les Pays-Bas eux-mêmes, surtout la France, visée en son cœur, Paris : ainsi en 1543, en 1596, en 1636... Depuis 1569, c'est par l'Italie et les routes transversales de l'Europe que la politique du roi catholique arrive encore à être efficace, en ce carrefour difficile à atteindre des Pays-Bas. À partir de 1618, avec les débuts de ce qui sera la guerre de Trente Ans, au-delà de 1621 quand recommence la guerre contre les Provinces-Unies, après l'intervention française de 1635, l'Italie est plus que jamais, pour l'Espagnol, la base de départ de toutes ses actions. Plus encore : il ne s'agit pas seulement d'utiliser une route sûre, mais de trouver sur place, en Sicile, à Naples, à Milan, les moyens de faire la guerre, c'est-à-dire de lever des troupes, fantassins ou cavaliers, de réunir des vivres et, pour organiser le tout, de se procurer de l'argent.

Toute la situation napolitaine se ramène à ce dernier terme du problème. Partout en Europe, l'effort de guerre provoque des tours de vis fiscaux supplémentaires, énergiques, efficaces. Sous Richelieu, le trésor royal double ou triple ses rentrées. Rien d'étonnant, donc, si, à Naples, avec ou contre la *Sommaria*, le vice-roi et ses aides sont sans fin en quête d'impôts nouveaux, de perceptions mieux assurées, de ressources, de redevances extraordinaires. En ce premier XVIIe siècle, difficile déjà, l'État, à Naples comme dans tout l'Occident, est la seule « industrie », ou la seule entreprise à aller encore de l'avant. Tout stagne ou semble stagner, seul l'État prospère. En France, l'autorité politique se vend par morceaux aux « officiers ». La vénalité des offices s'installe. Faut-il penser, avec Martin Göhring [194], que c'est le moyen trouvé par le roi pour faire payer les riches ? Mais le procédé ne peut être ni sans conséquences sociales, ni sans répercussion sur l'économie. L'argent que rassemble l'État quitte les circuits du commerce profitable. Et c'est ce qui arrive à Naples, de façon catastrophique.

Ce n'est pas, en effet, le *revenu* qui est mis à l'encan par le vice-roi, sur ordre de Madrid, mais ce que l'on pourrait appeler le *capital* de l'État, les postes mêmes de l'impôt, la propriété des juridictions, les droits régaliens plus ou moins ébréchés, les douanes du port, l'impôt sur la soie, les titres nobiliaires, enfin les paysans, c'est-à-dire les communes du domaine royal. Grâce à ces ventes et à ces aliénations, l'Espagne parvient à résister à ses adversaires, à une France irréconciliable qui, menaçante, explosive, se croit menacée, voire à la veille d'être étouffée par son adversaire. Il est curieux de constater, en tout cas, que la France ne réussit pas, au-delà de la Savoie et du Piémont, à forcer les vraies portes de l'Italie. Mazarin y aurait-il réussi en 1647, qu'un des ressorts essentiels de la résistance espagnole se serait trouvé brisé.

Bien sûr, il serait déraisonnable de croire à l'efficacité totale de cette exploitation fiscale. Il est probable qu'une partie des surplus obtenus reste sur place : la difficulté de contrôler les budgets, les habitudes et les roueries napolitaines font que l'argent sort souvent sans sortir.

Mais que la fraude ne gagne pas à tous les coups importe peu pour notre explication, laquelle concerne moins l'État espagnol que ses interlocuteurs. Si l'État vend, en effet, il lui faut des acheteurs. Il les trouve auprès des banquiers qui, comme des parasites, mettent à profit cette situation pourrie ; auprès des marchands, il en est encore dans le royaume riche en matières premières, en produits naturels, en hommes ; plus encore auprès des seigneurs, disons des « féodaux », de vieille ou récente extraction. Et, finalement, celui qui paie le gros des frais de l'opération, c'est le paysan des plaines ou des montagnes, producteur de blé, de laine, de viande, de vin, d'huile, de soie, et qui, comme les pêcheurs et autres petits revendeurs, porte ses produits sur les foires de Salerne ou d'ailleurs. Foires grouillantes de vendeurs et d'acheteurs, où les transactions sont énormes, continues. Il faut donc que le paysan dispose d'une certaine marge de production commercialisée, qu'il ne vive pas en régime d'autosubsistance ; que le jeu en vaille aussi la chandelle pour les acquéreurs de fiefs, que leurs terres, même achetées à haut prix, leur réservent un certain revenu. Tout cela suppose une économie d'un certain tonus.

Et pourtant, en 1647, la machine craque du dedans. La révolte éclate à Naples, elle gagne le royaume, y soulève une énorme jacquerie. Ce climat, il est vrai, n'est pas particulier au royaume de Naples : en 1649, la révolution est à Paris. Et elle ne fait que suivre une série de révolutions plus précoces (liées celles-ci directement à l'argent d'Amérique, à l'océan, à la respiration impériale de l'Espagne) qui avaient balayé l'Europe de l'Ouest, Catalogne, Portugal, 1640 ; Angleterre, 1642. Toutefois ces révolutions échoueront l'une après l'autre, celle d'Angleterre, la plus coriace, en 1660 seulement, avec la restauration de Charles II ; la Fronde, dès 1653, avec le retour de Mazarin, des intendants et de l'absolutisme de Louis XIV, mis en place avant même que le roi ne se soit saisi du pouvoir (1661). Avec des réticences, la Catalogne finit elle aussi par capituler. À Naples, en Sicile, l'insurrection aura duré le temps d'un feu de paille. Seul le Portugal gagnera sa partie — mais il lui faudra attendre vingt-quatre ans (1664) pour qu'un acte diplomatique consacre ce succès.

Le retour de Naples et de la Sicile au calme, c'est la découverte, par les aristocraties en place, que l'Espagnol reste le garant de la paix et de l'ordre social qui les avantagent. Comédie banale, au demeurant, car si le paysan de Naples a perdu la partie et l'a perdue durement, on sait que ce fut le sort de toutes les insurrections paysannes, si nombreuses à travers le passé de l'Europe. Le révolté a été toujours ramené à son devoir.

III

LA DÉCADENCE DE L'ITALIE CORRESPOND-ELLE À UN PROCESSUS DISCERNABLE ?

Les lignes qui suivent sont sans doute les plus discutables de ce texte. Elles essaient de dégager une problématique pour les grandes questions que nous avons abordées ; elle voudraient les enfermer dans un *modèle* valable de la *grandeur* et de la *décadence* italiennes, du XVe au XVIIe siècle. Ce modèle, bien entendu, nous imposera de descendre au-delà de 1650, de remonter en deçà de 1450 — et même de chercher hors d'Italie les comparaisons indispensables. Le plus difficile sera encore de ne pas trop répéter les arguments déjà mis en avant — mais ils comptent.

DES COURBES IMAGINÉES

Les historiens d'aujourd'hui sont familiarisés avec les courbes. Or aucune courbe, quelle que soit l'adresse du programmeur, ne pourrait résulter d'un traitement systématique des données qualitatives et quantitatives que nous possédons. D'ailleurs, quels « indicateurs » faudrait-il retenir pour mesurer la « grandeur » ou la « non-grandeur », mots beaucoup trop imprécis pour être confrontés tout de go aux mathématiques ? Reste à imaginer une pareille courbe. Démarche utile peut-être, à condition d'y voir seulement une façon de rechercher un certain langage et une certaine logique qui ne font, au mieux, que *ressembler* à une évidence. Après tout, ce discours ne ferait-il qu'en effacer quelques autres, tout aussi gratuits, qu'il aurait son utilité.

La courbe impossible à tracer (et que je suppose tracée, sans plus) commencerait vers 1100 ; elle se terminerait vers 1650. Entre ce commencement et cette fin, il faudrait imaginer non pas *un*, mais *deux* sommets au moins ; je propose *1350* et *1595*. Dates discutables, mais sûrement la courbe ne peut pas être simple, avec un sommet unique, à mi-course comme il se devrait, quelque chose comme une courbe symétrique de Gauss. Entre 1350 et 1595, un point bas se situerait assez bien vers *1450* (ou même *1500*). Autant constater qu'une crise longue se retrouve en Italie durant le siècle même (1350-1450) où elle se produit, violente, insistante, dramatique, à travers l'Europe entière, une crise qui ajoute, aux épidémies dévastatrices (la Peste noire) et aux guerres, des régressions économiques longues. L'Italie n'a pas échappé à ce reflux. Dans le *Décaméron*, Boccace et ses amis se sont réfugiés dans une villa de la campagne florentine, pour fuir les contaminations de la cité. Mais l'Italie, mieux défendue par sa richesse, ses techniques accumulées, sa déféodalisation largement accomplie durant le XIIe et le XIIIe siècles [195], résiste mieux que l'Europe à cette accumulation de malheurs. Il n'y a donc pas, pour elle, perte de sa supériorité *relative* — et c'est ce qui compte.

Donc, deux sommets, et aussitôt une discussion s'engage qu'on peut poursuivre à perdre haleine : à supposer, en effet, que nos sommets soient judicieusement choisis, *1350* se place-t-il à un niveau plus haut, ou plus bas, ou identique, par rapport à *1595* ? Certains historiens (et notamment Pierre Chaunu) ont pris l'habitude de dire que le XVIe siècle (*lato sensu* : 1450-1650) est récupération en même temps qu'essor. Sans doute ont-ils raison. Mais je les crois obnubilés par les indications assez sûres que nous offrent les progrès de l'histoire démographique : *1350* est probablement à la hauteur de 1550 ou 1575, si l'on songe au niveau de la population européenne. Et ce qui est vrai de ce point de vue pour l'Europe, l'est pour l'Italie. Mais la démographie n'est pas tout. La domination mondiale qui passe à la Hollande, puis à l'Angleterre, va en l'occurrence à des peuples peu nombreux, l'un comme l'autre : deux millions d'habitants en Hollande, cinq millions en Angleterre vers 1600.

La *grandeur*, c'est au vrai ce *surplus* de richesses dont on voit les éclats et la présence en Italie pendant si longtemps ; c'est ce qui s'ajoute à la vie de tous les jours, à une économie de base. Non pas une masse fantastique de biens, je le répète, mais des vaisseaux qui reviennent du Levant ou des Indes, des commerces précieux (poivre, épices, soie), des industries de luxe, des apports d'or et d'argent. Entre 1500 et 1650, 160 tonnes d'or, 18 000 tonnes de métal blanc, c'est là, selon les enregistrements officiels, tout le tribut des mines d'Amérique à l'Espagne et, au-delà, à l'Europe. On en connaît pourtant les effets.

Dans ces conditions, si l'on pense à la montée en flèche de la production, au gonflement des circulations monétaires, à l'agrandissement du monde, qui pourrait soutenir que 1595 n'est pas au-dessus de 1350 ? Et tout accompagne cette supériorité : l'épaisseur des trafics, la puissance de l'État, la science qui va connaître bientôt sa première mutation.

L'erreur serait de penser, en tout cas, que la décadence est une sorte de retour au niveau du départ. L'Italie de 1650, ce n'est pas l'Italie des premiers essors de Venise ou d'Amalfi. Je ne la vois pas *forcément*, et en tout, inférieure à l'Italie du XIVe siècle, si brillante qu'ait été cette dernière. Tout le monde pensera que la France du Roi-Soleil était plus « grande » que la France du général de Gaulle, mais cette France « inférieure » est de deux à trois fois plus peuplée, et je ne sais combien de fois plus riche que celle du Roi-Soleil. La grandeur, au sens qu'a ce mot dans nos explications d'historiens, se mesure toujours aux grandeurs des *autres*. Elle n'est grandeur que si elle surpasse autrui. L'Angleterre d'aujourd'hui est plus belle (ce qui n'est pas trop difficile), plus équitable et cependant moins *grande* que l'Angleterre de la reine Victoria. Moins grande, même si, en juin 1940, elle a sauvé le monde, moins grande parce que la Seconde Guerre mondiale, précisément, a achevé d'affirmer la surpuissance des États-Unis, de l'URSS, des États aux corps épais, en attendant la montée inévitable de la Chine.

Derrière la courbe de l'Italie, il faut donc imaginer celle de Byzance, celle de l'Islam, celle du monde occidental. Si l'Italie émerge, affirme sa grandeur, c'est que Byzance s'effondre, capitale bientôt sans chair vivante qui la nourrisse ; c'est que l'Islam perd la Méditerranée en son entier ou peu s'en faut [196]. Si l'Italie décline, c'est que les courbes mêlées de l'Occident (hors de la Péninsule) ne cessent de monter : l'Italie suit, mais ne surpasse, ni ne contrôle plus le mouvement. Elle décline parce que la Hollande monte. En somme, le *grand* jeu n'est pas entièrement, mais il est *substantiellement* extérieur. C'est autrui qui supporte, accepte ou brise notre grandeur. Notre faute, si faute il y a, est alors à partager.

En arriver aux moyens

La grandeur implique une ouverture sur le dehors ; celle-ci diminue-t-elle, la grandeur s'efface, ou pour le moins s'estompe ; s'élargit-elle, la grandeur s'affirme. Il est évident que le double problème revient, d'une façon ou d'une autre, à l'étude des moyens par quoi s'exprime, se fonde, dure une domination. Si l'on recourt aux comparaisons possibles avant la révolution industrielle (qui changera les proportions de toute domination), les grandeurs « modernes » de l'Espagne, de la Hollande, de l'Angleterre, de la France disent toutes une même et simple chose : à savoir que dans une économie donnée (la Méditerranée plus l'Europe ; ou le monde entier de la première modernité), il y a toujours, juste ou injuste, une hiérarchie. Une grandeur, c'est fondamentalement, au bénéfice de tel ou tel partenaire, une *asymétrie* de l'espace économique où s'étend son action et qui le privilégie, à plus ou moins long terme. Cette règle « tendancielle » ne vaut pas seulement pour l'histoire occidentale et méditerranéenne ; elle vaut partout dans le monde des hommes : il y a eu sur les mêmes bases une grandeur de l'Islam, une grandeur de l'Inde, une grandeur de la Chine.

Naturellement, les vraies grandeurs durent, elles ont le temps pour elles — le temps, étoffe précieuse. Toutefois, les grandeurs éphémères nous enseignent peut-être plus encore que les durables. Elles mettent à nu les ressorts de pareilles entreprises. La France en est un bon exemple. Pour ses historiens, elle ne cesse de mourir pour renaître, de se jeter vers une grandeur qui lui échappe, la meurtrit et la laisse revendicatrice et amère. Puis une nouvelle occasion surgit, qu'elle guettait en somme. Et l'aventure repart en flèche. Tous ces gestes sont comparables entre eux, ils s'expliquent l'un par l'autre.

Les dominations, si elles durent, atteignent une certaine perfection, non la perfection en soi. Si nous additionnions, dans l'abstrait, hors du temps vécu de l'histoire, tous les moyens qu'il serait possible d'imaginer au service de la domination et que nous dotions en esprit de *toutes* ces armes à la fois un partenaire imaginaire, bien sûr nous créerions aussitôt un monstre que l'histoire n'a jamais connu, même de loin. Aucun *grand* n'aura tout possédé à la fois : chaque grandeur claudique, a ses faiblesses, son talon d'Achille. Et ces *grandeurs imparfaites* nous introduisent au cœur de nos problèmes. Car si toute domination, par la structure de sa réussite, est imparfaite d'entrée de jeu, on s'expliquera mieux que son histoire soit traversée sans fin de troubles, d'inquiétudes, de défaillances, de désordres. Cette imperfection aide à percer le mystère de ces contretemps répétés, toujours à l'œuvre. Ainsi rien que de *naturel* si l'Italie de la Renaissance n'offre pas ce ciel sans nuage que lui prêtent les enthousiastes naïfs. La grandeur anglaise, hier, la grandeur américaine sous nos yeux ont leurs alertes, leurs drames, leurs crises. Qui le nierait ?

Le Sea Power

Les cinq grandeurs européennes entre lesquelles s'engage notre comparaison s'offrent comme un commentaire sans surprise du *Sea Power* de l'amiral Mahan. Toutes, en effet, s'appuient sur la mer. N'y avoir réussi qu'à moitié a été la constante faiblesse de la France. Elle a l'argent, les hommes, les encadrements guerriers de sa noblesse, des soldats, la volonté politique, les ressources d'un sol privilégié, un État tôt constitué et, tout étant relatif, bien constitué, une politique énergique, habile, au moins aussi malhonnête que celle des autres. Au XVIe siècle, elle perd l'Italie dont elle a tant rêvé, et non pas en 1525, sur l'étroit champ de bataille de Pavie, mais trois ans plus tard, en 1528, quand Andrea Doria abandonne le blocus de Naples et rallie, avec ses galères, le camp impérial. Sans la marine de Gênes, pas de domination possible pour le Très Chrétien, ni en Italie, ni en Méditerranée, et donc pas de grandeur impériale, pas de « domination universelle ». Au XVIIe siècle, Louis XIV aura été le vaincu de La Hougue (26 mai 1692), bien qu'il dise aussitôt que la nouvelle lui en parvient : « Quarante-quatre de mes vaisseaux en ont battu quatre-vingt-dix de mes ennemis. » Et c'est vrai, au demeurant, mais la marine française ne se relèvera pas de cette soi-disant victoire, qui fut pour elle un désastre. Enfin, l'immense épopée des guerres de la Révolution et de l'Empire, ce gaspillage d'un énorme *capital*, s'évanouira sans profit lors de la bataille de Trafalgar, le 21 novembre 1805, commencée à deux heures du matin, terminée à cinq heures du soir. Ainsi, trois fois au moins, pour des motifs si apparents qu'on ne peut manquer de les apercevoir, la France rate une grandeur à portée de main. Le livre ancien et dramatique d'Émile Bourgeois aura signalé le conflit mortel pour la France entre son destin maritime et son sort continental. Terres et mers d'Europe entourent la France, ce carrefour, cette place publique : elle ne peut négliger ni les unes, ni les autres. Son effort se divise. Dans l'équation anglaise, au contraire, la terre est éliminée du calcul.

Pour l'Espagne, l'épreuve est différente mais non moins instructive. Acceptons qu'elle ait « gagné l'Amérique à la loterie », ce qui n'est pas tout à fait vrai. Elle a été, en tout cas, à la hauteur de sa chance. La Castille a organisé ses *Indes* et cet Atlantique transversal que Pierre Chaunu s'obstine à appeler « l'Atlantique de Séville ». Nous connaissons des milliers de bateaux qu'elle aura fait circuler dans cette zone essentielle des trafics océaniques. Sa faute profonde, serait-ce d'avoir en même temps attribué trop d'importance à l'Italie et à la Méditerranée ? C'est possible. Elle a triomphé là où gagner était secondaire — à Lépante, en 1571 — et perdu, ou commencé à perdre, là où se jouait la partie essentielle, dans l'Atlantique, ou plutôt dans cette double souricière que sont la Manche et la traîtresse mer du Nord, lors de l'*Invincible Armada*, en 1588. Je dis : commencé à perdre, car en 1597 et en 1601, l'Espagne sera capable encore de lancer contre le Nord deux autres armadas, que dispersera l'insidieuse tempête septentrionale. Finalement, c'est en 1628 seulement que le coup fatal sera porté à la flotte de la *Carrera de Indias*, surprise et capturée par la flotte hollandaise de Piet Heyn à Matanzas, à la sortie de La Havane. Il reste que, durant plus d'un siècle, 1492-1628, avec ses navires de Biscaye — peut-être les meilleurs du monde — et d'Andalousie, plus les gros navires balourds des Flamands ou des Hanséates, la Castille aura tenu l'Atlantique moyen. Elle l'aurait mieux tenu encore si la porte des « Indes de Castille » avait été ouverte, d'entrée de jeu, à tous les ports actifs de la Péninsule, ce qui ne sera fait que tard, trop tard, en 1784.

L'Italie et la mer, c'est la même histoire, ou peu s'en faut — la même chanson, sans fin recommencée. La suprématie des marines d'Italie aura duré du XIIe siècle au moins jusqu'aux alentours de 1550, probablement jusque vers 1570. L'incertitude sur ce point final vient de ce que, à la différence des cas français ou espagnol, la puissance maritime italienne ne s'effondre pas dans un désastre retentissant de sa flotte, dûment daté et enregistré par l'histoire générale. En l'occurrence, pas de bataille de La Hougue, pas de bataille de Trafalgar. Et cependant on n'hésitera guère sur le terme de cette grandeur.

Vers 1530, je l'ai dit, les navires de l'Atlantique avaient renoncé aux voyages méditerranéens qui leur étaient devenus familiers, des années durant. Mais ils reviennent avec la reprise des années 1570-1575. Et, cette fois, s'ils ne submergent et ne brisent pas tout, ils détériorent sans conteste l'ordre ancien.

Non, certes, parce qu'ils seraient épaulés par une économie déjà dominatrice. Au vrai, la navigation est un métier de pauvres gens. Et les riches ont tendance à s'en décharger sur d'autres, à recruter des équipages hors de chez eux : Venise très tôt va les chercher en Dalmatie ou dans les îles grecques ; Gênes, de bonne heure, aura fait la fortune des gros voiliers ragusains, finançant leurs voyages, achetant des *carats* pour participer aux gains de leurs voyages et orienter à son gré lesdits voyages. L'âge d'or des flottes marchandes ragusaines, comme par hasard, correspond aux années 1530-1573 ou 1575, lorsque les bateaux du Nord sont absents de Méditerranée.

Les conséquences sont prévisibles : avec la seconde moitié du siècle, on voit décroître régulièrement le tonnage de la flotte vénitienne, sinon le trafic de son port ; il y a relève de ses navires et de ses équipages. Et l'exemple est significatif. Les gens du Nord utilisent des navires mieux construits, d'un prix de revient moindre, plus résistants, avec de meilleures vitesses de croisière, une défense en cas d'attaque plus sûre. Enfin, ils piratent à l'occasion. Les Catalans un peu, les Marseillais beaucoup, participent à cette conquête prolétarienne de la mer. Même la flotte des corsaires algérois devient nordique.

L'histoire de la grandeur hollandaise reproduit le même schéma et nous l'avons déjà présenté. La réussite première, c'est la conquête du chemin de la mer, de la Baltique à la péninsule Ibérique, à Lisbonne et à Séville. Elle est accomplie dès 1530, donc soixante ans avant le voyage de Cornelius Houtman, un siècle avant la rencontre de Matanzas. L'escalade hollandaise, à ses débuts, ressemble trait pour trait à ce qu'avait été, à partir du XIe siècle, la très lente montée des navires, marins et villes combatives d'Italie. À l'origine des aventures italiennes, se situe l'effort analogue de bateaux plus agiles, plus efficaces, d'équipages plus pauvres que les autres. Cette Méditerranée des Xe et XIe siècles, voyons-la par surcroît primitive, élémentaire. Comme au temps d'Hésiode, chacun peut, du jour au lendemain, y courir l'aventure. Ces musulmans d'un faubourg de Cordoue, à l'intérieur des terres, qui se lancent à l'eau, au Xe siècle, vont jusqu'à l'autre bout de la Méditerranée et s'emparent de la Crète. Et quel mal aura Byzance, par la suite, pour récupérer l'île !

Les marins italiens de ces temps lointains sont eux aussi, à l'occasion, des aventuriers. Leurs randonnées, je les vois à l'image future de celle des rudes marins « américains » du XVIIIe siècle, harponneurs de baleines, exportateurs de farine, de bois et de rhum, et qui vont jusqu'au nord du Pacifique ou en Chine, dans des bâtiments médiocres, saouls de rhum, sales à faire peur, naviguant sans boussole (et cette navigation « primitive » à une date tardive oblige à réviser bien des explications, trop simples et classiques, de l'histoire maritime). Mais l'aventure américaine du XVIIIe et du premier

XIXe siècle tournera court. La navigation à vapeur lui cassera les reins, au bénéfice du *steamer* anglais qui reconquiert l'Atlantique au-delà de 1840 — victoire silencieuse dont l'histoire générale parle assez peu.

Bref, il semble y avoir, en règle générale, au début des essors maritimes, une phase prolétarienne. Puis vient la richesse, pour laquelle Venise a inventé ou repris le proverbe que « le marin, comme le poisson, pourrit la tête hors de l'eau ». Alors il n'y a plus qu'à passer la main à plus pauvre que soi.

Espace et grandeur

Toute grandeur suppose un espace dominé (le dehors), plus vaste que l'espace privilégié qui lui appartient en propre (le dedans). Bref, toute grandeur implique un *surplus* d'espace. Pour l'Espagne, en simplifiant son destin, ce furent l'Atlantique médian et les Amériques : l'océan mal tenu bientôt, plus le continent américain et les îles océaniques, tenus avec l'âpreté d'un peuple de paysans. En ses possessions terriennes, l'Espagnol a été indéracinable.

Gênes et Venise ont pareillement tenu les espaces méditerranéens nécessaires à leur grandeur, par la force, ou par le biais des colonies marchandes. Cet espace ne leur a échappé qu'à partir de 1453, avec la poussée turque, mais pas d'un seul coup. Et le renforcement de colonies marchandes à l'ouest, grâce aux flux qui gagnent le Nouveau Monde et l'Extrême-Orient, a compensé les pertes cruelles subies dans le Levant — compensations d'argent, non d'espace.

Bien sûr, la vieille explication géographique du changement des routes mondiales se représente ici. Nous ne l'avions mise hors jeu que pour la durée du XVIe siècle. Au XVIIe, on ne peut douter que l'espace mondial, dans la forme qu'il a prise, ne porte un énorme préjudice, voire un coup mortel à l'espace méditerranéen qui enveloppe l'Italie. Mais il est sûrement faux que le jeu d'un espace contre un autre soit un simple effet de physique. L'espace qui agit, ce sont des hommes. Ce n'est pas la victoire mondiale de l'Atlantique qui ruine la mer intérieure, ou du moins la déclasse, mais la saisie des possibilités d'une économie mondiale par les Provinces-Unies, soit une œuvre *humaine*. Ce que l'homme réussissait dans le Nord, ne pouvait-il le réussir dans le Sud ? Les Génois n'ont-ils pas, à leur façon et pour un temps, dominé les trafics atlantiques de l'Espagne ?

Werner Sombart a vu le problème dans son livre *Les Juifs et la vie économique*, où il présuppose que ce changement a été lié aux déplacements des chaînes et réseaux de marchands juifs. Mais n'est-ce pas plutôt la réussite d'Amsterdam qui a attiré les Juifs à elle ? Toutefois, Werner Sombart a raison de dire que, pour l'exploitation de l'économie qui s'esquisse à l'échelle mondiale du XVIIe siècle, Gênes est aussi bien située, sur la carte des distances, que Hambourg, Londres, Anvers ou Amsterdam. Hier, avant l'âge de l'avion, les voyageurs pour l'Amérique du Sud préféraient s'embarquer à Gênes ou à Marseille, plutôt qu'à Hambourg, au Havre ou même à Bordeaux. Soit, mais il aurait fallu vouloir, pouvoir tenir ces lignes mondiales.

La position efficace, pour une action de cet ordre, est généralement ambiguë, à la jointure d'un espace lointain et d'un espace proche. Amsterdam ne vaut que par les courants à faible distance, qui la lient à la Baltique, à l'Angleterre, à l'Allemagne, à la Pologne, à la Moscovie, à la France, au Portugal, à l'Espagne. C'est pour être revendues que les marchandises arrivent dans ses entrepôts. L'espace proche de Gênes vaut-il cet arc maritime tracé de Gibraltar à Kronstadt ? J'en doute, bien que, par Cadix, l'Italie reste solidement amarrée à l'Espagne et, au-delà, à l'Amérique.

Il est une autre forme de grandeur, celle-là liée à l'espace proche. La France du XVIe siècle, par exemple, est encore à cette époque un vaste espace. Tout s'y loge sans l'occuper en son entier. Ni la guerre de Cent Ans, ni les guerres de Religion ne la submergent d'un seul coup. Et les guerres extérieures y restent « périphériques », l'ennemi n'y pousse que des pointes, même lorsqu'il atteint Marseille (1536), Meaux (1544), Amiens (1596), Corbie, Saint-Jean-de-Losne (1636), Cambrai, Douai (1712). Je me suis toujours imaginé la France des guerres de Religion sur le modèle de la Chine au temps de ses généraux, vers 1930. Une immensité où disparaissent les courriers, les voyageurs, les troupes d'armées. De Paris à Marseille, il fallait de dix à quinze jours au temps de Louis XIV. L'Italie entière est vaste, elle aussi, mais elle se traverse avec une certaine aisance, elle est ouverte à autrui, et bien avant les guerres d'Italie. Entrer en Italie, c'est en effet ouvrir des portes, mais l'une après l'autre, la difficulté est divisée à l'avance. La Péninsule est d'ailleurs habituée à ces visites : il y a eu déjà des « guerres d'Italie » au temps des Barberousse, de Frédéric II, des Angevins, des Aragonais. Mais les villes dominantes et qui se croient seules au monde se sont longtemps senties à l'abri, derrière leurs fortifications. Jusqu'au moment où le canon a été capable d'enfoncer leurs portes.

Les Provinces-Unies, direz-vous, sont plus petites encore. Mais, en 1672, si les digues ne s'étaient pas ouvertes à temps, que serait devenue Amsterdam dans les mains d'une armée française efficace ? Le miracle est l'exception qui confirme la règle. Quant à l'Angleterre, sa taille de guêpe est compensée par la mer qui élargit l'espace autour d'elle, par quoi elle respire et se défend. N'empêche que, dans le monde d'aujourd'hui où les pays épais font prime sur les autres, beaucoup plus qu'hier, c'est bien sa taille qui la condamne.

Capitalisme et économie sectorielle

Toute grandeur s'exerce par un système d'action et de vigilance, soit un système économique plus un système politique. Pour être efficace, il faut que ces systèmes s'accrochent, se coordonnent ; que moyens de production, organes de décision, intermédiaires, institutions, buts privilégiés à poursuivre, forment un tout cohérent ; qu'il y ait déjà, en ces siècles que nous étudions, un ordre *capitaliste*, efficace. Les mots de *capitaliste* et de *capitalisme*, anachroniques comme chacun le sait, le dernier surtout, sont pour l'historien des outils commodes, qui situent instantanément les débats. Si indispensables qu'on les retrouve sous la plume d'historiens connus pour en rejeter violemment l'ambiguïté. Ma foi, ils leur ont échappé ! Mais pourquoi ne pas les accepter simplement, chacun sachant, cela va de soi depuis la révolution industrielle, qu'il y a eu capitalisme et capitalisme ! À nos yeux, un certain capitalisme se situe au cœur de toute montée dominatrice des Temps modernes et, forcément, de tout processus de décadence.

De ce dernier point de vue, comment les choses se sont-elles organisées en Italie, à l'heure du repli, ou même avant ce repli ?

À Venise, où le hasard des sources nous renseigne curieusement, la place vers 1605 est dominée par les Florentins, eux surtout, propriétaires de maisons, et par les Génois, maîtres des changes, du commerce de l'argent (métal blanc) et des assurances maritimes. Les Florentins semblent mieux installés encore que les Génois. Il y aura d'ailleurs, avec la rupture des foires de Plaisance en 1621 et les pertes entraînées à Venise, une réaction contre les Génois. En tout cas, ici s'aperçoit l'image nette de jeux capitalistes entre les différentes Italie actives : les unes gagnent, les autres perdent. Mais le jeu ne nous est pas connu parfaitement. On dirait, pour esquisser un schéma de départ, que les prêteurs juifs sont au rez-de-chaussée de la vie quotidienne ; les Florentins à l'étage des affaires moyennes, soit de l'économie prudente ; les Génois tout en haut, sur la plus étroite et périlleuse plate-forme capitaliste. Si ces remarques sont exactes, les patriciens de Venise, à la recherche d'une compensation au moment de la chute des bénéfices commerciaux, se sont trouvés en face de positions occupées par d'autres et rejetés vers l'exploitation de la terre. Mais peut-être n'avaient-ils pas besoin d'être trop poussés dans cette direction ?

Naturellement, s'agissant de la décadence italienne, tout éclairage nous intéresserait sur l'implantation du capitalisme étranger, sur ce découronnement lent des systèmes dominants de la Péninsule par l'argent hollandais ou anglais. Les Hollandais semblent avoir touché tôt Venise, Naples et surtout Livourne, dont les marchands ne sont, à dire d'expert, encore vers 1720, que des « commissaires », rien de plus. L'argent anglais semble avoir préféré la place de Gênes où les premières maisons anglaises s'installeraient vers 1640. Felipe Ruiz Martín se demande même si l'argent que Gênes continue à prêter au roi catholique après 1627, ne serait pas de l'argent anglais camouflé. Mais ces dessous financiers sont soupçonnés plus encore que connus. Et quel a été le chemin de cette intrusion étrangère ?

Elle n'est pas arrivée aussitôt, en tout cas, par les hauts chemins de la banque et du crédit. Anglais et Hollandais ont attaqué le système italien à sa base, par leurs transporteurs, leurs marchands, leurs produits industriels, leurs marchandises indispensables, de l'étain de Cornouailles, du plomb, des cuirs de Russie jusqu'aux barils de harengs... Ces attaques — ou ces services — ont d'ailleurs été souvent le fait d'Italiens émigrés, protestants quelquefois, souvent des marchands installés en Angleterre ou à Amsterdam. On pourrait les repérer par les correspondances marchandes que nous possédons.

Le système économique des villes italiennes s'est peu à peu désorganisé. Peut-être conviendrait-il mieux de dire désarticulé. Une économie, c'est un tout, depuis ses premières prises, au ras du marché, à partir des activités les plus humbles, jusqu'aux spéculations les plus osées des spécialistes des changes de Besançon. Tout est lié. Alors qu'il y ait, dans tel secteur, une faiblesse ou une accélération, l'impulsion positive ou négative se répercute. En Espagne, le repli de l'agriculture où bourgeois et nobles n'investissent plus, ouvre le marché national au blé étranger, celui de la Baltique, contrôlé par Amsterdam, comble d'ironie ! En Italie, c'est l'inverse : l'argent des patriciens marchands, à Venise comme à Florence et plus naturellement encore autour de Naples, reflue vers les investissements fonciers. Il s'ensuit des tensions sociales, le monde paysan se trouve ramené à un ordre strict. Mais il y a montée de la productivité et de la production. L'Italie mange désormais son pain. Ce faisant, elle n'a plus la même nécessité impérieuse d'exporter vers le dehors ou ses produits fabriqués ou son argent comptant. Est-ce une chance ? Une chance de vie, oui sans doute. J'aurais préféré vivre en Toscane plutôt que dans l'Espagne de Philippe IV ou même, plus tard, dans la France de Louis XIV.

En revanche, ce qui se désorganise, c'est la marine. L'Italie perd une partie des bénéfices du fret et, d'une façon ou de l'autre, elle doit payer les transporteurs étrangers.

D'ailleurs la tactique de ces derniers est assez simple : ils essaient d'inclure dans leurs circuits ou Gênes, ou Livourne, ou Naples et d'en repartir avec du comptant, après avoir vendu barils de harengs salés, rosettes de cuivre, pains de plomb ou d'étain. Les pièces de monnaie embarquées, la bonne opération c'est d'aller charger aux îles du Levant les *uve passe* ou les barriques de vin de Malvoisie — ou mieux encore, toucher à la Syrie ou à l'Égypte et revenir avec de la soie, des épices, des drogues, du coton.

Ce commerce va se restreindre sans doute, mais il restera, après 1620, un commerce à haut profit. Il faut compter, en effet, sur la constante montée des prix à mesure que les cargaisons se rapprochent de l'Occident. Naturellement, en sens inverse, les produits manufacturés jouent leur rôle, les draps anglais, les *carisee* des documents italiens, sont en Méditerranée dès avant le XVIe siècle ; non seulement ils s'écoulent en Italie, mais ils se réexportent vers les Balkans et l'Asie. Et ils gagnent en masse la Méditerranée, soit par terre, à partir des Pays-Bas ou de Hambourg, par les routes bien organisées d'Allemagne et même de France, soit par les routes faciles de la mer.

En Méditerranée, les trafics nordiques ont ainsi pris le relais des Italiens. L'Italie marchande a toujours, en effet, dès les foires de Champagne, pris d'une main pour revendre de l'autre. C'est aussi la raison de l'association précoce de ses villes actives (Gênes, Milan, Venise, Florence) avec l'Allemagne, les produits de l'industrie allemande cherchant le débouché de la mer Intérieure. Venise pratique, avec Ravensburg, Ulm, Ratisbonne, Augsbourg — au vrai à l'échelle de vastes régions — l'association typique du marchand et de l'artisan. Ce n'est en effet que par poussées successives, coupées de pauses ou de replis, que l'industrie anime les villes italiennes. Il y a eu ainsi à Venise des éclipses de l'*Arte della Seta* et de l'*Arte della Lana*. Ce dernier a connu, en revanche, un renouveau d'arrière-saison, entre 1580 et 1610, suivi d'une chute à la verticale. L'exemple ne fait que grossir la règle : c'est le propre de l'industrie que d'être vagabonde. Elle pousse ici, puis là, puis plus loin. Vers 1650, l'industrie de la soie abandonne presque d'un seul coup le sud de l'Italie pour le nord. Au XVIIe siècle, un peu plus tôt, un peu plus tard, toutes les autres industries italiennes, ou peu s'en faut, tomberont en sommeil. La montée des prix, la hausse des salaires font leur œuvre. Les artisans ne peuvent plus vivre dans les villes. Les *Arti*, qui maintiennent de hauts salaires, rendent l'artisanat non compétitif à l'extérieur. Le repli artisanal sur les campagnes n'y entraîne pas une poussée de vie industrielle comparable à ce qui se passe en France ou en Angleterre. Donc, les métiers s'arrêtent.

Le bilan de ces ralentissements et de ces chutes a été souvent étudié ; il pourrait l'être mieux encore, mais les résultats généraux sont acquis déjà. Il y a eu, coup sur coup, en Italie, une longue crise catastrophique des transports, une longue crise catastrophique de l'industrie.

Restaient les admirables structures du crédit. Les banques urbaines s'étaient multipliées avec la fin du XVIe siècle, laissant entre elles une place assez large aux entreprises du crédit privé. En fait, dans le repli général, le crédit, le capitalisme financier et bancaire eurent la vie dure. À Gênes, le jeu se poursuit au moins jusqu'en 1627, même au-delà. Mais est-ce à l'avantage de l'Italie ? Ce crédit, détaché de la vie économique normale de la Péninsule, sert à manipuler l'argent du roi catholique, mais il n'en entraîne pas moins, dans son mouvement devenu comme naturel, l'argent des Génois eux-mêmes, des spéculateurs, des rentiers, des aristocrates qui se laissent tenter par les intérêts offerts : 8 à 10 % par an, en comptant les reports de foire en foire à 2 ou 2,5 %. Il se passe là ce qui se passera pour l'argent des épargnants français, au temps de la IIIe République : il quitte les circuits nationaux pour s'investir, au hasard des offres, dans les emprunts des gouvernements étrangers, y compris ceux du gouvernement russe. C'est aussi, *mutatis mutandis*, ce qui se passe dans la Hollande du XVIIIe siècle. Alors la place d'Amsterdam devient par excellence le centre des emprunts, la Bourse des titres étrangers. Les Hollandais ne détiendraient-ils pas entre le tiers et le cinquième des titres d'emprunt du gouvernement anglais ? Ils prêteront à tous les gouvernements, aussi bien à l'Électeur de Saxe qui veut devenir roi de Pologne, qu'à Catherine II ou à Louis XVI.

Cela dit, supposez que l'Italie qui, en 1600, n'avait pas

encore perdu la partie, puisse bénéficier par une sorte de miracle des conseils d'un économiste d'aujourd'hui (doublé d'un historien) et que celui-ci ait à proposer des remèdes, voire un « plan ». Bien sûr, il ne s'en sortirait pas. Entre ses avertissements, ses exigences, ses conseils répétés et la situation telle que la voyaient alors les hommes responsables et qui se croient raisonnables, l'écart serait fantastique, infranchissable. Le médecin ferait rire aux éclats le malade qui, de toute évidence, ne se considère pas comme atteint dans sa santé. Quelle politique autoritaire, en effet, aurait pu rejeter les patriciens vénitiens vers la mer alors qu'ils gagnaient 100 % à mener leur exploitation agricole, contre 10 à 15 % (risques non compris) à équiper des naves pour la Syrie ou l'Égypte ? À Gênes, casser l'écheveau maudit des *asientos*, mais ce serait se priver du métal blanc ; subir une très grosse perte, car un *asiento* est généralement remboursé par un autre *asiento*, dans une chasse rarement récompensée au *finiquito*. Autant demander à ces richissimes personnages de faire banqueroute. Et qui aurait pu expliquer aux princes et républiques d'Italie et aux Espagnols eux-mêmes, intéressés en l'occurrence, qu'ils devaient travailler à l'unité politique de la Péninsule, à un « marché commun », au nom des avantages de ladite Péninsule ? La lucidité à long terme n'est pas le propre des hommes politiques. Et moins encore des hommes d'affaires.

Grandeur et culture

Et le plus important reste encore à dire. J'ai gardé le souvenir d'une conversation mélancolique, en 1945, avec Georges Lefebvre, l'historien de la Révolution française. Il me disait en substance : « On a toujours prétendu que puissance et culture, entendez culture rayonnée [nous parlions du rayonnement éventuel de la France] étaient des phénomènes indépendants l'un de l'autre. L'Allemagne du début du XIXe siècle rayonne, disait-on, et elle est divisée, traversée par le soldat français, contrôlée ensuite par Metternich... *En vérité puissance et rayonnement culturel, sont les deux faces d'un même phénomène.* »

Je n'en suis pas aussi sûr que mon illustre interlocuteur avec qui, d'ailleurs, je discutais, ce jour-là, à bâtons rompus dans un couloir de la Sorbonne. Je n'en suis pas aussi sûr. Le rayonnement culturel, dans le cas de l'Espagne du siècle d'Or, c'est un phénomène d'arrière-saison. Le rayonnement de la France, sans remonter au *Secolo senza Roma*, n'obéit-il pas à une règle analogue ? Chaque fois, il suit les ratages de la politique : en 1529, à peine quatorze ans après Marignan, les jeux sont faits, vu les fautes de François Ier et les invraisemblables chances des Habsbourg ; or c'est alors que jaillit la Renaissance française, car il y a eu une Renaissance française. Après les grandes guerres de Louis XIV, autre échec retentissant, il y a la France des Lumières. « Le grand siècle, je veux dire, le XVIIIe » : le mot est de Michelet. Après 1815, voilà le romantisme. Après 1919 et l'échec d'une paix française, et cet épuisement où la « victoire » a laissé la France, c'est un épanouissement littéraire, artistique et scientifique que nous ne connaissions plus depuis longtemps. Pensant à la Grèce, à la chouette, symbole d'Athènes et de son rayonnement, Léon Brunschwig aimait à dire : « L'oiseau d'Athéna qui, malheureusement, s'envole à la tombée de la nuit. » À tort ou à raison, il me semble que la tombée d'une certaine nuit précède, commande d'ordinaire, toute grandeur culturelle. C'est la chute qui provoque cette multiplicité de lueurs. La France a été privilégiée de ce point de vue. Dans ce sens, la nuit, une certaine nuit est tombée deux fois du moins sur l'Italie, aux environs de 1450, aux environs de 1600. Tout le ciel d'Europe en a été éclairé.

NOTES

1. *Essai sur l'inégalité des races humaines*, 5ᵉ éd., I, p. 2.

2. *Cf.* Armando Sapori, *Studi di storia economica (sec. XIII-XIV-XV)*, 3ᵉ éd., vol. 2, p. 933, note 2.

3. Franco Simone, *Il Rinascimento francese. Studi e ricerche*, 1965, p. 7 ; Louis Courajod, *Leçons professées à l'École du Louvre* ; II, *Origines de la Renaissance*, Paris, 1901, pp. 25-28. Louis Hautecœur, *Histoire de l'architecture classique en France* ; I, *La Renaissance*, Paris, 1943, pp. 77 *sq*.

4. Emilio Lavagnino, *Gli artisti italiani in Germania*, in : *L'Opera del genio italiano all'estero*, III, Rome, 1943, pp. 13 *sq*.

5. Giuliano Procacci, *Studi sulla fortuna del Machiavelli*, Rome, 1965.

6. Cité par José A. Maravall, « Fragmento sobre Maquiavelo y el estado moderno », in : *Boletín informativo de Ciencia Política*, nº 2, 1969, tiré à part, p. 5.

7. Giovanni della Casa, *Oratione a Carlo Quinto imperatore intorno alla restitutione della città di Piacenza*, Florence, 1561, fº 60vº. *Cf.* F. Meinecke, *Die Idee der Staatsräson in der neueren Geschichte*, Munich, 1924.

8. Jean-Baptiste l'Hermite de Soliers, dit Tristan, *La Toscane françoise*, Paris, 1661.

9. Bibliothèque nationale, Paris, Fonds italien 1714, pour François Iᵉʳ et, pour Henri III, Armand Baschet, *Les Comédiens italiens à la Cour de France sous Charles IX, Henri III, Henri IV et Louis XIII*, Paris, 1882, pp. 66 et 67, note 1.

10. Gustave Attinger, *L'Esprit de la commedia dell'arte dans le théâtre français*, 1969, p. 184.

11. Henri Baudin, « L'italianisme dans les *Lettres* de Mᵐᵉ de Sévigné », in : *L'Italianisme en France au XVIIᵉ siècle*, suppl. du nº 35 de *Studi francesi*, mai-août 1968, p. 113.

12. « Les marchans ou bancquiers estrangers qui de longue main sçavent la pratique desdictz changes ont amassé [...] grosses sommes de deniers [...] sans avoir apporté esdictz pays lors quilz sont arrivez aultre chose que leurs personnes avec ung petit de credit, la plume

encore et papier, ensemble l'industrie de scavoir [...] remuer et destourner lesdictz changes d'ung pays en aultre... [avec] mille revoltures et embroillemens », Bibliothèque nationale, Paris, Fonds français, 2086, fos 60vo et 61ro.

13. Archives de Cracovie, Ital., 382. *Cf.* Fernand Braudel, *La Méditerranée et le monde méditerranéen à l'époque de Philippe II*, 2e éd., 1966, I, p. 183, note 9.

14. L'expression est de Lujo Brentano.

15. D.A. Zakytinos, *Crise monétaire et crise économique à Byzance, du XIIIe au XVe siècle*, Athènes, 1948, p. 40.

16. Elena Č. Skržinskaja, « Storia della Tana », in : *Studi veneziani*, X, 1968, tiré à part, p. 2.

17. Archivio di Stato, Venise, Senato Mar, 4.

18. D.A. Zakytinos, *op. cit.*, p. 37.

19. *Ibid.*, p. 38.

20. *Ibid.*, p. 44.

21. Archivio di Stato, Venise, Senato Mar, 4.

22. *Ibid.*

23. *Ibid.*

24. F. Braudel, *op. cit.*, I, pp. 425 et 426, note 1.

25. *Ibid.*, I, p. 428, note 3.

26. R. Hennig, *Terrae incognitae, op. cit.*, IV, p. 112.

27. *Ibid.*, pp. 33 *sq.*, et *Viaggi in Persia, India e Giava* di Niccolo de' Conti, Girolamo Adorno e Girolamo da Santo Stefano.

28. *Diario da Viagem de Vasco da Gama*, Porto, I, 1945, pp. 58 et 59.

29. Fernand Braudel, « Les Espagnols et l'Afrique du Nord », in : *Revue africaine*, 1928.

30. L'expression est d'André Chastel.

31. André Chastel, *La Crise de la Renaissance (1520-1600)*, 1968, p. 67. La citation est faite d'après le témoignage du Portugais Francisco de Hollanda.

32. Alexander Rüstow, *Weg der Freiheit. Ortsbestimmung der Gegenwart*, 1952, II, pp. 248-249.

33. Renée Doehaerd, « Les galères génoises dans la Manche et la mer du Nord à la fin du XIIIe siècle et au début du XIVe », in : *Bulletin de l'Institut historique belge de Rome*, 1938.

34. Federigo Melis, « Firenze », in : *Saggi in memoria di Gino Luzzatto raccolti da A. Fanfani*, pp. 139 *sq.*

35. *Ibid.*, p. 143, et Jean-François Bergier, *Les Foires de Genève et l'économie internationale de la Renaissance*, Paris, 1963, pp. 279 *sq.*

36. Alberto Tenenti et Corrado Vivanti, « Le film d'un grand système de navigation : les galères marchandes vénitiennes, XIVe-XVIe siècles », in : *Annales. Économies. Sociétés. Civilisations*, 1961, no 1, pp. 83-86 et carte.

37. *Ibid.*, p. 85.

38. Frederic C. Lane, *Andrea Barbarigo, Merchant of Venice, 1418-1449*, Baltimore, 1944.

39. Gino di Neri Capponi, *Commentari dell'acquisto di Pisa e tumulto dei Ciompi*, in : *Cronachette antiche di vari autori...*, pubblicate da D.M. Manni, Milan, 1844.

40. André Chastel, *Le Mythe de la Renaissance. 1420-1520*, Genève, 1969, p. 30.

41. R. Zangheri, « Agricoltura e sviluppo del capitalismo. Problemi storico-grafici », in : *Studi storici*, IX, 1968, pp. 531-563.

42. Carlo M. Cipolla, « L'economia milanese alla metà del secolo XIV. I movimenti generali (1350-1500) », in : *Storia di Milano*, vol. 8, p. 347.

43. F. Melis, *Aspetti della vita economica medievale. Studi nell'Archivio Datini*, Sienne, 1962.

44. Id., « Werner Sombart e i problemi della navigazione nel Medio Evo », in : *L'Opera di Werner Sombart nel centenario della nascità*, Milan, 1964.

45. *Mémoires de Messire Philippe de Comines*, augmentés par M. l'abbé Lenglet du Fresnay, 1747, IV, p. 103.

46. Henri Vast, *Le Cardinal Bessarion (1403-1472). Étude sur la chrétienté et la Renaissance vers le milieu du XVe siècle*, Paris, 1878, p. VIII.

47. F. Melis, *Aspetti...*, *op. cit.*

48. F. Simone, *Il Rinascimento francese*, *op. cit.*, p. 10.

49. L. Hautecœur, *op. cit.*, p. 77.

50. Léon Cahen, discussion (non publiée) du Centre international de Synthèse, 13 janvier 1935, sur le mot « Humanisme ».

51. Ruggiero Romano et Alberto Tenenti, « L'intellectuel dans la société italienne des XVe et XVIe siècles », in : *Niveaux de culture et groupes sociaux*, Paris, 1967, p. 56.

52. André Chastel et Robert Klein, *L'Europe de la Renaissance. L'âge de l'humanisme*, Paris, 1963, p. 17.

53. G. Ouy, « Paris, l'un des principaux foyers de l'humanisme en Europe au début du XVe siècle », in : *Bulletin de la Société de l'histoire de Paris et de l'Ile-de-France*, 1967-1968, pp. 71-98.

54. Roberto Weiss, « Italian Humanism in Western Europe. 1460-1520 », in : *Italian Renaissance Studies*, p.p. E.F. Jacob, 1960, p. 77.

55. *Ibid.*, p. 78.

56. Ezio Ornato, *Jean Muret et ses amis, Nicolas de Clamanges et Jean de Montreuil*, Genève, 1969, p. 192.

57. Ruggiero Romano et Alberto Tenenti, *Alle origini del mondo moderno, 1350-1550*, Milan, 1967, pp. 144-145.

58. Corado Barbagallo, *Storia universale*, IV, 1938, p. 232.

59. *Autobiografia de Miguel de Castro*, in : *Biblioteca de autores españoles*, tome XC, 1956, pp. 489 *sq.*

60. In : *The Economic History Review*, Second Series, vol. 14, n° 3, 1962.

61. Gino Luzzatto, *Storia economica di Venezia dal XI° al XVI° secolo*, Venise, 1961, p. 189.

62. Heinrich Kretschmayr, *Geschichte von Venedig*, Gotha, 1920, II, p. 385.

63. G. Luzzatto, *op. cit.*, p. 230.

64. Frederick Antal, *Florentine Painting and its Social Background. The Bourgeois Republic before Cosimo de' Medici's advent to power : XIVth and early XVth centuries*, Londres, 1947.

65. Viviana Paques, *Les Sciences occultes d'après les documents littéraires italiens du* XVIe *siècle*, Paris, 1971.

66. A. Chastel et R. Klein, *L'Europe de la Renaissance*, *op. cit.*, p. 92.

67. Yves Renouard, *Études d'histoire médiévale*, Paris, 1968, p. 118.

68. F. Braudel, *La Méditerranée...*, *op. cit.*, I, pp. 557, *sq.*

69. Eduard Fueter, *Geschichte des europäischen Staatensystems*, Munich, 1919.

70. F. Braudel, *La Méditerranée...*, *op. cit.*, I, p. 560.

71. F. Melis, « Il commercia transatlantico di una compagnia fiorentina stabilita a Siviglia a pochi anni dalle imprese di Cortes e Pizarro », in : *V° Congresso de historia de la Corona de Aragón*, 1954, Saragosse, pp. 131-206.

72. *Ibid.*, pp. 185-186.

73. Richard Gascon, *Grand Commerce et vie urbaine au xvie siècle : Lyon et ses marchands*, Paris, S.E.V.P.E.N., 1971.

74. L'expression est de Georges Gusdorf, *La Révolution galiléenne*, Paris, 1969, I, p. 22.

75. M. Bandello, *Novelle*, Londres, 1791-1793, II, p. 208.

76. Ainsi, dans un petit livre de vulgarisation, Gonzalo de Reparaz (hijo), *La Época de los grandes descubrimientos*, Editorial Labor, 1930, p. 90.

77. *Ibid.*, p. 90. *Cf.* l'étude classique de P. Peragallo, *Cenni intorno alla colonia italiana in Portogallo nei secoli XIV, XV e XVI*, 1907, et Charles Verlinden, « La colonie italienne de Lisbonne et le développement de l'économie métropolitaine et coloniale portugaise », in : *Studi in onore di Armando Sapori*, Milan, 1957, I, pp. 615 *sq.*

78. Jacques Heers, « Les hommes d'affaires italiens en Espagne au Moyen Âge : le marché monétaire », in : *Fremde Kaufleute auf der Iberischen Halbinsel*, p.p. Hermann Kellenbenz, 1970, pp. 74-83.

79. Henry L. Misbach, « Genoese commerce and the alleged flow of gold to the East », in : *Revue internationale de la banque*, 3, 1970, pp. 67-87.

80. Archivio di Stato, Venise, *Lettere commerciali*, XV, 9, et F. Braudel, *La Méditerranée...*, *op. cit.*, I, p. 428.

81. André Sayous, « Le rôle des Génois lors des premiers mouvements réguliers d'affaires entre l'Espagne et le Nouveau Monde, 1505-1521 », in : *Publicaciones de la Sociedad Geográfica Nacional*, 1932.

82. J.A. Goris, *Étude sur les colonies marchandes méridionales à Anvers de 1488 à 1567*, Louvain, 1925.

83. R. Gascon, *Grand Commerce et vie urbaine au* XVIe *siècle : Lyon et ses marchands*, *op. cit.*, p. 49.

84. L. Courajod, *Leçons professées à l'École du Louvre*, II. *Origines de la Renaissance*, *op. cit.*, pp. 26 et 647-655.

85. L. Hautecœur, *op. cit.*, I, p. 77.

86. *Ibid.*, p. 83.

87. *Ibid.*, pp. 84-91.

88. *Ibid.*, pp. 115.

89. G. Entz, « Nouveaux résultats des recherches poursuivies en Hongrie sur le gothique tardif et la Renaissance », in : *Studia historica Academiae Scientiarum Hungaricae*, 53, 1963, pp. 467-491.

90. A. Chastel et R. Klein, *op. cit.*, pp. 25-26.
91. *Ibid.*, p. 30.
92. *Ibid.*, p. 30.
93. Pour tout le paragraphe qui suit, *cf.* Zdenek Wirth, « Die böhmische Renaissance », in : *Historica*, III, Prague, 1961.
94. D'après Jean Georgelin, *Venise au XVIII*[e] *siècle*, Paris, 1978.
95. Pour les pages qui suivent, *cf.* le livre de Felipe Ruiz Martín, *El Siglo de los Genoveses.* Du même, « Los hombres de negocios genoveses », in : *Fremde Kaufleute...*, p.p. H. Kellenbenz, *op. cit.*, pp. 84-99.
96. Archivio di Stato, Venise, Cinque Savii, risposte 1602-1606.
97. Richard Ehrenberg, *Das Zeitalter der Fugger. Geldkapital und Credit-Verkehr im 16. Jahr.*, Francfort, 3e édition 1922, I, p. 350.
98. Museo Correr, Venise, fond Dona delle Rose, 26.
99. Carlo M. Cipolla, « Note sulla storia del saggio d'interesse. Corso, dividendi e sconto dei dividendi del banco di S. Giorgio nel sec. XVI », in : *Economia internazionale*, vol. 5, n° 2, 1962.
100. R. Romano, « Una crisi economica : 1619-1622 », in : *Rivista storica italiana*, 1962, pp. 480-532.
101. A.N., Paris, A.E., B.I., 511, Correspondance du consul français Compans, à partir de 1670.
102. *Jean Nicot, ambassadeur de France au Portugal au XVI*[e] *siècle. Sa correspondance inédite*, p.p. E. Falgairolle, Paris, 1897, p. 127.
103. F. Braudel, *La Méditerranée...*, *op. cit.*, pp. 506 *sq.*
104. Archivo Ruiz. Valladolid, 1591.
105. H. Kreschmayr, *op. cit.*, III, p. 179. Et Ugo Tucci, « Mercanti veneziani in India alla fine del sec. XVI », in : *Studi in onore di Armando Sapori*, 1957, II, pp. 1091-1111.
106. Il s'agit de João Carvalho Mascarenhas, captif à Alger en 1627. *Cf.* Bernardo Gomes de Brito, *Historia tragico-maritima*, Lisbonne, VIII, 1905, p. 74.
107. Fernando Liuzzi, *I Musicisti in Francia*, vol. 1 de *L'Opera del genio italiano all estero*, Rome, 1946, p. 94.
108. M. Seidlmayer, *Geschichte Italiens*, Leipzig, 1942, p. 342.
109. Armand Baschet, *Les Comédiens italiens à la cour de France*, 1882, pp. 105 *sq.*
110. *Ibid.*, pp. 232-233.
111. Germain Bazin, *Destins du baroque*, Paris, 1968, p. 8.
112. Ces dates sont prises à Franco Simone, *Umanesimo, Rinascimento, Barocco in Francia*, Milan, 1968.
113. Cité par Pierre Charpentrat, en exergue de son livre : *Baroque. Italie et Europe centrale*, Fribourg, 1964.
114. Yves Bonnefoy, *Rome 1630*, Paris, 1970, p. 8.
115. Eugenio d'Ors, *Du baroque*, 1935.
116. G. Bazin, *Destins du baroque*, *op. cit.*, p. 15.
117. Y. Bonnefoy, *Rome 1630, op. cit.*, p. 8.
118. Lucien Febvre, *Le Problème de l'incroyance au XVI*[e] *siècle. La religion de Rabelais*, 1942, pp. 461 *sq.*
119. A. Chastel, *La Crise de la Renaissance*, *op. cit.*, pp. 34 *sq.*
120. E. d'Ors, *op. cit.*, p. 8.
121. Leonardo Olschki, *L'Italia e il suo genio*, 1953, II, p. 211.

122. *Ibid.*, pp. 203 et 207.

123. Nino Pirotta, « L'ars nova italienne », in : *Histoire de la musique, Encyclopédie de la Pléiade*, pp. 799-800 et Nanie Bridgman, « La frottola et le madrigal en Italie », *ibid.*, pp. 1087-1088.

124. Sur Marino, *cf.* F. Liuzzi, *I Musicisti italiani in Francia, op. cit.*, pp. 104 *sq.*

125. Gustave Attinger, *L'Esprit de la commedia dell'arte dans le théâtre français*, 1969, pp. 14-15.

126. Vito Pandolfi, *La Commedia dell'arte*, Florence, 1957, I, p. 16.

127. Giuseppe Galazzo, in : *Storia di Napoli*, VI, p. 320.

128. F. Liuzzi, *op. cit.*, p. 111.

129. A. Baschet, *La Comédie italienne à la Cour de France, op. cit.*, pp. 243-244.

130. G. Attinger, *op. cit.*, pp. 432-436.

131. Archivio di Stato, Gênes, *Lettere Consoli*, 1/2628, Londres, octobre 1675, lettre de Carlo Ottone, consul génois à Londres.

132. Ouvrages utilisés pour ce paragraphe sur la musique (outre l'ouvrage cité de F. Liuzzi) : Jacques Chailley, *Cours d'histoire de la musique*, Paris, 1967, t. I : *Histoire de la musique des origines à Jean-Sébastien Bach*, sous la direction de Roland Manuel. *Encyclopédie de la Pléiade*, Gallimard ; L. Olschki, *op. cit.* ; Maurice Roche, *Monteverdi*, Paris, 1960 ; M.T. Jones-Davies, *Inigo Jones, Ben Jonson et le masque*, Paris, 1967.

133. André Verchaly, « Air de cour, ballet de cour », in : *Encyclopédie de la Pléiade, op. cit.*, pp. 1548-1549.

134. M. Roche, *Monteverdi, op. cit.*, p. 42.

135. Federico Ghisi, « La réforme mélodramatique », in : *Encyclopédie de la Pléiade, op. cit.*, pp. 1429 et 1434.

136. M. Roche, *Monteverdi, op. cit.*, pp. 47 et 71.

137. *Ibid.*, p. 8.

138. J. Chailley, *op. cit.*, pp. 88-89.

139. M. Roche, *op. cit.*, pp. 40 et 52.

140. Federico Mompelio, « Monteverdi », in : *Encyclopédie de la Pléiade, op. cit.*, pp. 1446-1448.

141. J. Chailley, *op. cit.*, p. 109.

142. Philarète Chasles, *La France, l'Espagne et l'Italie au* XVIIe *siècle*, Paris, 1877, p. 247.

143. F. Ferrari, « Vita del Cavalier Marino », in : G.B. Marino, *Lettere*, p.p. M. Guglielminetti, 1966, p. 631.

144. *Ibid.*, p. 546.

145. F. Simone, *Umanesimo, Rinascimento, Barocco in Francia, op. cit.*, pp. 298 *sq. Cf.* aussi : *L'Italianisme en France au* XVIIe *siècle*, Actes du VIIIe congrès de la Société française de littérature comparée, supplément de *Studi francesi*, 1968. A. Adam, *Histoire de la littérature française au* XVIIe *siècle*, 5 vol., 1948.

146. Marc Venard, *Les Débuts du monde moderne*, VI, 1967, p. 128.

147. G.B. Marino, *Lettere, op. cit.*, p. 607.

148. *Ibid.*, pp. 553-557.

149. La *befana* est la vieille fée qui en Italie apporte des cadeaux aux enfants le jour de l'Épiphanie (notre père Noël), mais aussi une

vieille femme aux allures de sorcière dont l'effigie en guenilles peut accompagner une fête ou être suspendue aux fenêtres. *Balloria :* s'agit-il de la danse qui suit généralement les fêtes ou de la salle où l'on danse ?

150. Y. Bonnefoy, *Rome 1630, op. cit.*, p. 6.

151. *Ibid.*, p. 157.

152. L'expression est de M. Venard.

153. François-Georges Pariset, *Georges de La Tour*, 1948, p. 104.

154. Pierre Lavedan, *Histoire de l'art*, II, 1944, pp. 375-377.

155. M. Venard, *op. cit.*, p. 137.

156. L. Hautecœur, *op. cit.*, I, p. 839.

157. P. Lavedan, *op. cit.*, II, p. 412.

158. Louis Marin, « Signe et représentation : Philippe de Champaigne et Port-Royal », in : *Annales. Économies, Sociétés, Civilisations*, I, 1970, p. 28.

159. Andreina Griseri, *Le Metamorfosi del Barocco*, Turin, 1967, pp. 122-123.

160. V.L. Tapié, *Baroque et classicisme,* 1957, pp. 198-200.

161. Pierre Charpentrat, *Baroque*, Fribourg, 1964, p. 47.

162. R. Lenoble, in : *La Science moderne*, publié par René Taton, II, pp. 189 et 193.

163. Wilma Fritsch, *Galilée ou l'Avenir de la science*, Paris, 1971, p. 8.

164. Alexandre Koyré, *Études d'histoire de la pensée scientifique*, 1966, p. 177.

165. Alfred North Whitehead, cité par W. Fritsch, *op. cit.*, p. 9.

166. W. Fritsch, *op. cit.*, p. 6.

167. Umberto Forti, *Storia della scienza nei suoi rapporti con la filosofia, le religioni, la società*, III, 1969, pp. 143-147.

168. Maurice Clavelin, *La Philosophie naturelle de Galilée*, Paris, 1968, p. 462.

169. Raymond Zouckermann, *Galilée, penseur libre*, Paris, 1968, p. 1.

170. U. Forti, *op. cit.*, p. 145.

171. R. Lenoble, in : *La Science moderne, op. cit.*, pp. 191 *sq.*

172. « Dell'oriuolo a pendolo », in : *Antologia della prosa scientifica italiana del Seicento*, a cura di Enrico Falqui, Florence, 1943, II, p. 589.

173. M. Clavelin, *La Philosophie naturelle de Galilée, op. cit.*, p. 416 et note 72.

174. Louis Rougier, « La lettre de Galilée à la grande-duchesse de Toscane », in : *La Nouvelle Revue française*, novembre 1957, p. 1000.

175. G. Gusdorf, *La Révolution galiléenne*, Paris, 1969, I, p. 92.

176. Pierre Costabel et Pierre Piveteau, « Un hommage de Mersenne à Galilée », in : *Galilée, aspects de sa vie et de son œuvre*, Paris, 1968, pp. 360-365.

177. Le 13 décembre 1650, Colbert, du camp de Rethel, parle à Le Tellier de Delli Ponti, Italien fameux pour la défense des places. P. Clément, *Instructions et Mémoires de Colbert*, Paris, 1861, I, p. 61.

178. Edizioni Ferro, 1968. *Cf.* aussi la communication d'Umberto Forti à la 3e semaine de Prato, avril 1971.

179. G. Gusdorf, *op. cit.*, I, p. 18.
180. Benedetto Croce, *Storia della Età barocca in Italia*, 2e éd., 1946, pp. 41 et 43.
181. *Ibid.*, p. 51.
182. G. Gusdorf, *op. cit.*, I, p. 24.
183. *Ibid.*, I, p. 23.
184. Carlo de Frede, « Roghi di libri ereticali nell'Italia del Cinquecento », in : *Ricerche storiche ed economiche in memoria di Corrado Barbagallo*, p.p. Luigi di Rosa, Naples, 1970, II, pp. 317-328.
185. U. Forti, *Storia della scienza...*, op. cit., III, p. 158.
186. G. Gusdorf, *op. cit.*, I, p. 30.
187. Alberico Gentili (1552-1608), un des fondateurs du droit international, professeur à Oxford, réfugié pour des raisons religieuses, et qui, en 1588 déjà, s'écriait : « Silete theologi in munere alieno » (que les théologiens se taisent pour ce qui n'est pas de leur compétence, ou, plus librement traduit : que les théologiens s'occupent donc de ce qui les regarde !), *cf.* G. Gusdorf, *op. cit.*, I, p. 19.
188. Antonio de Montalvo à Simón Ruiz, Florence, 23 septembre 1572, Archivo Ruiz 17, f° 235. p.p. Felipe Ruiz Martín, *Lettres marchandes échangées entre Florence et Medina del Campo*, Paris, 1965, p. LXXV.
189. F. Braudel, *Le Monde actuel*, Paris, 1963, et *La Méditerranée et le monde méditerranéen...*, *op. cit.*, pp. 286 et 555-562.
190. Maurice Aymard, travail en cours sur la Sicile, XVe-XVIIIe siècles. *Cf.* sa communication à la 3e semaine de Prato, 1971.
191. Emilio Sereni, *Storia del paesaggio agrario italiano*, 1961.
192. Vicenzo Tanara, *L'Economia del cittadino in villa*, Bologne, 1644.
193. J. Georgelin, *Venise au siècle des Lumières*, op. cit., 1978.
194. Martin Göhring, *Die Ämterkäuflichkeit im Ancien Régime*, 1938.
195. R. Romano et A. Tenenti, « L'intellectuel dans la société italienne... » art. cit., p. 52.
196. La mer Intérieure, au XIe siècle encore, était un lac musulman sur lequel, dit Ibn Khaldoun, le chrétien « ne pouvait faire flotter une planche ». Mais le siècle s'achève que tout est renversé. Un poète musulman de Sicile se refuse à gagner Séville, où on l'a invité : « La mer appartient aux Rûm », explique-t-il, et le risque est trop grand. *Cf.* Henri Pérès, *La Poésie andalouse en arabe au XIe siècle, ses aspects généraux et sa valeur documentaire*, Paris, 1937, p. 216.

INDEX

TABLE

Achevé d'imprimer en Avril 1994
sur les presses de l'imprimerie Maury Eurolivres SA
45300 Manchecourt

— N° d'Imprimeur : 94/04/M3786. —
— N° d'Éditeur : 15211. —
Dépôt légal : Mai 1994.

Imprimé en France